WHEN THE STATE MEETS THE STREET

Public Service and Moral Agency

Bernardo Zacka

誰讓公務員生了病？

面對上級指令、民眾需求與自我價值的矛盾與衝突，
基層公務員的日常工作難題
如何從個人、群體與管理面尋求解方？

伯納德・札卡——著
林芷安、唐瑄、陳冠吾——譯

臉譜書房 FS0187

誰讓公務員生了病？

面對上級指令、民眾需求與自我價值的矛盾與衝突，基層公務員的日常工作難題如何從個人、群體與管理面尋求解方？

When The State Meets The Street: Public Service and Moral Agency

作　　者　伯納德·札卡（Bernardo Zacka）
譯　　者　林芷安、唐瑄、陳冠吾
責任編輯　朱仕倫
行　　銷　陳彩玉、林詩玟
業　　務　李再星、李振東、林佩瑜
封面設計　陳恩安

副總編輯　陳雨柔
編輯總監　劉麗真
事業群總經理　謝至平
發 行 人　何飛鵬
出　　版　臉譜出版
台北市南港區昆陽街16號4樓
電話：886-2-2500-0888　傳真：886-2-2500-1951
發　　行　英屬蓋曼群島商家庭傳媒股份有限公司城邦分公司
台北市南港區昆陽街16號8樓
客服專線：02-25007718；02-25007719
24小時傳真專線：02-25001990；02-25001991
服務時間：週一至週五上午09:30-12:00；下午13:30-17:00
劃撥帳號：19863813　戶名：書虫股份有限公司
讀者服務信箱：service@readingclub.com.tw
城邦網址：http://www.cite.com.tw
香港發行所　城邦（香港）出版集團有限公司
香港九龍土瓜灣土瓜灣道86號順聯工業大廈6樓A室
電話：852-25086231　傳真：852-25789337
電子信箱：hkcite@biznetvigator.com
新馬發行所　城邦（馬新）出版集團
Cite（M）Sdn. Bhd.（458372U）
41, Jalan Radin Anum, Bandar Baru Seri Petaling,
57000 Kuala Lumpur, Malaysia.
電話：+6(03)-90563833　傳真：+6(03)-90576622
電子信箱：services@cite.my

一版一刷　2024年11月

城邦讀書花園
www.cite.com.tw

ISBN　978-626-315-554-1（紙本書）
EISBN　978-626-315-553-4（EPUB）

定價：NT$550
（本書如有缺頁、破損、倒裝，請寄回更換）

圖書館出版品預行編目資料

誰讓公務員生了病?：面對上級指令、民眾需求與自我價值的矛盾與衝突，基層公務員的日常工作難題如何從個人、群體與管理面尋求解方?／伯納德. 札卡(Bernardo Zacka)作；林芷安、唐瑄、陳冠吾譯. -- 一版. -- 臺北市：臉譜出版：英屬蓋曼群島商家庭傳媒股份有限公司城邦分公司發行，2024.11
面；　公分. --（臉譜書房；FS0187）
譯自：When The State Meets The Street: Public Service and Moral Agency

ISBN 978-626-315-554-1（平裝）

1. CST：公務人員　2. CST：行政倫理

572.42　　113013380

導讀——國家腳力的鍛鍊[1]

陳冠吾（南卡羅萊納大學政治系博士暨本書譯者）

論及政府體系，有別於曝光度與聲量極高的中央大員，基層公務員（street-level bureaucracy）無疑是「那默默的一群」。我們常用心臟與大腦等「中樞」器官代指元首、閣揆等高層官員，那基層公務員就如同國家的「腳力」。「腳力」一詞有兩種含意：一是指步行的能耐，二則是指搬運行李貨物的工人。這兩種含意皆貼切點出基層公務體系的重要性與挑戰：無論高層的決策多麼理想，仍必須由基層公務員一步一腳印讓政策在民眾的生活中發揮效力。然而，正因為我們覺得基層公務員只是照章辦事，反倒忽略了基層公務員每日面臨的挑戰與環境複雜的程度其實遠超乎想像。換言之，若說政治就是落實於人民生活中的每件事，那政策的良窳，與其說取決於廟堂上高官大員們的籌畫，其實更仰賴基層公務員在服務櫃檯前的定奪。可是，基層公務員偏偏因太貼

1 此書繁中譯本得以付梓，譯者陳冠吾特別感謝南卡羅萊納大學政治學系助理教授Samuel Bagg引薦伯納德．札卡，以及同系博士候選人陳芝諭引薦共同譯者唐瑄、林芷安。

近常民生活，才讓我們「近廟欺神」，輕忽了這些為我們負重前行的腳力。本書作者伯納德．札卡聚焦於探討基層公務員的道德主體性（moral agency），藉由民族誌的視角與訪談，深度剖析基層公務員面對挑戰時的認知失調與調適。

自從麥可．李普斯基（Michael Lipsky）的經典之作《基層官僚》（*Street-Level Bureaucracy*）問世以來，雖然對於基層公務體系與公務員的研究不少，但大多數仍為**公共行政學界**在**新公共管理強調效率**的論述下研究基層公務體系的**政策執行**。而札卡挑戰了「公共行政 vs 政治哲學」、「政策規畫 vs 政策執行」這兩項各自為政的學科分野，以及重新省思「新公共管理」（new public management）對於強調公務執行效率的主張。札卡以民族誌的見微知著帶我們深入基層公務員的世界，檢視基層公務體系在效率、效能與公平之間的取捨，同時也啟發我們對政治學研究的重新思考。

首先，札卡打破了公共行政與政治學，乃至於政治哲學之間各自為政的傳統，以政治哲學的觀點探討公共行政學界的大哉問。自從美國前總統、政治學者伍德羅．威爾遜（Woodrow Wilson）倡議公共行政必須獨立設科且與政治二分（politics-administration dichotomy）後，因此即便國內外許多大學的公共行政組仍隸屬於政治系之下，但公共行政學與政治學其他次領域（國際關係、比較政治、政治哲學）等實際上少有對話的課題，尤其探討規範性理論為主的政治哲學，似乎就與公共行政學有著「最遙遠的距離」。當札卡想以政治哲學的角度探討基層公務員的道德主體時，才驚覺原來政治哲學學者不常關注公務體系。即便有論及相關主題，也只關注整體「公務體系之於國家」，甚少討論到「公務員之於公務體系」。再者，自馬克斯・韋伯（Max Weber）提出公務體系是機械式運作後，以及隨後漢娜・鄂蘭（Hannah Arendt）藉由觀察阿道夫・艾希曼（Adolf Eichmann）於耶路撒冷受審的研究，推導出公務體系裡存在「平庸的邪惡」（banality of evil），從此政治哲學界似乎就將公務體系視為必要之惡而甚少著墨，縱使政治哲學與倫理學對道德主體、行動的研究汗牛充棟，但幾乎沒有學者關心身處國家第一線的基層公務員。

因此，札卡發起的第一個挑戰便是將政治理論（哲學）帶回公共行政學界，也可以說將公共行政學帶回政治哲學界。他認為基層公務體系作為面對民眾的第一線，基層公務員也有他們的抱負與掙扎，我們無法用機械式運作一言以蔽之，而鄂蘭所謂平庸的邪惡是在納粹大屠殺下觀察得來，當時的時空背景與如今的公務體系大相逕庭，更難直接認定所有的基層公務員都跟艾希曼同類（詳見第三章）。所以札卡主張政治哲學對國家的想像不能獨漏公務體系，而處在政府第一線的基層公務員更是重中之重。

札卡發起的第二個挑戰直指政策規畫與執行二分的研究方法不能徹底掌握公務體系的問題，反倒變成用問題解決問題，進而製造更多問題。他認為，將政策規畫與執行的研究分開，隱含著我們期待有「完美的規畫、嚴整的執行」。換言之，我們仍然假定公務體系可以成為一個純然理性的運作機關，但他認為這種學術上的理想在實務上會遇到一個弔詭的情形——愈是照章辦事的公務員，可能愈無法為民服務。造成這種情形的原因有兩個：一、負責政策發想與設計的高階官員無法設想到所有可能的狀況；二、或許我們可以將公務員訓練成完全理性的「道德主體」，但需要協助的民眾不具備與公務員相當的專業知識。這個規畫與執行之間的落差就造成我們不斷疾呼公務體系必須改革，卻似乎愈改愈不符我們的期待。

因此，札卡認為與其將政策規畫與執行分開討論，不如面對一個事實：基層公務員在執行的過程中也等同在設計政策，而箇中原因就在於裁量權（discretion）的行使。李普斯基在書中提到，雖然我們覺得基層公務員的權力很小，警察只能開幾張罰單、社會局的承辦人員只能核可幾項補助，不若總統或部長的決策具備全國範圍的影響力，然而就民眾的感受來說，基層公務員擁有的裁量權實際上比中央公告的政策更有感。札卡據此在本書提出三種基層公務員的「偏狹類型」（pathology）：冷漠（indifference）、呵護（caregiving）與正義（enforcement），實際上就是在討論基層公務員行使裁量權的界限。冷漠型的公務員將裁量權壓縮到最小，一切照章辦事，不符資格或要求的案件直接予以退回；相較之下，呵護與正義型作為兩個極端，放大了裁量權的行使範圍——呵護型的公務員將民眾的要求當作自己的事，而正義型的公務員則對民眾的要求從嚴審查，防備民眾濫用公共資源。而研究裁量權最具挑戰的就是我們知道它的存在，卻很難將其明確定義與測量。

札卡不追求明確的裁量權邊界，而是藉由民族誌的方法將行使裁量權的樣態分門別類。他這種「截彎取直」的研究方法，跳過複雜的測度裁量權，直接引領我們走到第一線看到裁量權的實際樣態。作者先檢閱政治哲學裡對道德主體的論述，再用人類學的民族誌方法從公務員與民眾互動間的細節檢視裁量權實務與規範之間的落差，最終勾勒出基層公務員的偏狹類型，具體而微道出了基層公務體系的癥結。過往政治哲學、人類學與公共行政學無論在理論或研究方法上幾乎涇渭分明，但札卡匠心獨運利用跨社會科學的方法與理論，提供了研究公務體系新的觀點。

最後一項札卡想挑戰也希望引導討論的，就是對效率、效能與公平的取捨。自從一九八〇年代新保守主義倡議「新公共管理」，其強調政府要向企業學習效率與撙節，如同當時新保守主義領袖、前美國總統雷根所言：「政府不能解決問題，政府本身就是問題。」（Government is not the solution to our problem; government is the problem.）於是企業化政府蔚為顯學，公部門追求高效率亦被奉為圭臬。然則，札卡想提醒讀者的是，或許追求效率是現代社會的通用標準，但我們會不會同時也犧牲掉效能與公平？倘若國家無法提供效能與公平給人民，那國家還是國家嗎？札卡並非否定公務體系追求效率的必要性，只是他想提醒我們企業與政府畢竟是截然不同的組織，行政改革時，或許我們可以借鑑一些企業提升效率之道，但我們不能期待政府變成一個高效運轉的企業組織。倘若我們將企業化政府貫徹到底，那很可能就迫使所有基層公務員都變成冷漠型，這當然不是社會樂見的。究竟在效率、效能與公平之間該如何取捨，札卡特別留給讀者能進一步思考的空間，想像我們理想的基層公務體系該是什麼樣子。

此外，新公共管理強調要把民眾視為客戶，在追求高效率的目標之下，企業化政府下的公務員必須成為公務體系裡一個高效的小齒輪，而這種論點相當程度忽視公務員的道德人格，還是落入了將公務體系機械化的窠臼之中。札卡在書中透過參與觀察與訪談，點出了並非所有公務員一進入公務體系就採取冷漠的道德傾向，他站在基層公務員的角度思考公務體系，指出多數基層公務員實際上面臨著道德主體失調的掙扎，而他們的調適又左右他們與民眾的互動，最終這些互動形成我們對公務體系的觀感。所以，札卡認為一味地用顧客導向去思考公務體系的問題實際上是隔靴搔癢，或許我們可以從行政櫃檯的另一邊——公務員的立場——檢視公共行政，了解基層公務員的道德主體，以及他們面對的認知失調，方可找出問題的癥結。

在上述札卡的論點之外，我認為有三個他點到為止，但值得讀者進一步深思乃至於研究發展的建議：

㈠他認為既然公務員的三種偏狹無法避免，那基層公務體系的上級主管能做的就是維持每個單位裡不同偏狹觀的動態均衡，但札卡並未說明上級主管該如何維持。札卡在研究建議實際上保持著一個很古典的思維，那就是「善治」等於「均衡」，一個正常的基層公務機關一定存在這三類公務員，而上級主管應做且能做的不是去遏制或促進某類公務員，而是保持公務員與民眾互動之間的動態均衡，隨時調配不同類型的公務員應付不同的民眾。例如將擺明要占公部門便宜的民眾交付給正義型的公務員受理，這樣正義型公務員就能嚴格把關。反之，當這種民眾恰好遇上呵護型的公務員，那麼上級主管就必須警覺呵護型公務員是否會濫情以致浪費資源。如此，基層公務體系的主管任重道遠，而札卡或許因為篇幅限制並未多著墨，卻也給了讀者另一個思考的切入點，即基層公務體系的上級主管該如何調控單位公務員的裁量權。

㈡札卡採取的研究架構將政治控制的程度降至最低，但這並非多數基層公務單位面對的現實，札卡進行田野調查的單位是美國某一個受政府委託的民營社福中心，除了定期有政府的官員來評鑑外，基本上並沒有太多政府官員或民意代表干涉的情況。然而，這種政治控制真空的情況絕非基層公務體系的常態。基層公務體系面對的棘手之處，除了要面對民眾五花八門的請求外，實際上還有族繁不及備載的上級指示（施壓），以及民代關切（關說）。所以，書中的理論若放到政治控制程度很高的公務單位，是否仍然能充分解釋基層公務員的三種樣態？抑或者在政治控制與民眾請託的雙重壓力下，迫使基層公務員一面倒地採取某一種偏狹傾向？這值得我們以這份研究做延伸，加入政治控制的探討面向，同時也能將範圍擴充到更多不同性質的公務單位。

㈢雖然札卡認為基層公務體系仍然是一個必須以人為主的體制，然而在人工智慧（artificial intelligence，AI）當道的今天，科技會對基層公務員帶來什麼樣的影響？目前總統賴清德宣示要打造臺灣成為「ＡＩ科技島」，因此政府計畫讓所有公務員都接受人工智慧的訓練。[2]雖然這並不表示政府已經準備要用人工智慧取代基層公務員，不過我們倒是可以思考：人工智慧會協助基層公務員更能適應複雜的挑戰，抑或者讓基層公務員的認同更為偏狹？舉例來說，若一個正義型的公務員能利用人工智慧辨識出名不符實、只想占國家便宜的民眾並迅速制止，那這樣是會讓正義型公務員不再防民如防賊，抑或者會讓他正義魔人化？在將人工智慧導入公務體系前，或許我們應該先瞭解基層公務員的道德認同。

最後，札卡的論著當然不可能包羅萬象，而上述所提的思考點不是批評，而是期待能激發讀者閱讀時有更深更多的思考。最後，譯者建議讀者一部電影可作為延伸閱讀，日本電影大導演黑澤明一九五二年的作品《生之慾》，這部老電影描述了一個時日無多的基層公務員，如何在公務單位裡完成他最後一件，也可能是唯一一件有意義的事，黑澤明在電影裡對公務體系的刻畫雖然依舊是案牘勞形、照章辦事，但他非常具體地討論了公務員的道德主體，乃至於道德主體與制度環境的交互影響，值得想進一步理解基層公務體系的讀者藉由影像繼續探討基層公務體系。正所謂「有了腿便有了路」[3]，我們作為政治共同體能走多遠，就看我們如何理解基層公務體系，又怎麼鍛鍊國家的腳力。

2 高睿鴻，2024，〈快新聞／如何讓台灣成為「AI智慧島」？賴清德今說明3步驟：公務人員都要受訓〉，《民視新聞網》，https://www.ftvnews.com.tw/news/detail/2024730W0241?utm_source=yahoo&utm_medium=InArticl，瀏覽日期：2024/07/31。

3 出自二〇一〇年姜文執導的電影《讓子彈飛》裡的臺詞，應改編自魯迅的作品〈故鄉〉：「其實地上本沒有路，走的人多了，也變成了路。」

目次

前言

我第一次與國家互動是在過邊境的檢查哨，一九九〇年代時的黎巴嫩檢查哨並不缺乏人手，敘利亞占領軍、黎巴嫩武裝部隊還有黎巴嫩內部互相競爭的各個國安單位——國內安全部隊（the Internal Security Forces）、國家安全總局（the General Security）、國家安全局（the State Security），每個單位都各自在街上布哨。

當你通過檢查哨時，面對的是難以捉摸的軍人。這種互動並不適合交談，也充滿了不確定性。你坐在車裡，永遠無法得知哨兵（幾乎都是**男性**）正在找什麼，以及他的裁量範圍究竟有多大，而你完全不會想對他的權威表現出任何質疑。

通過檢查哨有一連串固定的流程：將車子慢慢減速、打開車內的燈、降低廣播的音量，並擺出一副鄭重其事的表情。接著你會經歷一個同時具有高度裁量性又個人的互動：你與哨兵眼神交會，他將目光望向車內、開始掃瞄搜索，有時會問一兩個問題，然後判斷誰能夠通行，誰又無法通過。這個判斷結果非常多變，且似乎依當下情況而定：包括你與哨兵的互動，以及當天輪值的哨兵。

透過與具備裁量權的低階公務員面對面互動，感受何謂國家的公權力，並不限於安全檢查，更不止於黎巴嫩。無論是開發中國家還是先進的自由民主國家，都有數百萬計仰賴公共服務的民眾，還有不得已而需要經常與公務機關打交道的人民，而這就是他們實際的生活日常。

多年後，當我開始在研究所攻讀政治理論時，令我驚訝的是，對於民眾與第一線公務員的面對面互動研究竟付之闕如。雖然在我對國家的想像中，這些公務員有著重要的地位，但在抽象理論的層次，他們彷彿不存在。我學習到的現代國家並不具有人性，其代理人（原則上而言，實際上不見得）可以替換取代，而代理人的行為又受制於行政程序與龐雜的法律。民主理論主要關注的是這些法律的正當性、實質助益，以及國家制度設計的根本原則，但一味強調程序、法律和制度設計的重要性，卻遺漏了與國家互動的實際經驗。我們描繪了民主制度的樣貌，但奇怪的是，那些賦予制度生命力的人，卻看不見任何蹤跡。

於是我開始思考將我們與第一線公務員互動——通常是面對面、視情況而定、具裁量空間的互動——作為民主國家研究的焦點。我認為如果不將這種互動納入研究，沒有說明政府在提供服務或執法時是如何與公民互動，那麼無論是描述性或規範性的國家理論，都不會有完整的一天。或許從基層出發，能提供一個不同視角進行規範性的反思。與其從抽象的理想著手，向下探討憲政規範和法律，接著才延伸到執行層面的問題，或許我們從反方向著手能有更大的進展——從提供公共服務的當下開始，逐步往上爬升到政策制訂和制度設計的問題。

正是這些問題開啟了我對基層公務體系的研究動機，最後讓我走入田野進行參與觀察，與市區扶貧機構的第一線公務員共事。身為民眾的我很快就發現，對於公務員提供服務與執行法律時得面對的日常挑戰，我原本的認知非常有限。從如此局限的視角，我無法分辨公務員是否做了裁量決策，又或只是一絲不苟、循規蹈矩的裁示，也無法辨別公務員的表現是謙遜有禮，還是漠不關心。我若想了解公務員為什麼會有這些表現和行為，就勢必得站到另一側，嘗試從辦公桌、窗口或櫃檯的視角來觀察：一個人如何**作為**國家日常面貌？工作內容有哪些？會有哪些挑戰、壓力、快樂和焦慮？

和大多數與政府打過交道的民眾一樣，我剛開始做田野調查時，對公務體系的印象並不好，對基層公務員的印象甚至更差。不過隨著研究的深入，就像許多研究基層公務體系的學者一樣，我的看法產生了改變，深刻體認到基層公務員必須經歷的複雜道德和心理過程，並且更加敬佩他們在如此棘手的環境當中，仍能維持道德傾向的敏銳和平衡。

我希望此書能呈現兼具批判與同情的觀點——將基層公務員納入民主理論研究之中，同時也期望能夠針對基層公務員提出一個行為理論，並提供一個架構，能用以對其行為行使道德評估。

緒論

被稱為「公務員」並不是一種讚美。這個詞讓人直接聯想到思想僵化、心胸狹窄、麻木不仁、冷血無情、缺乏主動，尤其是墨守成規。這些特質已經深植在我們的集體想像之中，甚至成了對公務員的既定印象。根據《新牛津英語辭典》，公務員不只是指「政府部門的官員」，更具體一點來說，是指那些被視為「只關心程序正確，而忽略民眾需求的人」。[1]《韋氏辭典》告訴我們，這個詞通常用來指涉「在僵化制式的官定程序中被肯認的政府官員」。[2]而線上字典Dictionary.com則進一步將定義上綱到價值判斷的範疇：「一個只按固定例行程序行事，而不用智識裁量的官員。」[3]

公務員就是具有這些貶抑的特質，而這些特質大多是從所屬組織中承襲而來。大衛・福斯特・華萊士（David Foster Wallace）在談到公務體系時，自認為代表「多數平凡的美國人」發言：「當時我討厭也害怕他們……基本上把他們看成大型、折磨人且冷漠的機器──他們『真

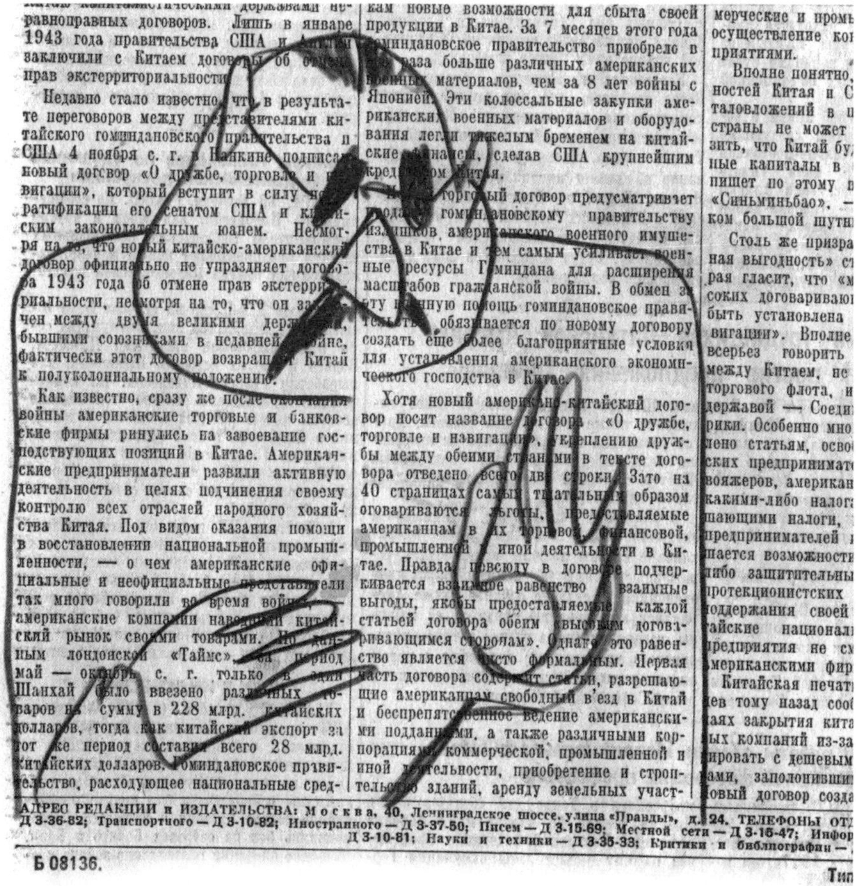

圖一 《官僚》——謝爾蓋．艾森斯坦。謝爾蓋．艾森斯坦，《官僚》，1923年典藏，清單2，檔案1555號，第2頁，莫斯科俄羅斯文學藝術國家檔案館。

的』就跟機器一樣，墨守成規且不知變通。」[4]他接著描述在公務機關內工作的人，似乎受到組織的特質潛移默化：「**公務體系**這個詞，我主要會聯想到一個在櫃檯後方面無表情的人，不聽我對任何問題或情況的說明，只一味機械式地參照一本不近人情的操作手冊，然後在我的申請表蓋上一個號碼。這號碼意味著我將要經歷進一步乏味、令人沮喪的麻煩或虛耗時光。」

這是俄羅斯電影導演謝爾蓋・艾森斯坦（Sergei Eisenstein）的素描，可以作為華萊士名言的完美寫照（圖一）。[5]作品標題很貼切，名為《官僚》（*The Bureaucrat*）。這幅素描描繪了一個肩膀寬闊的禿頭男子，有鬍子，沒脖子，透過有色眼鏡由上往下看，同時舉起手像是在說「不」。它畫在一張印有官方標誌的紙上，上面布滿密密麻麻的小字，幾乎融成一片單色背景。手稿上的文字既是一個官員的樣貌，又是一堵懾人、難以捉摸、不好親近的詞彙牆。

艾森斯坦認為其素描是某種諷刺的縮影：用幾筆簡單的筆觸畫出來，捕捉各種社會人物背後的「核心特質」。在這幅圖中，公務員不僅是公務體系的產物，還體現了公務體系不停產出文書作業的傾向，並擬人化了其嚴峻和威嚇的特質。[6]公務體系和公務員，一個完美的組合，吸引著許多作家以此為創作主題，如喬治・庫特林（Georges Courteline）、尼古拉・果戈里（Nikolai Gogol）、法蘭茲・卡夫卡（Franz Kafka）、喬治・歐威爾（George Orwell）、納吉布・馬赫福茲（Naguib Mahfouz）、烏帕馬紐・查特吉（Upamanyu Chatterjee）和伊斯梅爾・卡達雷（Ismail Kadare）。這一種令人恐懼、怪誕的組合，可說是噩夢和諷刺的素材。

華萊士和艾森斯坦記錄下這些對公務體系的敵意和費解，在相隔了近一世紀後，仍在社會科學領域中獲得廣泛共鳴。經濟學家譴責公務體系的適應性不足，資源分配效率低下，且有組織規模過度膨脹的趨勢。[7]政治學家、社會學家和人類學家則批評公務體系偏袒菁英、抵抗變革、凌駕在民選官員之上，並有被特定利益左右的傾向。[8]他們還譴責官僚忽視、疏遠甚至貶低其底下的公務員，以及本應作為服務對象的公民。更甚，學者們已指出與公務機關接觸的民眾可能遭到忽視、被疏遠，甚至被理應服務民眾的公務人員貶低。[9]這種遭遇可能助長社會地位差異擴大，並阻止公民成為政治生活的積極參與者。[10]正如查爾斯・古賽爾（Charles Goodsell）所言：「公務體系在制度上被視為消耗經濟、危害民主、壓抑個人的，而且可能具有邪惡的特質。其不僅被右翼的市場競爭論和公共選擇理論者非議；亦受左派的馬克思主義、批判理論與後現代主義者譴責。」[11]

即使是那些對公務體系正向看待的人，也覺得被迫必須在此立論上進行研究。就像我一樣，明知公務機關已經名譽掃地，研究只是為了解釋原因，或者挑戰通說的正確性。彼得・布勞（Peter Blau）在其經典作品《現代社會中的公務體系》（*Bureaucracy in Modern Society*）中以「那個愚蠢的公務員！」開場。他接著訴求讀者的同情：「誰不曾在某一刻有過這種感覺？我們從一個公務員被轉介給另一個，卻仍得不到我們想要的資訊；必須填寫冗長的文件，還一式六份，卻只因為我們的『t』忘了撇那一橫或『i』少點那一點，文件就被退回；我們的申請因某個技術性問題遭拒——這就是我們對公務體系的印象。」[12]

絕大多數公務體系批評者的共同點，除了他們表達的憤慨外，就是他們的立論基礎：即華萊士所說的，就民眾的立場而言——他們無可避免地將遭遇某種麻煩。然而，這些批評者常忽略的是故事另一面，即這實境秀中公務員的觀點。我們知道民眾經常認為公務體系是緩慢、反應遲鈍、羞辱人、專橫的，但從公務體系內部來看是什麼樣子？在那些在毫無表情的面具之下，或在那些經常被譏沒有生命的漫畫臉孔背後，又是什麼樣的境況？我們知道公民如何看待政府，但政府又如何看待其公民呢？

這個問題帶我們進入了基層公務員的世界——社工、警察、輔導員和教師負責提供公共服務和執法，因此在一般民眾眼中，他們實際上代表著政府的形象。[13]而這些公務員卻陷入了困境。公共政策的妥適實行取決於公務員抉擇作為有感知的道德主體（sensible moral agent）的能力。他們可以解釋模稜兩可的指令，在價值觀衝突之間做出妥協，並對有限的資源做優先排序。然而，他們必須在一個別具挑戰的職場環境中運作，這個環境隨著時間的推移，往往會侵蝕和削弱其道德感知。公務機關依賴基層公務員的道德主體（moral agency），卻同時在破壞這種主體性。

這本書旨在探討導致這種困境的因素，並提供解決之道，聚焦在基層公務員日常工作的體驗，他們對角色和責任的理解如何受到周圍環境的影響，以及其行為和自我理解是否與我們期望的規範價值（normative value）相符，即民主國家應該如何對待人民。

以下篇幅廣泛引用了政治學家、社會學家和人類學家的實證研究，以及我在美國東北部一個大城市裡致力消除貧困的公務機構——諾維爾社區發展中心（Norville Community Development Initiative，NCDI）——以接待員的身分，做了八個月的田野調查。我更改了機構名和城市名，並使用化名保護工作人員的隱私。當我開始爬梳這些田野調查的資料時，可以明顯觀察到這些資料勾勒出公務員生活的景象，比起從外部觀察時所見，這些公務單位變得更加靈活、彈性，對偶發事件也更加開放。公務員必須遵循的規則和法規架構可能並不像外界看來那般嚴格，且留有相當大的裁量空間。這種裁量權（discretion）讓公務員得以發展並展現不同的工作風格。

華萊士以一個受規則約束的機械比喻：公務體系是一整組井然有序的活動零件，以冰冷、重複且不加思考的方式運作，與接下來我在第一組田野筆記中描繪的形象成了對比。

> 我到職日被分派的任務聽起來很簡單。我要協助主接待員德尚恩（DeShawn）負責接待引導。德尚恩給我的指示很簡短：「就說『早安，歡迎來到諾維爾服務中心，您有預約嗎？』如果有，就查一下對方和誰預約，請他們填一份基本資料，然後帶他們進入另一間等候室。接著，走到辦公區通知個案承辦人員民眾已經到達。如果民眾沒預約，請他們來找我，我會再幫忙安排時段。」他告訴我，這是一個熟悉、了解辦公室和民眾的好方法。
>
> 在那接下來的八個月裡，我與這個接待區休戚與共，接待區位於諾維爾一座三層樓建

築的一樓，而該大樓座落在以低收入和非裔美國人為主的社區。接待區有七排整齊排列的塑膠椅，面向櫃檯負責人的辦公桌，空間寬敞且乾淨整潔。這邊也有一個小走廊，通往另一間等候室和個案承辦人員的辦公室。牆壁呈淡綠色，採用日光燈照明。

這個中心是諾維爾市最大的扶貧機構之一，協助低收入戶申請食物券、公共住宅、燃料補助、所得稅抵免、幼兒啟蒙教育以及公民身分。這裡曾經是州政府的非營利承包商，大部分的資金都來自聯邦補助——這種形式自一九八〇年代以來變得愈來愈普遍。

我當天早上八點半左右就準備好，如中心主任要求，穿好正裝（他在電話中告訴我：「我們必須展現出良好形象。」）。我覺得穿正裝不舒服——這是我大學畢業後在曼哈頓擔任管理顧問工作兩年的舊套裝——，我記得當時心想，窄版領帶可能會讓我露餡，破壞我試圖假裝是一般志工的計畫。

早上九點，第一批民眾開始進來。我事前就演練了我的例行工作，起初一切都進展順利。我以為一切都在掌控之中，但很快就出現了第一個情況：一位年邁的非裔美籍女士向我問了問題。我當下覺得又新奇又恐慌，因為我發現先前得到的簡短指示並沒讓我為這類突發事件做好準備。我試著引導她到德尚恩那裡，但德尚恩正在跟其他人講電話。在我決定怎麼做前，另外兩位民眾又進入辦公室，並試圖與我對上眼。其中一人遞給我一封信，並說：「約翰要我再來找他。這很緊急，我需要和他談。」另一個人要求使用中心的影印機——「他們一直都讓我用。」他指著仍在通話中的德尚恩說。在我察覺之前，我發現自己在接待區、個案承辦人員辦公室和影印機之間來回奔波。

而這段時間裡，不斷有新民眾進來。有幾個民眾同時抵達，有些帶小孩來的民眾不願遵守接待區和辦公室之間的微妙分界，也有些民眾手機交談的音量過大而被要求降低音量，還有些民眾想要使用傳真機和洗手間，彷彿所有人同時都在對我說話。就連我的同事也開始請我幫忙了：德尚恩要我幫他影印文件、在他離開辦公桌時幫忙接電話。其他人也要我把文件送到大樓裡的各個辦公室。當我在民眾、電話、傳真機和同事之間來回奔走，盡力填補德尚恩沒提點到的內容時，從某個時刻開始，我發現我忘了微笑。

就在那時，我也開始明白當天稍早主任提到的一個重要資訊。當時是「燃料補助季」（fuel assistance）的開始，是每年的忙碌期間之一。而因為個案承辦人員的工作量已超載，當天早上，辦公室停止受理臨櫃諮詢。大多數民眾不知情，並在沒有預約的情況下到現場，希望能跑完書面流程。我後來發現，許多人都是特地請假跑來辦事。那天真不是個當接待員的好日子。

我只能逐一向民眾說明：「很抱歉，今天暫時無法提供服務，我們不受理臨櫃業務。您是否想再擇日預約呢？」聽見我的話後，我看到他們臉上流露出一種被欺騙和克制住憤怒的表情——像是內心在掙扎，一方面想要宣洩他們的挫折感，另一方面又擔心得罪我，他們需要燃料來挺過東北部的寒冬，而我是其中關鍵的中間人。其中有位民眾——一位中年白人男子，穿著沾滿油漆的寬鬆牛仔褲、寬鬆夾克、臉上有疤，拖著兩個尖叫的孩子，一隻手牽著一個——在當下徹底失控，氣急敗壞地對我大吼：「**你是認真的嗎？你在給老子開什麼玩笑！**」我忽然意識到他站離我很近，而我們之間完全沒有任何防護分隔措施。我再次回想起當天繫的那條窄版領帶，還有我當時看起來該有多可笑。

那時我感受到被三種不同的衝動牽制。第一種是同情的衝動。我能理解那位氣急敗壞的民眾為何感到挫折。我當時曾想過要暫時擱置其他任務，專心處理他的申請，但我不知道該怎麼幫忙。但如果這樣做的話，其他那些克制住情緒的民眾呢？只因為他們沒有提高音量，就應該忽略他們的需求嗎？我的第二種衝動與第一種完全相反。我覺得有必要重新建立我的權威，並且奪回對情況的掌控權。當時等候室裡有幾位民眾，我不能讓我們的互動演變成「看誰最大聲」的情況。也許我應該找個方法讓個案守規矩？但我當時立即修正了我的想法。我認為我的工作並不是約束民眾。我記得在第一次電話面試時，人員告訴我，當民眾被其他單位全數拒絕時，這個中心是他們最後能尋求幫助的地方。

所以我向第三種衝動屈服了。我安慰自己說，民眾的憤怒並不是針對我，而我應該繼續工作，就好像什麼事都沒有發生過一樣。在當時的狀況下，只能「多幫一個是一個」：我雖然幫不了他，但如果我有挺住，盡可能加速工作效率，或許就能幫到更多人。於是我面無表情地看著他說：「對不起，我只是在做分內之事。」然後繼續進行下一個任務。我記得當時聽到這些話從我的嘴裡說出來時，我感到非常震驚。而當時才剛開工不到三小時。我安慰自己，想著其實我也沒有其他能為他做的。

然而，那種無能為力還有不用再承擔民眾情緒的心理解脫，在當天下午稍早時就消失了。其中一位專案經理寶琳娜（Paulina）來到接待區找我，並告訴我她的一位個案沒有出現（她解釋說：「這種事經常發生。」）。她告訴我，如果有人沒預約就到現場，而如果我認為他們需要跟個案承辦人員會面，可以放心來找她，她或許可以協助他們。

「如果我認為他們需要跟個案承辦人員會面？」在這個情況下，我從一個一般的公務執行者變成守門員，具備實際的裁量權，即便我的裁量權有限。我很快就發現，我也可以像那天稍早一樣，宣稱自己只是在「做我分內之事」來包裝成我的裁量權。

在諾維爾服務中心擔任志工的八個月裡，我對該工作有更多的了解，與民眾互動也更加自在。透過與同事在檯面下的對話，以及融入組織文化的過程，我對做出裁量決策時該使用什麼標準也變得更加明確。但是模糊的部分並沒有完全消失，而我從同事們那邊得到的建議也有很多出入。但很快地，我發現他們有不同的工作風格時，最終是由我來決定要聽誰的話。

我在工作第一天經歷的基本考驗——如何在對職業倫理負責且心理上能持續承受的情況下，

適應角色的需求——貫串了整個田野調查期間。我知道我必須對所有民眾一視同仁，我的上級主管和同事們也這樣提醒我：必須盡可能快速回應民眾需求、表現尊重和深思熟慮，並盡我所能有效率地處理他們的案件。但我怎能同時做到這些事呢？我要怎麼做才能對所有人都保持關注，而不會屈服於我經歷的三種衝動——過度同情、嚴酷無情或置身事外？接下來是對這個問題的探討——從我上班的第一天起，這個問題就一直追著我跑。而成千上萬的基層公務員，每天都得為此問題提出解答。

在不利制度下的道德主體

基層公務員作為國家與社會之間的聯繫窗口，工作上必須做的決策對民眾生活有著重大影響。[14]他們的日常業務就是依法認定誰能獲得公共服務，以及能獲得多少。民眾的個人問題是否能獲得官方認定，就是基層公務員的職責，人民對政府的觀感，實際上也取決於基層公務員的決策與態度——民眾可能會覺得公務員親切或冷漠、覺得公務員體貼或鑽牛角尖，又或是感到受尊重或有失尊嚴。民眾與公務員的互動不僅是分配國家資源而已，更是一次次民眾作為「公民」的體驗，也能藉此了解自身身分狀態和立足點。因此，一個人對於政府的**感受**如何，與他從政府那獲得**多少**一樣重要。

儘管對民眾而言，每一次與公務員往來都是他們個人的體驗，但這些互動經驗的累積，也會形成總體的社會印象。因此，民眾對基層公務員的總體印象某種程度上形塑了人民對政府的正當性與信任。[15]有些研究甚至指出，政策執行**方式**比政策**本身**更能影響民眾對政府正當性的認知。[16]

本書嘗試從民眾與基層公務員的互動中，反思民主國家與制度。關於基層公務員的定義與工作特性，我將在之後的篇幅進一步說明。然而，在此之前，我想先探討昔日學者於官僚體系研究上的闕漏。政治學者在研究民主國家時，往往著重在民主制度上，聚焦在公眾意見如何透過複雜的程序成為法規與政策，以及探討其優劣。我則是從政治過程的反向著手：不再以國家追求的政策或制度建構的原則出發，而是探究國家在提供公共服務及執法時如何介入民眾的生活。[17]因此如果從這個面向切入，我們就不是從社會契約的角度觀察國家制度，而是從一般民眾的立場出發，觀察其如何在等候室、教室與社會局辦公室與基層公務員互動。

基於上述不同於以往的研究觀點，我希望描繪出民主國家與國民互動的理想樣貌。此處，我指的不是這樣的國家應該實行**哪類**政策，而是它應該**如何**實行政策。[18]本書嘗試勾勒出政策實行與基層公務員應該如何履行其角色息息相關——換言之，我們期盼且需要基層公務員在實施公共政策時擁有的那種道德感知、情感傾向及角色概念（role conception）。

一位基層公務員如何稱職扮演好國家與社會之間的窗口，可能有好幾種詮釋方式，人們也會因不同的道德觀與政治立場致使對何謂稱職的標準有所分歧。然而，縱使我們對何謂最好的公務員莫衷一是，我認為大家對怎樣的公務員最失職有著共同的標準。因此，我採取間接的途徑，將研究聚焦在偏狹的道德傾向（pathology，譯注：原為醫學用詞，意指「病態」。作者借用該詞，描述公務員在困境中產生相對狹隘的適性反應，故譯「偏狹」）上，試著透過解析這些示例探討我們對第一線公務員的道德期待。但這並非我的唯一目標，我也希望藉此研究探討如何建立一個能讓基層公務員願意服膺此種標準的制度與環境。

之所以要關注基層公務員如何履行職務，是因為基層公務員實際上被賦予了相當大的裁量權，這點與普遍認為基層公務員就是僵硬制度中的機器人恰恰相反。基層公務員除了要將上級交辦抽象、模稜兩可，甚至常常自相矛盾的命令落實外，作為民主國家的公務員，他們還面臨著不同的規範要求（normative demand），而這些要求也往往相互矛盾：上級會要求基層公務員們需高效分配資源，對於民眾的需求須做回應，並且在與民眾互動時要不失尊重。而一項公共政策的成敗，往往就取決於基層公務員如何在這眾多要求中取得平衡，還能因時、因地、因人制宜。

這些多樣紛雜的要求，其實在任何情境都很難同時兼顧，而基層公務員還偏偏在一個別具挑戰的環境中要執行其任務——資源極端匱乏、人員長期短缺、要求紛雜且相互矛盾、上級交付的目標不切實際、規則籠統不清，以及面對客戶時無止盡的情緒試煉。基層公務員身處公共服務前線，他們注定是第一時間面對社會問題的應對者，卻又沒有獲得相應的資源與見機行事的決策權。這些相互矛盾的要求就如同一顆顆地雷，而基層公務員就只能在雷區中蹣跚前進。除了無法一次滿足多方的要求外，更可能因為服務不周同時被上級與民眾責怪。我們將在接下來的篇章中看到基層公務員在這種環境下背負著多大的心理壓力，而上述現象積累的心理壓力又如何侵蝕他們的道德感，並且限縮了他們對自身的角色認同與責任感。

這讓我們看到了一個窘境：公部門運作的良窳取決於公務員的道德主體，但公部門恰恰又是一個削弱此特性的工作環境。本書旨在探討這困境如何產生，而我們又能如何應對。書中欲回答兩個問題：那些日常工作壓力如何逐步限縮基層公務員的道德傾向？而我們又該如何協助公務員在工作高壓下，還能保持道德主體的敏感度與平衡？[19]

簡言之，我認為要理解基層公務員執行政策面臨的挑戰，唯有從國家上層機關退一步到基層單位，從基層的決策倫理出發，我們才能更廣泛探討他們在工作時採取的道德傾向（moral disposition）。此處的道德傾向，指的是基層公務員如何理解經手的個案，而這些道德情感又如何在累積後轉化成他們的行事風格，最終形塑了他們對工作的認知與責任感。道德傾向就是公務員如何行使裁量權的指引。

從研究基層公務員工作決策，轉向研究其道德傾向，能讓我們理解公部門的日常壓力如何逐漸削弱公務員的道德情感（moral sentiment）。其癥結並不在於公務員為何逐漸喪失道德推理能力（moral reasoning），而在於公務員的道德觀（moral perception）與對角色概念如何一步步單一化與過度專業化。如此，我們便可看到公務員逐漸形成三種傾向：冷漠型（indifference）、正義型（enforcement）與呵護型（caregiving）。當公務員對角色認知簡化至上述三種時，其實是令人擔憂的。基層公務員面對不同需求理應有不同的應對方式，但如果基層公務員安於上述類型，就會落入偏狹的道德傾向。我將在第二章更進一步剖析公務員的這三類偏狹的傾向，它們比腐敗、濫權、無能更不易為人察覺。因為即便公務員戮力奉公、嫻熟於心，還是很容易陷入這三種類型。

上述三種簡化的傾向實為公務員面對日常工作壓力的一種應對策略。而這些壓力常常猝不及防，且很大程度來自於工作上各種矛盾的累積，還有他們以崇高的目標自許，卻僅有一點資源所導致。正因公務員難以滿足各方對自身工作的期待，他們就會逕自將標準調整到力所能及的狀態。

防止基層公務員落入上述簡化的傾向，是一件極為複雜的任務，必須使公務員的心態與工作環境保持一定程度的多元化。我希望呈現的是這項目標無法單單藉由正式的制度設計實現，必須結合個人、群體和管理三個層面的行動才能達成。

在個人層面，基層公務員必須學習應付基層工作特有的心理壓力。他們必須找到變通方式來管控工作壓力，如此才能有效減輕壓力導致道德傾向的質變。我將在第三章說明他們如何透過日常的自我實踐來達成。

基層公務員除了在個人層面上要努力抵抗自身道德傾向被窄化外，在群體層面上，他們同樣必須維持多元的道德價值，這一部分我會在第四章詳述。進一步說，若在個體層面上最大的挑戰是要面對道德觀被工作壓力窄化，那麼在群體層面上的風險則是要避免組織走向一味從眾與單一化。公部門內多元的價值觀是一種制度的催化劑，能持續促進基層公務員的道德觀，也促使他們能留意規範性考量的多元性。

而在管理層面上，主管的首要之務是必須在過度專業與單一化間找出一條活路。欲達到此點，必須創造一個讓基層公務員的道德傾向能夠發展與維持多元化的環境。為此，管理者必須巧妙處理各種正式與非正式的訊號，這些訊號應是相互競存的。正是因為有這些繽紛各呈的訊號，才使得公務員有塑造自己道德觀的空間與資源，而透過這些不同的訊號相互牽引，組織內的道德傾向不再受限，能夠長久延續。第五章會論述，若未能妥善處理這些訊號，將會導致公務員們最後無法成為完整的道德主體。

若實施公共政策旨在回應多元的規範標準（normative standard），如我所信，為任何民主國家的必要之務，公務員必須具備對這些標準的敏感度，才能貫徹公共政策。意即，公務員工作的環境必須有這樣的多元性。進一步說，公共政策該如何實行，取決於公務體系內不同道德規範的磨合。基層公務員之所以產生上述三種偏狹的傾向，其因若不是公務員無法應對道德多元性，就是工作環境中由單一價值系統取得主導地位，逐漸侵蝕道德傾向的多元性。當上述其中一個原因成為組織內的常態時，就會限縮公務員的道德傾向，認為只要在這個道德框架下做事就好。

從決策到道德傾向

若對研究基層公務員的道德傾向感興趣，如同我在這研究裡做的，就意味著關心許多與道德決策有關的問題：基層公務員如何看待自己、如何理解自身職業角色、如何評價不同的行為方針、如何看待來訪民眾，以及如何詮釋不同事件。與此同時，我們也應該重視這一點：基層公務員擔任的角色能夠深切影響他們的自我感受，並能擴大到他們所屬的公務單位。最後，我們重視的並不是要下執行任務的指導棋，而是讓基層公務員培養出適合他們自身的道德傾向，能為自己回答這些問題。

藉由檢視我們如何使公務員能保持適當的道德傾向，我自其他三種著墨於政府第一線裁量權遍布的對策中抽離出來：一種是考慮如何限制它；另一是透過簡化裁量權，變成行使道德推理並提供裁量權運用的原則；又或聚焦於那些必須行使權力者的德性。

政府第一線的裁量權使我們感到不安，這是千真萬確。裁量權引起我們對公務機關會專斷行事、個人支配、偏見和腐敗的恐懼。特別令人不安的是這權力由無須經過選舉的官員行使。政治理論學者和制度設計者長期主張，能透過在裁量行為上設定前提條件（事前）和對不當舉措實施懲罰（事後），來減輕對裁量權衍生的擔憂。[20]他們強調制定行政規則的重要性，加強對正當程序、透明度和嚴格問責的需求，並建議採取能夠防止權力集中在單一行為者身上的制衡機制。[21]

然而，縱使這些防範措施對約束和畫定裁量權的行使範圍皆有其必要，但仍不足以引導裁量權的行使方式。只要基層公務員接獲的指示不甚明確，就無法僅由「知道什麼**不應該**做」來履行其職責。他們還必須參與一項積極的道德演練，決定在眾多的行動方針或工作風格中，哪個才是最好的選擇。

（此外，）有另一種方法處理與行使裁量權相關的議題，即回溯自基層公務員對裁量權的理解，這包含將其看作是面對一連串道德難題的解題者，而裁量權的關鍵是幫助他們下正確決策。這可能包含探討這些公務員應使用的各類道德推理原則，抑或是關於能給予足夠引導的職業守則，以及也需與心理學家和行為經濟學家合作，找出影響決策偏見或「非理性」的來源，並想出修正方法。[22]

此方法的問題在於，過度關注道德決策當下並提出過於狹隘的說法，來說明公務員在運用裁量權時面臨的障礙。除此之外，也未能考慮到下述面向，即道德問題並不是一開始就帶有標籤，而是當人們認知其為倫理問題時才被貼上標籤。反之，公務員如何意識道德問題絕大程度端看其道德傾向，即其採取的詮釋視角，也端看其規範感知（normative sensibility）與情感感知，以及其如何理解職業角色與責任。這些因素在公務員做決策前就已存在，並影響最後做出的決策走向。

與其考慮如何限縮基層公務員的裁量權，或是如何培養其成為更好的道德決策者，我將著墨於如何讓基層公務員發展並維持可善盡職責的良好道德傾向。在這方面，我的方法與德性倫理學學者的理論不謀而合，他們極力主張性格的重要性。不過，我雖然認同德性倫理學觀點，但我的論點至少在兩面向有所不同，而究竟有哪些不同，會於第三章詳述。根據一種對德性的概念，這些分歧可被視為善意的修正，或是對一些德性倫理學中心思想的批判。

儘管德性倫理學家常試圖為特定社會角色找出固有的品格特徵，但我接下來要探討的是，當第一線公務員具備這些特徵時，並非全然好事。反之，公務員因應基層工作，需在各種態度與立場來去自如，以應對千變萬化的情況與挑戰。接著，我想說明與德性倫理學的第二項分歧。儘管德性倫理學家偏好強調環境和習慣對**形塑**個人性格特質的重要性，而這些特質可以在各種情境下運用，但我則是強調個人**維持**適當道德傾向的實踐程度依其環境和特定情境而定。因此，我希望能夠展現探討道德主體和道德傾向時，我們不僅必須看個人性格，還必須關注個人如何藉由不斷實踐與所處的環境產生連動。

政策執行的政治理論

在《基層官僚：公職人員的困境》（*Street-Level Bureaucracy*，學富文化，二〇一〇年）的序言中，麥可．李普斯基（Michael Lipsky）觀察到，公共政策在執行前都還只是紙上談兵。值得注意的是，公共政策正**是**基層公務員採取的行動總和。正如研究政策執行的學者長期以來主張的那樣，我們不能僅藉由爬梳法律文本了解國家的行為，因為政策在實施過程中會產生重要變化。[23]若要檢視這些變化，理解其原因並評估優缺點，我們需考慮公務員的實際作為與其背後原因。這是之所以要由下而上研究國家的原因之一。

儘管基層公務員作為國家與社會之間的中介不言可喻，令人驚訝的是，他們很少受到政治理論學者關注，而這種忽視並非偶然。政治理論學界對**政策制定**有諸多看法，但對**政策執行**卻相對較少。

然而，作為一個政體，我們面臨的規範性難題，並不會在我們敲定正當的制度和一連串要執行的政策後就此消失。這些政策仍然有待執行，這就是公務體系發揮作用之處。正如我們將在本研究中看到的那樣，政策執行的過程開啟了一系列獨特的規範性挑戰，而這些挑戰不只是隨政策制定而來，也不僅是因政策制定衍生而出。因此，這值得我們關注。

任何公平或正當的法律，其執行都必須回應更高層次的規範要求。法律必須以高效、公平、顧及個人需求並以尊重公民的方式制定。法律制定過程中，勢必得思考如何解釋上述各項考量、解決考量間的衝突，又該如何運用法律於具體個案上，這都是伴隨法律制定過程而來的規範性挑戰。一個研究民主國家的規範性理論若沒有認真應對這些挑戰，那該理論就不夠完善，

但不只如此。政策執行過程中出現的規範性問題——如何解釋不同需求（好比說「尊重」）、權衡相互衝突的考量因素，又該如何把考量因素套用在特定個案上——皆因案件而異。這些問題

無法用同樣的道德高度等而視之，需根據具體情境做出判斷。我們有時能透過規則和程序編製這些問題的答案，但在特定案例和情況出現之前，我們能夠提前做的事情有限，更要避免盲目、先入為主的預設。這就是為什麼我們經常將這多重考量的解釋、衡量與調和交給基層公務員，因為他們最接近個案且最熟悉個案的特殊情況。國家應如何與其公民互動的解釋，大多是關於這些公務員應如何扮演其角色，以及現行制度如何支持其履行職責。而一個關注政策執行的政治理論，其核心是基層公務員的政治倫理。

我認為政策執行的規範面很重要，但一直以來卻受實務上各種限縮觀點的影響，而沒得到進一步重視。據此觀點，政策執行僅是照表操課，並力求完成法律已明文訂定的目標，公務體系被理解為只是執行政治意志的工具，換句話說，是一種僅執行外部指令而無道德意識的工具。公務員需要執行的任務可能很複雜或需要熟練的技術，但對於規範性問題，像是該追求哪些目標，以及優先考慮哪類價值觀的問題，則由立法者來安排。

正如我們將在第一章中所見，自公共行政領域開創之初，已有許多人挑戰政策執行的「無道德意識」論。政治學家觀察到法條往往含糊、模稜兩可，留給公務員相當大的行政裁量權。他們也表示公務員經常被要求作為起草法案的夥伴，其做出如何執行特定政策的決定，本身就可能是政治問題，而政策實施過程通常會顯露出各種無法預見的規範性問題。簡而言之，政治和公共行政的世界互相依存，難分難捨。政策執行的「無道德意識」觀點除了在實證上不準確外，政治與公共行政之間也不應有嚴格的分工，這將在第一章進一步析論。簡而言之，上述論點高估了我們將規範性承諾形式化的能力和準備程度，且沒有充分意識到這種形式化背後會產生的代價。

政治理論學者已意識到政治與公共行政二分法的不切實際，就算有些人還是認為偏好這種二分法為理想的形式。然而，他們願意承認公務機關或多或少也參與制定規範性決策時，就似乎假定這些決策集中在公務體系的高層，而參與道德與政治決策的空間隨科層逐級大幅下降。這解釋了為何政治倫理學，傳統上自馬基維利以來一直聚焦在政治領袖，對高級公務員（如部長、監管者或「技術官僚」）也有所著墨，卻對低階與基層人員一概不提。[24]

高階公務員比低階公務員更重要，此一假設在兩個主要模式中獲得支持：一是認為「上令下達」（即「規則－約束」模式），另一個則是「委託－代理」模式。根據第一個模式，公務體系是垂直架構，上級透過詳細的行為準則控制著下屬的行動。高階官員可能會承襲模糊的立法授權，不過他們有責任將這些模糊授權轉化為精確的標準作業程序。科層階級愈低，遵循的指令就愈具體，要達成的目標範圍也愈小。在這個模式中，高階公務員被要求成為道德和政治代理人，他們受委託將籠統的法律政令轉化為有價值判斷的目標，而第一線公務員被視為技術操作者，必須按照程序行事並達成高階公務員指定的任務。這些工作人員僅剩下一個道德問題要回答，關乎遵從或違抗，即是否遵循上級下達的指令。[25]當基層公務員必須執行的政策是不公平、不公正或不道德時，這個問題尤為明顯。

除了「規則－約束」模式，我們可以將公務體系視為一「委託－代理」的關係鏈。[26]這個模式的出發點在於公務員（代理人）相對於政務官（委託人）有資訊上的優勢，而整個關係鏈皆因代理人行使裁量權而獲益。然而，上述帶來的挑戰在於，公務員的偏好未必與政務官一致，而監督和執行皆成本高昂。在此情況下，管理者（政務官）必須設計一個獎勵制度讓部屬的利益與自身利益保持一致。[27]倘若制度設計得當，就應能讓公務員追求的偏好與機關的整體任務達成和諧。從規範的觀點來看，「委託－代理」模式凸顯了兩個問題：一是扭曲，即公務員推動自身認為公務機關應做什麼的原則偏好，而不是其政務官的偏好；另一則是腐敗，公務員沒意識到，在稱其角色是國家代理人的同時，所能追求的自身利益極為有限。

儘管「規則－約束」和「委託－代理」兩模式有所不同，但這兩種公務體系模式有兩個共同點。兩者都將公務機關裡的高階官員視為規範性決策的核心（應該制定什麼樣的規則？採用什麼樣的獎勵制度？）。先不論公務員遵不遵從，兩種模式同時也都假設我們可以避免依賴低階公務員的道德自主，因為他們要不是循規蹈矩就是自利自為。

這兩種公務行為模式的問題在於它們掩蓋了第一線公務員在日常工作中必須做出的道德抉擇，亦即當他們的利益與其政務主管的利益相當一致時，以及當他們服務的公務單位夠公平公正時，就不會引起懈怠或公然抗命。這兩個模式各自高估了公務規則能夠提供明確指示的程度，以及上級政務官可被測定的偏好範圍。他們還假設，法規模稜兩可或含糊不清的問題會自行解決，因為各層級的主管會去控制下屬的行為。

但實際上往往並非如此。正如我們將在第一章中探討，並不是所有規範性的歧異都能或應在傳達到基層之前解決。第一線公務員承襲的規範性指引經常有多種解釋空間，其涵義也會因情境和文化而大相逕庭。他們得找到變通的方法調整和改進公共行政的類別次序，以適應總讓他們難以應付的複雜世界；同時，他們被迫面對因資源有限而必須決定任務優先次序的問題，在這些方法中，基層行政也有自己的規範性問題。

不僅如此，基層的政策執行也涉及到一套獨特的規範性考量。如果我們接受約瑟・希斯（Joseph Heath）的精闢定義：「公務機關有項任務要達成，而這項任務與當前政府的具體期望分開探討。」那我們就可以開始思考這些問題。[28]一旦公務機關被指派提供一項特定任務，它就應對大眾負有直接的義務，特別是公務機關承諾以一種高效、公平、積極和尊重的方式提供這項服務。

效率的標準具體展現了技術官僚對優質管理的理想。簡單來說，公共行政工作者被授權管理有限的公共資源，而作為公民，我們期望其盡可能有效運用這些資源。這意味著在日常工作中要精打細算、迅速和有效。我們可以透過公共行政成效不彰時民眾抨擊的嚴厲程度，衡量效率作為公務單位的評價標準有多重要。所以自一九八〇年代以來，因為民眾認為公共服務就是拖延、浪費且效率低下，所以各種改革浪潮獲得很大的支持，進而深刻地改變了行政國（administrative state）。

然而，僅僅以效率為標準衡量並不能掌握到公共服務機構的獨特之處。這些機構與其他類型的組織不同之處在於，人們是以公民身分與之互動，且這些機構提供的服務是公民應得的權利。這區別了國家提供的服務，使其不同於公益團體提供的服務或市場上的有價服務。在民主國家裡，公民在政治上一律平等，並有權享有國家一視同仁的關心和尊重，所以公共行政工作者肩負**公平**或公正的義務。他們服務民眾時必須抱持一個基本原則，即民眾期待能合理獲得支持。就此而言，公共行政的正當性較不是來自於有能力「完成任務」，而是源於能以某種方式「超越政治」，並且像法律一樣，平等看待所有人事物。容我再次強調該標準有多重要，我們可以透過檢視違例來衡量，情形好比說官員遭指控偏袒、辦公時帶有偏見、歧視民眾。

第三個規範性標準——**積極度**。掌握到一個觀點，那就是沒有兩個個案會全然相同。如果公共行政要有正當性，僅僅對民眾公正和一視同仁是不夠的，還必須關注其需求、要求和具體情況。在《民主正當性》（*Democratic Legitmacy*）一書中，皮埃爾・羅森瓦隆（Pierre Rosanvallon）認為因人制宜為重是民主制度中相對晚近的轉變。這一轉變呼應了肯認政治和關懷倫理的論點，並意味著會逐漸朝向「親民的正當性」改變。他指出，民主國家的公民不再願意接受國家只奉行一體適用的行政模式。他們希望官員能夠聽取他們的意見，並能根據具體的情況提供有彈性的應對。這種渴求是對公部門一系列常見批評應運而生的產物：認為它們遙遠、冷漠、困在繁文縟節之中，對民眾的反應不如私部門相應單位來得積極。

在做出行政裁量權的決定時，基層公務員應時時留意多重考量，包括**效率**、**公平**、**積極度**和**尊重**。我們將在第二章探討，如何保持尊重與上述其他考量有複雜的交集，且勢必得應對這些往往互相扞格的考量。在有限的公共資源中做出最有效的利用可能導致分配不公；嚴格遵守公平的標準或許會限制為滿足個別需求必須有的彈性；最後，對於個別需求積極處理可能會削弱公平性，並減緩工作進度，因此妨礙效率。正如李普斯基以及其他學者觀察到的那樣，大多數日常的基層公務都得在這些規範性的企盼之間做出困難的取捨。[29]

總而言之，政策執行並不只是政策制定的無縫延續，政策執行會產生它獨有的規範問題，並導入自己的規範標準。李普斯基的觀點是，基層公務員有效地「制定政策」，意味著他們並不僅是執行公共政策的管道，也意味著公共政策在傳達到基層公務員時仍不算定案，而是在政策執行的過程中逐漸成形。[30]當他們解決政策的模糊之處、處理其疏忽並安排各種事項的優先次序時，公共政策才會從可能採用的示例中擇一採用。就我們作為公民而言，我們必會受到基層公務員的行政裁量權影響，且這些公務員一定程度上肩負支持公共政策的責任，我們有充分理由去關注他們的道德傾向，以及他們在日常工作壓力下如何保持身心健康與平衡。

基層公務員

「基層公務員」這個標籤指的是在第一線提供公共服務的人。其中，包括社福工作者、社會工作者、輔導員、警察和教師。根據皮耶．布赫迪厄（Pierre Bourdieu）樹立並沿用至今的分類，這些公務員既屬於國家的「左手」，即提供社會服務的一方；也屬於「右手」，即執行秩序和經濟規則的一方。[31]

基層公務員之間存在重要的差異，例如決策性質、與之互動的人，以及與民眾一連串的接觸。與教師不同，警察持有槍械並且有時需做出生死決斷；與社福工作者不同，這些警察不僅與尋求服務的個人互動，也與社會整體互動；與社工不同，社工與民眾會有持續的接觸，可以建立個人關係，而我們與警察的接觸通常是零星、一次性的（相較於巡警，我們與公路警察碰面機會更少）。

儘管我嘗試對基層公務員之間這些重要的差異做出公允的詮釋，但在這本書中，我主要探討基層公務員的共同特質。由於公務員領域的研究調查已汗牛充棟，我只會聚焦於美國基層公務體系的運作，偶爾會引用其他「先進的自由民主國家」（如法國和英國）的例子，這些國家普遍倡導民主價值觀，保障正當程序、奉行法治、遵循現代行政體系。[32]

學者們發現，儘管各職務之間存在差異，但不論是哪個公共服務單位，第一線的日常工作模式都有相似之處，因此將基層公務員視為單一類別有其研究上的意義。[33]其中有三個共同點值得特別關注：基層公務員處於組織層次的最底層、他們與民眾直接互動、被賦予了有意義的裁量空間。這個標籤可以被延伸到包括九一一接線員，他們雖然不是親自見到民眾，但其「語音交流產生了對典型面對面接觸的情感需求」，對只需執行簡單行政程序的公務員，像是與民眾沒有直接互動的美國國稅局數據轉錄員，以及裁量權非常受限的高速公路收費員，實際上已經被自動化系統取代。[34]

基層公務員作為國家和社會之間的中介，常常一邊一腳踩在兩個互相脫節的世界。基層工作充滿了這兩個世界之間產生的緊張關係，基層公務員又需要在兩者之間周旋。[35]這些公務員既大權在握但又勢單力薄；有人情味卻也不講情面，能變通卻又受規則所縛，既是實務的專家但又是卑微的下屬。

作為第一線公務員，基層公務員在各個公務單位中，時常擔任最低階又最不具影響力的職位。這樣的公務員曾被描述為「報酬最少、價值最低，並被視為最可有可無且最容易被取代」。[36]而基層公務員也負責代表其單位，也就是國家與民眾互動。作為公務單位的員工，其影響力非常受限（除非組成工會）；而作為國家的代理人，則是有權勢的守門員。基層公務員每天都得面臨自我認知與外界對其認知的不對稱，而這正是他們的日常工作寫照。

民意代表或高階事務官的業務，與一般基層公務有所差別的另一特點是，基層公務員不參與政策制定。第一線公務員被期待能將既定政策運用於特定案例，而這項任務非常仰賴實務上的判斷。但是基層公務員不是舒舒服服坐在辦公室審閱公文就能隔空做出這樣的判斷，他們的工作涉及與民眾直接面對面接觸，去了解每個個案以及他們的個人故事。基層公務員這種與民眾緊密的關係，從倫理學和心理學的觀點解讀，其角色顯得特別有趣：既代表不講情面的法律秩序，也參與了個案互動，接觸個案的隱私。

作為公民與國家之間的中介，基層公務員也必須在日常複雜而細微的實務與公共行政的規範之間來回傳達與解讀。這項任務通常會伴隨基層公務員一定程度上跳脫架構重新解釋，以及強制將個案帶入特定情境，但基層公務員也得反向翻譯，我們期待他們能向那些對公務體系陌生卻又依賴的民眾解釋繁瑣的規則和程序。至少一定程度上，公務員對政策的解釋是公民構築他們對國家看法的依據之一，公民對國家有多少信任、政權是否正當，以及他們在國家眼中的地位。[37]

基層工作的一個核心特徵是，它在一切攸關公務體系的正式規則和標準作業程序之中，存在相當程度的裁量權和獨立。基層公務員通常一人作業且難以監督。鑑於身處公務體系的最低階，他們也發現自己被迫解決公共政策中存在的任何模稜兩可、含糊不清或衝突之處，因為他們無法再將這些委派給他人。儘管公務員能行使行政裁量權，也累積大量實務知識，但他們不會因此獲得社會大眾肯定，政府也不會認證其技術官僚專業，就算裁量權明明是根據經驗判斷而來，也是因有這能力，在公民眼中決策才具有正當性（「法官／科學家」對比「技術官僚」）。

如今在研究基層公務體系面臨的一大挑戰，就是現下仍持續變動。當李普斯基三十五年前首次提出「基層公務員」（street-level bureaucracy）這個名詞時，他們絕大多數都屬於政府職員，如今早已不然。自一九八〇年代以降，受到被稱為「新公共管理」（New Public Management，譯注：源自一九八〇年代，試圖取代傳統公共行政理論，其一概念強調人民即顧客，公務體系要提供好服務給人民，如同企業提供顧客好的服務）或「重啟政府」等一系列觀念推動，公務機關將愈來愈多的業務外包給民間非營利組織和營利組織。[38]正如我們將在後面章節看到的，這種公務機關日漸依賴外包，加之從民營單位學習管理經驗（如：績效管理），改變了基層公務員原本公私部門分明的業務環境。

縱使從「公務機關」轉向「公共服務單位」衍生出許多重要的問題，例如問責制、權限和目標無法調和，基層公務體系的相關研究在非營利服務（即公共服務）的面向仍站得住腳。[39]在《基層官僚：公職人員的困境》的增修版中，李普斯基在二〇一〇年最後一章的結論，加上了新觀點。他提出這可能是因為「公務單位對民營（非營利）機構做的管控、績效評估和單位評鑑日趨嚴格，這會消弭過去或許存在，那基於個人或公家身分接待民眾方式的差異」。[40]如我田野調查的單位，對這種非營利組織而言，這種公私融合可能尤其緊密。因為這非營利單位長期大量依賴政府資助，過去曾具有屬於自己的任務以及偏好的作業順序，而這些早已不復存在。

相比之下，營利機構（本書探討範圍之外）與典型的基層公務機關有較大的差異。[41]部分原因是其員工有不同於公務機關的工作動力，且他們的組織文化並不總是與公共服務的理念相一致。這也因為營利機構的主管除了要承襲提供社會服務的責任且有時需要與之競爭外，另外也對股東負有義務，通常是指利潤最大化或投資報酬。[42]

除了外包帶來的改變外，科技也帶動基層公務體系的轉變。現在許多人與公務員互動的方式，特別是獲得資訊，都可以在線上或透過電話完成。公務體系採用資訊系統後，也無形間壓縮公務員行政裁量權的空間。有些學者甚至已開始揚言基層公務體系（在一個公務員對個案有高度裁量權的地方）將逐漸被機上公務體系所取代（公務員將申請表格輸入電腦，由電腦裁處），甚至可能被作業系統公務體系取代（如此，公務員不再參與處理案件，而是花時間開發相關的演算法）。[43]

雖然對這樣的預測必須要認真以對，我們也必須當心不要誇大科技變革的速度、影響範圍和必然性。正如我們在後續篇章看到的，基層公務員在面對面的接觸過程中仍會做出許多重大決策，在一些機構中，其裁量權實際上隨著最近的行政改革浪潮不減反增。[44]我們也必須謹慎，勿把科技變革當作**既定事實**。縱使我們現在擁有足夠的科技來用螢幕和演算法取代公務員，但並不意味著這就會是個好主意。藉著揭示公務員在傳統、面對面環境中的真人互動，之後的內容將幫助我們更慎思科技在提供公共服務中的適切角色。了解公務員與民眾之間的面對面互動如何進行，以及對雙方的重要性，可以提供我們一個更換不同服務模式得失的指標。正因國家經歷如此巨大轉變，我們有責任仔細審視其當今或過去的狀態。如此一來，才能仔細評估發展方向，讓未來國家的樣貌更加清晰。

方法論與田野調查

本書援引諸多文獻，跨足英美和歐陸的傳統政治理論、當代道德哲學和社會理論。本書也從公務員豐富多采的工作日常檢視蘊含其中的規範性問題，同時也仔細關注組織內部的環境與個人經驗。本研究建立在人類學、社會學、政治學和心理學的實證研究基礎上，研究公務體系的相關文獻，以及我在一個扶貧機構進行為期八個月的參與觀察。而目前此領域研究的確需要理論與實務經驗的調和。研究者若對於影響道德主體的可能條件感興趣，即對道德心理學的問題進行實驗性探問感興趣。這種探討研究的是個人如何受到環境的影響，以及如何適應環境，而這是社會學家和政治學家感興趣的問題。最後要注意的是，社會行為者的日常體驗，他們如何感知周遭環境、如何看待自己，以及如何賦予事件意義。這些探究隱含在文獻中，也是人類學家主要關注的面向，且適合透過參與觀察來探索。

從研究方法來看，我希望本研究能證明研究者若交互使用政治理論和民族誌研究法能相得益彰，民族誌為我們開啟了個人經歷及對環境脈絡關懷的一扇窗，可以促使我們更仔細思考這些道德和政治問題如何出現在大眾的日常生活當中。這也有助於我們更深入觀察道德主體與其所在環境的關係，以及兩者之間的連動性。我也會在後續章節呈現政治理論對道德人類學亦有重大貢獻，因為這能為我們提供一個詮釋的角度，來理解日常實踐的道德和政治價值，否則這些實踐可能會顯得毫無意義。

一直以來，許多政治理論家對當代規範政治理論的抽象解釋感到不滿。政治現實主義者和非理想理論的支持者用不同的方式抨擊規範理論與政治現實脫節的程度。[45]反之，他們要求我們從當下開始進行規範性反思的過程，思考我們在當前情況下可能需要做些什麼，並試圖理解政治和道德實踐的作法。我認真看待這些批評，並將在這項研究的過程中，嘗試發展一種更具體的政治理論，這種理論是受到民族誌感知（ethnographic sensibility）啟發。與其用方法論的序言開場，來描述參與這種政治理論的形式可能意味著什麼，以及我們為何想這樣做，我將嘗試透過具體例證證明我的觀點。除了必要的幾點評論之外，我將把方法論的反思留到書的結論，讓讀者先一窺整體的脈絡。

我首先從接觸基層公務體系、基層公務員以及公共政策著手，試圖探討基層工作在這些條件下面臨的挑戰，替國家論建構更實際的樣貌。我以基層公務員的工作經驗作為出發點，用批判的角度檢視現有的制度安排、管理實踐和政策。在接下來的章節中，我們將看到大多數討論的公務單位面臨人手與經費不足。文中的公務員大多數都立意良善，並渴望將工作做好，即便他們對此的理解以及對致力於完善公共服務的程度各有不同。輕度貪腐儘管不可避免，但並不像在一些發展中國家那樣普遍或令人擔憂。基層公務員被要求執行的政策，基本上都具有正當性，或是正當性剛好達標（「不多也不少」），不足以導致逃避或明顯的不服從，即便這些政策離理想還很遙遠。

這些情況在某些方面可能比預期的更好，而在其他方面則更糟糕，但這就是我們目前的處境。在之後的章節裡我描述的一些衝突，若公務機關獲得更豐厚的金援，將會有所緩解。儘管不公平的法律、腐敗和不當動機實際上可能更為猖獗，但我們將看到，即使沒有這些眾所皆知的常見情境，基層工作在道德上仍然充滿挑戰。

我進行田野調查的組織，諾維爾社區發展中心在許多方面表現了提供公共服務的新面貌。NCDI成立於一九六〇年代初，是一間私立非營利組織，力求解決都更計畫中的「人的問題」。一九六四年，林登·詹森（Lyndon B. Johnson）的《經濟機會法案》（the Economic Opportunity Act）通過，以及當時終結貧困行動（the War on Poverty）開始，NCDI被指定為諾維爾的官方扶貧機構。雖然NCDI最初是以激進的社區培力計畫開始，但後來逐漸轉變成一個社會服務組織，幫助民眾申請並管理各種政府計畫。

低收入家庭會到NCDI申請啟蒙教育計畫（Head Start programs）、冬季燃料補助、食物券和所得稅抵免。NCDI還開設就業輔導計畫、財務規畫諮詢和課後活動班，也為有需要的家庭提供住房協助、提供年長者聯邦醫療保險（Medicare）諮詢、透過轉介和食物券計畫，幫助家庭尋找托育相關服務、提供申請社會住宅的建議、協助申請公民身分。

這中心負責聯繫有需求的民眾，確定他們有資格使用哪類社會服務，幫助他們申請，並在必要時協助將民眾完成的申請送到相關政府單位審核。中心也負責檢查民眾申請文件是否填寫正確、評估其真實性和一致性，以及考核民眾是否遵守申請的計畫要求。因此，NCDI結合了服務和監管功能，考量到其訪客數，實際上也是一個有效「受理民眾業務」的組織，其主要功能不是改變民眾的行為，而是幫助他們釐清具有何種「獲得公共服務的資格」。[46]

在我加入時，該組織已在整座城市經營有十六個鄰里站點的網絡，每年為近十萬戶家庭提供服務。其年度預算接近一．五億美元，幾乎全部來自聯邦政府補助（約70％）、州政府補助（約10％）和地方政府補助（約15％）。NCDI提供許多社會服務，且幾乎一手包辦了這些業務，其表現定期由聯邦、州政府和地方官員考核。

我作為接待員分配到的社區站點，以下稱諾維爾服務中心（Norville Service Center，NSC），是該城市最大服務中心之一，主要為非裔美國人社區（約占總人口65％）提供服務，當地的亞裔和拉美裔社群規模也很大。NSC位於一棟大型三層樓高的連棟住宅內，座落在寧靜住宅區街道和中型道路的路口，對面有一所公立學校，與諾維爾拉美裔服務中心（the Norville Hispanic Center，NHC）共用辦公室，該中心是NCDI的分支機構，專門為拉美裔民眾提供服務，並有專職的西語工作人員。NHC有自己的入口、接待櫃檯和主任，但民眾也可以從NSC的停車場直接進入。

我在NCDI的八個月期間，同時在NSC和NHC擔任接待員。這讓我得以進行一個理想的比較分析，讓我有機會接觸到兩種不同的組織文化和管理風格，以及在單一機構架構（NCDI）內與兩個不同群體的民眾互動。

NSC雇用了五到七位個案承辦人員，而NHC雇用了三名。這兩個中心也非常仰賴像我這樣的實習生和志工的協助，其中許多人在NCDI中待了好幾年。大多數職員和實習生與社區有密切聯繫，組成結構相當程度反映了社區人口分布的情況，主要是非裔美國人和拉美裔，大約四分之三是女性。全職員工的專業背景多元，大多數在「社會服務」方面受過培訓，或者有社會工作的經驗，但也有許多人沒有這些背景，是在長期擔任志工後被中心招募的。

作為接待員，我的主要責任是透過面對面與電話接待民眾，回答他們的問題，告知他們預約情況，並在他們與個案承辦人員見面前確認他們的紀錄已更新。我也必須處理其他行政雜務，有時候不在櫃檯，而是在相鄰毗連的個案承辦人員辦公隔間內。當在場人手不足或有經驗的實習生不夠時，會請我獨自與民眾會面，幫助他們申請特定的服務。鑑於我與各辦公室、個案承辦人員的辦公隔間的距離近，以及拜開放的工作風氣之賜，我時常能無意間聽到員工之間的對話，並且為了要培訓我，我也經常受邀參與他們與民眾的晤談。

本書架構

在第一章，我首先檢視基層公務員具有裁量權的原因，以及這種裁量權可以被合理化的規範（性）基礎，在第二章我將繼續探討基層公務員如何發揮其裁量空間。我認為，我們若要充分理解這些公務員面臨的道德挑戰，不是著眼於他們必須做出的個別決定，而是要關注他們在工作中發展的整體道德傾向。我會對「道德傾向」的概念進行分析，並說明這些傾向如何影響公務員行使其裁量權。藉由這個立論基礎，我接著定位基層公務員經常出現的三種道德傾向——冷漠、呵護和正義，並解釋這些傾向都是偏狹的樣態。

從第三章開始，則是根據我在NCDI田野調查作民族誌而來，探討為什麼日常工作的壓力會導致基層公務員有這些道德傾向，以及應該做什麼來抗衡朝這種道德傾向靠攏。第三章從個別公務員的角度提出這些問題，而第四章從同儕動態的關係提出觀察，第五章則從管理實務和公共政策的觀點來檢視。這些章節中皆著重於道德主體的失調——角色概念的失調（第三章）、道德觀的失調（第四章）和道德整體性的失調（第五章）。

我最後總結對行政理性的一些反思，探討一個由下而上的國家規範理論是否必要存在，以及剖析政治理論和民族誌是否能夠結合的研究潛力。

第一章 基層行政裁量權

多數公民是透過與基層公務員的互動來了解其居住的國家與政策。[1] 常待在公務機關等候室、行經國家邊境與臨檢站的人都知道，這些公務員能行使一定程度的裁量權。不過，所謂「裁量權」的程度究竟有多廣？其本質又是什麼？我們又該如何解釋和證明裁量權的存在？或許更值得探討的是，這種裁量權是否僅是現存政治制度的特色之一，有本質上的缺陷與闕漏？就算現存制度可以改革，這種裁量權是否仍有存在的價值或必要？

上述問題的答案取決於我們透過實際案例對公務機關運作模式與公務員**行為**的了解——當公務員為了秉持誠信履行職責時，必須做出的各種判斷、決定和選擇。大眾期待公務員**運用**和**執行**政令，而又有什麼會牽涉其中？藉由進一步了解公務員的工作要求，我們就能更準確地描述公務員在執行任務時伴隨的道德責任。這又帶我們重回公共行政倫理的一個長期爭論——即一九四〇年代卡爾・福雷德里希（Carl Friedrich）與赫曼・芬納（Herman Finer）之間的辯論。[2] 公務員的職責是否主要為遵循命令與程序？又或是需要具有因個案而異的裁量權空間，且會牽涉和從中看出公務員的道德價值與職業身分？

根據《韋氏法律辭典》的解釋，「裁量權」是指「公務人員或公務體系的員工在理性及相關法律範圍內，根據自身判斷或良知做出的行動和決定」。[3]在進一步討論前，上述針對「裁量權」的定義有某些地方值得我們留意。

首先，行政裁量權提供公務員選擇的權力，能在一系列法律未清楚定義的選項中自由選擇。裁量權不光只是公務員可以「逃脫咎責」的手段——更是一種合法並經上級授權的權力。第二點，裁量權與道德上的合理選擇不可相提並論。某些情況下，公務員考量到道德規範，就可能得違反法律行事。然而，我們不會將上述情況看作是「行使裁量權」。

第三點，根據此定義，裁量權的行使通常受到外部（法律）和內部（合理標準）約束。裁量權並不是在法律範圍內「隨心所欲」行事，公務員必須能解釋他／她為何在眾多選項中選擇特定的處理方式。經裁量權做出的決定是可以被審查的，實際上往往也會經過審查。而這種裁量權的行使方式有好有壞，不在合理範圍內時，稱之為「裁量濫用」（abuse of discretion）。

最後必須指出，公務員「按理」享有的正式裁量權與其實際行使的裁量權有所差別。[4]與正式裁量權相較，實際裁量權的發揮空間可能更大，也可能更小。舉例來說，跟著資深巡佐巡邏的菜鳥員警很快就會發現，某些正式規定實際上晦澀難懂，執法人員需斟酌使用，而其他非官方規範，就算未明文規定，也需嚴格遵守。裁量權不僅受正式規定（如正式批准或規則）約束，也受非正式規範所限，而這些非正式規範通常由同僚來執行。[5] 我接著會在本章聚焦討論正式的裁量權，並於第四章探討實際的裁量權與非正式控制（informal control）。[6]

我在接下來的篇幅中會析論，儘管規則有助於限制公務員的裁量權，且有時還能作為行為準則，引導公務員做出好的判斷，但往往無法提供一個特定的行動方案。雖然規則和程序已為第一線公務員排除掉許多選項，但他們仍得從剩下的各種選項中進行抉擇。[7] 基層公務員的世界，是個裁量權有限的世界。

不僅如此，基層公務員的裁量權，本質上不僅是技術或工具。以法官來類比，在法官面前，法律不見得條條適用，而基層公務員也會面臨類似的情況，他們也常迫於行政程序的本質而做出**規範性判斷**（normative judgment）：公務員被迫「訂定政策」（making policy），就像法官被迫「制定法律」（making law，譯注：英美法系有法官立法的傳統）一樣。[8] 公務員不只要負責評估事實、選擇適當的執行程序，還得權衡競值（competing values）與目標，並為時常含糊的目標背書。

因此，**現存**公務機關要能適當運作，就得仰賴基層公務員行使健全且獨立的道德判斷能力。當我們從一個充滿規則的公務體系模式，轉向另一個模式，適時顧及行政機關工作充斥著模糊與不確定性，就會坐實上述結論（與福雷德里希的主張相符）。

我在後續章節中主要會聚焦探討，基層公務員在這些裁量權的場域中如何自處、如何在眾多必須關注的目標與價值觀之間妥協、又如何在難以做成良好道德判斷的環境中，找到資源以做出裁定。

然而，一如政治理論家們可能會指出，**考量公務體系現行運作模式**，透過觀察基層公務員的工作要求，替其工作職責建立一套規範模型，並非萬無一失。此風險在於，面對當前制度的不完善之處，我們或許會做出太多讓步。解釋為何基層公務員**確實**握有裁量權，以及他們該如何行使裁量權是一回事，解釋他們是否**應該**擁有裁量權又是另一回事。因此我會試著探討，裁量權不僅是一個我們必須面對的事實，也往往（的確不見得每次都是）是組織中必要存在且可取的特色。

雖然上述的主張偏保守，但實際執行時也可能會遇到一些阻礙。對於應該授予基層公務員常規權力以進行價值判斷的這種觀點，必然會引起人們對於自由、民主、共和的各種擔憂。[9] 自由派人士可能會擔心這種裁量權會違反法治——可能會使公民陷入低階公務員不可預測、帶有偏見和道德說教的判斷之中。民主派可能不願將裁量權委託給非民選且不直接受民主問責機制約束的公務員。最後，共和派可能會發現，在公務員提供服務時，裁量權會伴隨一人掌權的威脅，而這種狀況特別不討喜——會使較為弱勢的公民仰賴特定人士潛在的專斷獨決。[10]

在價值問題上，基層裁量權合情合理，但這想法卻也與我們對公務機關根深蒂固的規範理想（normative ideal）背道而馳。理想上，公務機關應為政策執行的中立管道。關於上述的規範理想我將援引伊芙琳・布拉德琴（Evelyn Brodkin）提出的公務職責「遵從模式」（compliance model）來說明。這種規範理想認為公務員只需關心如何規畫實施方法，以落實民選代表所選的政策目標。[11]他們提供「實際能力」實踐民主意志，並在任何情況下，都不應擅自做出規範性（像是道德或政治）判斷。這種理想之所以令人嚮往，部分是因為其嚴格限縮了裁量權的本質和範圍，減少我們對裁量權的一些擔憂。

我將在本章討論，在最極端的狀況下，遵從模式認為所有重要的規範性問題，像是有關目標之間的取捨、優先順序或不同道德考量的權衡，都應由公務單位代表第一線公務員回答。這些規範性問題的答案可能明載於程序中、在仔細調整過的獎懲辦法裡，或是在一個難以察覺的訊息流模式中。然而，這邊的重點依舊不變：假如組織設計得當，公務單位仰賴第一線人員道德責任的程度應為最低限度，僅為促使他們遵從規範。我們不該在公務員個人的「內在」尋找道德，而是應該在公務員服務單位的正式結構中探尋。據此觀點，道德應是需**外部化的**。遵從模式若用來描述公務機關運作情形顯得薄弱，但作為公務機關應如何運作的規範性理想，就相對站得住腳。

針對遵從模式，我會試著建構以下三點論述：

㈠基層公務員的裁量權空間不僅是因為管理不善而導致的「失常」（也因此，要減少這種狀況的發生次數並不難）；

㈡此種裁量權空間必然涉及**規範性**判斷——我指的是涉及價值問題的判斷，而不僅是根據技術（technical）或「專家」理性的判斷；

㈢雖然基層裁量權空間必須嚴格控管，但我們通常（儘管不是每次都是）有充分理由保留裁量空間。

綜上所述，這三種主張對公務職責的遵從模式構成挑戰，指出基層公務員的裁量權既能作為「量尺」（意指根據公務體系當前的狀態，評估公務執行者表現的標準），也可以作為規範理想（即描繪公務體系應期盼達到的理想內部狀態）。

本章的內容排序如下：在第一部分，我描述了公務職責的遵從模式，以及透過此模式運作的組織坐實了哪些「理性」理論。在第二部分，我透過描述能在官僚階級上層建立規範裁量權的案例，試圖提出遵從模式的不足之處。接著，我會解釋支持此種裁量權的理由，以及為何這些理由不太適用於基層的裁量權。在第三部分，我列出基層裁量權的來源及證明依據，闡明這種裁量權合情合理。最後，我陳述反對遵從模式的理由，並提出我們需要更廣泛的公務職責概念。

遵從模式與機構的「理性」理論

據丹尼斯．湯普森（Dennis Thompson）所言，昔日有段時間政治理論學者「對於公務員角色的理解，與霍布斯（Hobbes）對公部門首長角色的解釋如出一轍：他們如同『神經和肌腱，自然帶動身體四肢』。因為政治體的神經和肌腱本身沒有主導權，所以政治理論可以安心忽略」。[12]

依此觀點（我稱為公務職責的「遵從模式」），公務機關是立法人員下達指令後，負責執行指令的中立管道。制定政策的政務官與執行政策的行政官之間，有著明確分工。伍德羅・威爾遜（Woodrow Wilson）及弗蘭克・古德諾（Frank Goodnow）是早期提倡這種觀點的學者。威爾遜在一篇具學術重要性的著作中指出：行政管理「脫離了政治的匆忙與紛爭……是政治生活的一環，如同機器之於其製成的產品」。[13]古德諾也提出相似的觀點：

> 在所有政府制度中，政府有兩種主要或最重要的職能，即表達和執行國家意志。所有國家也都有獨立機關，各機關主要負責履行一項職能。所謂職能，分別是指政治與行政。[14]

這種關於政治與行政之間適當關係的規範性觀點，有一系列組織理論的支持，其中最著名的是由腓德烈・泰勒（Frederick Taylor）、馬克斯・韋伯（Max Weber）和司馬賀（Herbert Simon）提出的論點。上述學者的理論都傾向將組織視為「理性系統」（rational system）。[15]從這角度來看，組織是種工具，被設計用以如實實踐組織外部指定的一系列目標。組織是理性的，因其旨在盡可能有效率地實踐這些目標。[16]而在公務體系中，目標則是由民選代表透過立法而訂定。據此觀點，由於公務機關只是執行政治意志的**工具**，並不會提出任何特定的規範性問題。[17]

在本章較為廣泛的論述中，我會說明理性系統觀點其實與上述命題全然相反。在此處提出是因其為公務職責遵從模式的組織運作基礎。下一個部分，我會試著表明，這種觀點嚴重低估了公務體系中裁量權的本質與範圍。在釐清這種裁量權的範圍後，我希望能清楚看見，在公務員必須經常執行的任務中，「遵從」指令只是冰山一角。

依照理性系統觀點，組織的工具（instrumental）效能主要取決於組織的兩個特點：目標明確度、正式結構。[18]組織將繁複的目標分解成更易於執行的任務，像是低階公務員不需直接處理法律文本，因為法條往往含糊不清、有各種不同的解讀空間。反之，低階公務員須遵從規則和標準程序，考量公務體系「上級」（即委託人，principals）渴望控制及最佳化其「下級」（即代理人，agents）的行動，這些規則在這種由上而下、層層控制的過程中愈趨明確。

但是對個別公務員來說，若要獨立達成特定目標，光是遵從規則是不夠的。他們也勢必得在工作時同心協力，以達到其任職單位所設定更高層級的目標。低階公務員的行動必須能互相協調、可隨時跟進。這就是正式結構發揮作用之處。[19]在**科層體制**下，各個子層次下不同的參與者會追求類似的目標，這些目標最終會疊加而成組織的總體目標。**紀律與控制**保證下級會遵從上級指示。[20]**清楚明定的司法管轄範圍**則鼓勵專業分工、限制裁量權的行使。最終，在**客觀的規則與**

程序之下，政令執行者的行為是可預測且有規律的，減少了由不確定性產生的摩擦和「交易成本」，並透過標準作業程序（SOPs）的形式宣導「最佳作法」。[21]簡而言之，公務機關自動擔起責任，規定公務執行者應當實現的目標以及應遵循的程序，以達成這些目標。

按照韋伯的觀點，公務體系的正式屬性賦予其一種「兼具理性與法律」（rational-legal）的特徵，使其有別於一代代傳承下來的那種組織形式，確保公務體系的運作如機器般規律、可靠和有效率。[22]為了完美融入公務體系的計算與符合精確的運作環節，以韋伯的話來說，公務員的「人性遭抹除」[23]，降級成「齒輪」[24]的地位，使其表現應為可控制與可預測的。

但我們必須對這種機械的比喻持保留態度。理性系統觀點並不見得會把公務人員降格為一臺臺自動機器。反之，與更傳統的組織形式相比，在公務機關理性與法律的結構之下，公務員或能行使相對而言更大程度的裁量權。[25]由於現有規則與程序實屬穩定、明確，且並不仰賴上級反覆無常的「突發奇想」，因此能作為可靠的獨立行動指南，並減少密切、直接的科層監督需求。所以，公務機關能夠有效率地運作，並不是因為抹煞了裁量權（如同一臺機器），而是因其提供了一個環境，讓裁量權能夠蓬勃發展並得到充分引導。

然而，需要留意的是，按照理性系統觀點，公務機關只對特定**一種**裁量權敞開大門。司馬賀直接回答了這問題。根據「事實」與「價值」的區別，他認為我們必須區分關於**世界狀態**的判斷（具高度事實成分）和**價值**的判斷（規範性的判斷，因其訂定了我們應追求的目標）。[26]隨著我們從科層體制階梯往下走，做成判斷的「事實」成分會增加，而「價值」成分則會減少。低階公務員不會設定自身目標，但為了落實上級指示目標，在選擇最有效的手段時，具備一定的彈性空間，會基於他們對於「什麼才管用」的實務知識來判斷。上述即是公務員行使了所謂的「**技術裁量權**」。

「技術裁量權」包含三個不同元素：㈠對於必須執行的規則，其含義的詮釋判斷；㈡將世界的可觀察特徵，與透過規則挑選出其所屬的種類連結，而做成的「推定」判斷，以及㈢認定哪些行動或程序最容易達到預期目標的「專家」判斷。

㈠正如維根斯坦（Wittgenstein）所言，規則和指令是僵化的，在某些情況下，必須由人（公務員）判斷如何運用，無法自行適用。根據規則的前提假設，所有涉及的人事物對其背景都有共同的理解，且公務執行者能藉由對該背景的理解來執行任務。[27]公務人員不單只是執行任務而已，也必須先理解和解釋他們被指派的任務內容。一名交警可能接獲指示去逮捕涉嫌酒駕「在單向道上穿梭」的汽車。[28]交警首先需知道「在單向道上穿梭」是什麼意思，還有其與「切換車道」、「試圖切換車道並轉回原車道」、「避開路上坑洞」等情況的差異何在。

㈡接著，該位交警必須確認是否有任何特定案件符合適用該政策的情境，可作為案例參考。[29]他／她不只得了解「在單向道上穿梭」的涵義，也該了解**這種情況**（肇事駕駛、當時路況、當時的日子與時刻以及天候條件）是否完全符合規定的範疇。

㈢鑑於公務員遇到的情況包山包海，公務機關不可能提供量身訂製的程序涵蓋每種情況。因此，公務員享有一定程度的裁量權，透過選擇不同的程序及方法，以達到公務機關的目標。舉例來說，一位職業重建顧問接到指令要協助個案重回職場。他們可以選擇讓個案參加培訓課程、安排諮詢時段、提供醫療照護，或是藉由多次的面對面互動提高他們受挫的自尊心。究竟哪個策略最適切，會因個案的具體情況而定。

技術裁量權的行使可以很費時耗力，讓公務員難以做成以上的判斷。理性系統觀點認為，公務單位可提供一套「客觀」的標準作為依據，協助公務員進行決策，藉此大幅簡化這種判斷的做成。舉例來說，消防安檢人員收到的指示不只是核查建築物是否「安全」，通常還會收到確切的指導方針，說明如何判定建築物是否安全。這些方針會以檢核表的形式呈現，好比說：「每六名人員須至少配有一瓶滅火器。」[30]這種規則可因應多數情況，但面臨無法界定的情況時（一瓶壞掉的滅火器是否算數？滅火器能正常使用，但掛在一般人很難拿到的牆上？），安檢員則保有裁量權。[31]

在此階段要留意的是，按上述三個面向來看，在公務員每日執行的任務當中，許多或甚至多數都屬於「技術裁量權」的行使。如此一來，理性系統觀點巧妙地點出公務員工作日常的重要面向——儘管沒有涵蓋到最有趣的部分，但我們很快就會在後續內容看到。理性系統觀點還呈現了一種理想的公務體系。從規範的角度來看，這種公務體系很令人嚮往，因其將個人裁量權範圍限縮於技術層面，並要求公務員在任何事情上都應遵從明確規定的組織規章，使理性系統觀點得以調和民主派、自由派、共和派人士各別重視的公務體系特徵。我並不是為了誇耀理性系統觀點的好處，所以提到這些特徵，而是旨在強調若移除理性系統觀點可能伴隨哪些風險。在這些特徵中，有三個特徵值得單獨提出來探討。

首先，理性系統觀點描述的公務體系，據其設計原理，基本上不可能喪失民主合法性。此公務系統是按照穩健的科層原則建構而成，立法機關會發布的一系列「命令」，透過科層制度一階階向下傳遞，而公務員須據此回應民選代表的意志。由於公務員對「目的」的選擇沒有裁量權，加上必須履行的目標具體又明確，他們無法扭曲民主意志（除非他們**犯錯**，並為此受譴責）。

第二，該公務系統將裁量權範圍限縮於技術層面，緩和了公務員可能恣意對待、偏袒民眾，或導致民眾過度依賴特定公務員的擔憂，也減少了對於公務員處理公務時，可能受個人價值觀干擾的疑慮。假如我們認為公務員只需解決「事實」問題，而非「價值」問題，他們在處理公務時，確實很可能會秉公處理、不近人情。誠然，從道德面向來看，他們須遵循的規則與政策可能是錯誤或武斷的，但這屬於**政治**問題，而不是行政問題。

第三，在理性系統觀點下，一種令人嚮往且精簡的問責模式應運而生。由於公務員僅享有技術裁量權，他們的表現可透過效率（efficiency）和效力（effectiveness）的管理標準評估。如果出現規範性問題，就應能追查到越權的公務員，或追溯到這些公務員被下令得遵循的指示。無論是上述哪一種情況，原則上都能輕易找到罪魁禍首。罪魁禍首可能是不遵循規則的公務員，或往科層的上頭追究，可能是設計作業程序並下令下級遵循的上司。[32]這種問責模式既獲得公民喜愛，也為公務員所樂見。對公民來說，理論上可以問責造成公務錯誤的對象；對公務員而言，在此模式下，只要行為符合現行規則，就能免除個人責任。在道德分工中，這種模式賦予了他們一個相對中庸的角色。

上級的裁量權

公務職責的遵從模式及其理論基礎——理性組織理論，對政治與行政兩者間關係的解釋，於實證層面既不準確，於規範層面又不甚理想，因此一直飽受批評。多數的批評主要聚焦於高階公務員的職責遵從模式及其局限——這些高階公務員不是透過制定行政程序，就是透過參與政治決策領導他們的所屬單位。在接下來的篇幅，我會回顧一些過往學者針對高階公務員提出的論點，並進一步說明，儘管這些論點在公務科層的最上層站得住腳，但隨著科層結構，層層向下探討，這些理論就顯得不太適用。基層裁量權必須另外獨立檢視。

在前一章節，針對「政治」與「行政」間的區別，我提供了兩種不同的特性差異。關於第一種差異是基於威爾遜和古德諾的言論，強調政策制定與執行的不同。而第二種差異則是引用了司馬賀的著作，聚焦於規範性問題（即面對價值問題或利益問題時，我們應做些什麼）和技術問題的差異。若考量到當今公務體系的運作方式，上述兩種的特性差異都無法精準描繪兩者的區別。

政策制定和政策執行間的差異未能說明政治與行政在諸多面向的分歧。這種差異無法反映高階公務員身為資訊、所屬領域專業、實務知識的關鍵提供者參與立法草擬的程度究竟有多少，也無法說明如今許多公務機關已從立法機關的手中取得相當程度的權力，能獨立制定政策。正如丹尼爾・卡本特（Daniel Carpenter）所言，公務機關能獲得這種自主權，與其說是取得法律上的許可，不如說是透過借力使力達成：藉由建立該單位的名聲和建立同盟，支持其提供的服務，從而誘使政治人物授予權力，讓單位能夠自由推動其偏好的政策。[33]

最後，這種區別也忽略了一個事實：法規在立法機關完成起草，但政策制定還是在**單位內部**進行。其中一個原因是，各條款的詳細編寫需要立法人員投入大量的時間和資源。[34]另一原因則是立法人員缺乏所需的專業知識和資訊，無法獨立制定有效的行為準則，所以通常傾向將這類任務委託給行政部門。因此公務機關往往會承襲抽象和不完整的政策法規，這些法規讓它們得以採各種方式進行操作。據了解，這些法規只有在公務機關**內**才能得到明確、精準的意義。

如果「政策制定」與「政策執行」的區分無法體現政治和行政間的差異，那麼「價值觀與利益」及「事實與專業知識」間的區分也難以說明兩者差異。公務人員應為政策制定過程提供相關資訊。但實際上，他們手中的事實資訊都會受到政治利益左右。公務機關與各種公營、民營團體建立了密切的工作關係，而這些團體都是複雜「問題網絡」的一環。[35]高階公務員受惠於這些網絡中的夥伴，從中取得數據、專業知識、人力。但可想而知，在這些合作夥伴當中，有許多人是政策制定結果的既得利益者。高階公務員收集到的資訊往往帶有特定色彩，反映出由公司、智庫、遊說人士篩選出的訊息重點，以符合這些關係人利益的方式表述。或許更重要的是，高階公務員在做出重大決策前，經常需徵求這些關係人的意見。[36]這些磋商雖然發生在技術領域，但仍無法改變下述事實：這種行為本質上仍是一種利益聚集與裁策的形式——也就是說，一種偽裝的政治。

「技術裁量權」的措辭也可能語帶不實。高階公務員有權選擇落實既定目標的「手段」，而他們很清楚不論選擇哪個程序，都會對利害關係人產生不同影響，所謂「技術」的解決方法本身就是個政治問題。

最後也或許是最重要的一點，若要將位於高層公務員定位為以事實導向的專家，排除在規範性判斷領域之外，就必須具備以下前提：立法機關發布規則明確、特定、範圍清楚界定的目標。然而，研究委任制的學者發現政策法規往往含糊不清、模稜兩可、充滿爭議。[37]重要的是，這種模稜兩可遠遠超出技術問題的範圍——可以想見立法人員會傾向將其留給公務專家去自由裁量，包括政策旨在實踐的**目標**。

造成這種目標模稜兩可的原因有很多，其中有些原因與多元社會制定政策的動態過程有關。在漫長的妥協過程中，為了確保議會多數席同意，往往會導致規定模糊。其他原因則帶有一點策略意味。針對有爭議的議題，政治人物雖然可以避免採取立場，但為了拉攏所有選民，往往會進行表態。他們可能更偏好安於模稜兩可的法規。[38]在模糊不清的法規下，當政治人物面對相互扞格的目標，把做出困難決定的責任轉嫁給公務體系，並限縮其責任範圍，代表受委屈的選民對公務規則進行干預——透過這種干預，他們能獲得政治表彰。[39]上述原因有些值得讚許，有些則否，但在這些因素的影響下，高階公務人員往往承襲了模糊的目標與廣泛的任務。[40]而在決定追求的目標和優先排序時，這些公務員獲得了相當大的裁量權。顯然不只是「技術」面問題而已。

誠然，這些實證觀察並未告訴我們該如何**看待**高階公務員參與政策制定。將政治與行政明確切割開來作為一種**描述性**的言論，其不足之處並不一定會讓人質疑其作為一種**規範性理想**。無論如何，不論是在民主正當性上（因為公務員不是民選產生的），還是對公共利益的呼應（因為公務員可能受特殊利益影響），邀請高階公務員參與政策制定顯然是有代價的。[41]

雖然民主理論仍然有這些擔憂，但至少有五個理由支持公務機關的高層應建立一個更互通的邊界，放寬政治與行政之間的界線。有人可能會指出在制定政策過程中納入高階公務人員知情資訊及專家意見的好處（「專業知識」，expertise）；也有人可能會說，終身職的人民公僕比政治人物更不受外界壓力影響，因此不太可能被特殊利益集團給狹持（「獨立」，independence）；還有人堅認目前缺乏一個可行的替代方案：沒有強迫立法人員花寶貴的時間編寫極其精確的法規，也沒有雇用一批具備專業知識的人員來做這件事，因此公務體系上層享有的裁量權在所難免（「不可避免」，inevitability）。

也有人聲稱，政策法規中的模糊和衝突能使公務職責的概念變得豐富、多元（「強調責任」，responsibilization）。[42]當組織被賦予一個明確目標，且該目標能轉化為可觀察、衡量的結果時，組織會傾向一個很糟糕的作法，即藉由犧牲其他較不具體的任務，埋頭追求這個明確目標（「量化的結果就是目標的成果」，What you measure is what you get.）。政策法規若有一點模稜兩可和衝突，反而能幫助組織控制這種行為傾向。最後，也可能會有人指出，高階公務員通常長年致力於公共服務，僅管不受選舉問責約束，但仍須受利益集團和有可能面臨司法審查的直接問責，藉此設法緩和對裁量權的恐懼（「緩解」，mitigation）。

前四種類型的論點，即「專業知識」、「獨立」、「不可避免」、「強調責任」四種類型，作為力所能及的理由，贊同授予高階公務員裁量權，而第五類「緩解」的論點，則有助於減輕我們對行使此種裁量權的擔憂，但上述論點無法類推適用到基層。

雖然高階公務員常自稱是其所屬領域的專家，但第一線公務員往往缺乏外界認可的教育背景與社會地位。儘管他們在工作上獲得的經驗頗有價值，仍很難作為正式的專業經驗並受到外界的認可。也因此，他們的職場經驗常被視為不夠可信、可靠，不足以據此認定他們具備技術官僚專業。從資訊角度來看，高階公務員憑其組織地位便能綜觀全局，但基層公務員卻缺乏這種全面性的觀點。高階公務員能透過許多管道取得訊息，匯聚來自不同場域及民眾的資訊。他們所能觸及的消息來源，若不說成千個，至少也有上百個。可是另一方面，基層公務員與特定個案的距離又較高階公務員近得多。雖然他們對手上個案的了解無人能及，但可能令人擔憂的是，這種近距離恐怕會影響其判斷，而判斷也夾雜偏見，進而導致他們沒有足夠的觀點做出最正確的決策。

而針對基層公務員，「獨立」的論點也站不住腳。與高階公務員不同，許多基層公務員，尤其是那些在國家承包機構工作者，其職位並非終身職，而是約聘制。他們不只得一邊掛心如何促進公眾利益，一邊還得擔心如何維持生計。不僅如此，若考量基層公務員與民眾互動的本質，所謂的「獨立」更會大打折扣，因為這些互動可能涉及隱私，並帶有個人情感色彩。

再來，「不可避免」的論點似乎也難以證實。多數人或許都認同與理解，法官、檢察官、科學家等職業角色很難清楚定義，但卻無法說明，為什麼我們也難以界定第一線公務員的角色。遠觀而言，這些公務員獲令執行的任務看似非常直觀。也確實，隨著電子化政府建置愈趨完善，機器似乎已接管一些原本由基層公務員承辦的事務，就如同幾十年前，自動櫃員機（ATM）的出現減少了人們對銀行專員的需求。[43]

我們將在下一節看到，「強調責任」的論點似乎更適用於基層，但實際原因仍不明確。考量到國會無法了解一個公務單位的運作細節，因此對於國會而言，發布多種可能相互扞格的目標或許是一種合理的管理策略。但這種操作方式不就是高階公務員的業務範圍嗎？為什麼基層仍需保留那些模稜兩可的目標，及其伴隨而來的廣泛職責概念呢？

就連「緩解」這個論點，我們都該打個問號。首先，第一線公務員通常資歷較淺，缺乏長期提供公共服務的經驗，且可能尚未有任何出色的表現。此外，他們的服務對象也很難讓他們承擔責任。不同於利益團體，公共服務機構的服務對象往往是弱勢的，且沒有任何資源可以爭取自身權利。[44]

綜上所述，公務體系最高層的裁量權，無法輕易向下類推適用基層的裁量權。有些支持高階公務人員裁量權的論點，甚至與基層公務人員的裁量權**背道而馳**。儘管根據我們截至目前的討論，公務職責的遵從模式可能仍不足以解釋針對公務體系上層的裁量權，但這同時也深化了我們的假設，即此模式應適用於基層。下一小節會進一步解釋為何基層具有裁量權，以及證明裁量權存在的基礎，並據此挑戰上述的假設。

基層行政裁量權

公務職責的遵從模式扎根於一系列假設，而這些假設承襲自組織的理性系統觀點。假設公務體系能夠提供公務執行者特定的目標，藉此將裁量權的行使限縮於技術問題的範疇，並提供「客觀」的標準引導裁量判斷，再透過科層的監管或規畫完善的獎勵制度，規範公務執行者合理的行為。正是基於這些假設，組織理性理論才會將低階公務員比喻為「齒輪」或「資訊處理工具」，可以仰賴他們持續不斷且始終如一地執行政令。

而依我們所見，這些假設並不太適用於公共行政機關的上層。在本節，我也會論證這些假設對基層也不怎麼適用。我會討論幾個因素——目標模糊不清、目標與價值的衝突、有限的資源、模糊的界線、不確定性、軟性證據（soft evidence）、不可預測性、難以分割的結果，以及資訊不對稱與道德危機。在第一線公共服務現場，這些因素無所不在，解釋了為何基層公務員具備較大的裁量範圍，而公務職責的遵從模式卻無法完全解釋。

不過我的目標並不止於此，我也想嘗試說明基層行政裁量權的背後，有合理的規範因素撐腰。這種規範性論證不同於解釋性論證。由於接下來我會一起討論這兩種論證，我認為有必要先在此說明兩者的區別。若要論證為何公共服務第一線**必須**保留一定的裁量權，只看現有的裁量權來源是不夠的。如果裁量權的來源來自於內部，我們就必須論證為何這些來源必須存在，像是「目標模糊不清」雖然解釋了基層公務員**為何**具有裁量權，但並未解釋他們是否**應該**具有裁量權。若要論證後者，我們就得解釋為何模糊不清的目標必須存在。如果裁量權的來源來自外界，並不是內部做成，我們就得解釋為何在面對這些外部因素時，應該包含裁量權的行使。也就是說，「不確定性」並不會直接導致裁量權行使，而是在面對不確定性時，我們選擇透過裁量權處理，而我們必須論證的就是這種選擇。

若不提供基層公務員行政裁量權，另一種方式是得說服他們遵循詳細的公務規則，藉此減少他們需要獨立判斷的情況。藉由讓基層公務員仰賴公務規則，民主政體會掌握更大的權力，能直接控管基層公務員的行為。[45]這樣一來，在國家的掌控下，就能減少（民眾）擔憂基層公務員專斷、不一致的行事態度。不過，身為民主國家國民，我們並不只希望國家握有直接管控權，我們也期望在公共服務第一線的公務員，能夠兼具成效與效率。成效指在目標沒有被曲解的狀況下，達成我們為其設定的目標；效率則指有效運用資源。我們期望第一線公務員能以公平、尊重的方式對待民眾，也要求他們能積極回應特殊狀況及個案需求。

公共服務第一線裁量權的規範性論證就取決於這些多元的要求，以及這些要求之間的相互拉扯。雖然嚴格的規則可以促成直接的民主控制，但有時也會阻礙其他用以評估公共服務單位表現的規範性標準，如成效、效率、公平性、尊重及積極度。在接下來的論述中會進一步說明。而透過規則取得直接的民主控制，其背後的代價經常是我們不願意承擔的，因其可能會犧牲其他同樣根深蒂固的規範性承諾。

以下我會先探討不同的基層裁量權來源，說明這些來源如何引導第一線公務員處理規範性質的問題，以及為何值得保有這種裁量權。接著，我會解釋為何公務員職責需要一個更廣的定義，而不只接受遵從模式提供的範圍，據此將本章的論證進行總結。

目標模糊不清

目標模糊不清是主要的基層裁量權來源之一。第一線公務員自上級承襲了這種模糊的目標。

而實際上，目標的模糊性意味著基層公務員具備一些自由解讀空間，來支撐追求的目標——但這種需要行使道德判斷的行為，卻隱蔽在理性系統對組織的觀點之下。舉例來說，「維護秩序」雖然是警察的職責目標，對其任務來說至關重要，但卻根本難以達成，這點眾所皆知。[46]究竟什麼行為屬於擾亂秩序？又是在什麼情況下成立？標準又是誰說了算？不同於執行法律，有清楚定義的犯罪作為依歸，秩序維護指的是一種「因由意見與慣例做成，而永遠無法清楚定義」的「狀態」（秩序）。[47]雖然隨著時間的推移，法庭和判例能夠逐步解釋「秩序」的定義，但無法完全去除「秩序」一詞背後固有的模糊性，也無法說明在不同轄區和鄰里間，「秩序」具備的不同意義。

當然，我們能透過要求警察遵循明確的標準和程序，來減少這種目標的模糊性。而幾乎整個二十世紀，美國警察單位就是在嘗試做這樣的調整。即便嚴格控管警察執法能伴隨諸多好處，但這麼做也是有代價的。在必須闡明目標的情況下，警察會更「聚焦於那些最容易標準化和記錄的工作面向」，忽略其他同等重要的工作項目，像是「處理家庭或酒吧發生的口角，以及在街上滋生事端的青少年」[48]，一如詹姆斯．奎恩．威爾遜（James Q. Wilson）指出，「維持秩序是警察的工作之一，但警察往往會優先選擇執法，放棄秩序維護。」[49]一九七〇年代末、一九八〇年代初，美國警察單位將社區治安維護重新搬上檯面，嘗試藉由恢復「秩序維護」的模糊性，將其作為警察工作的核心，來重新取得平衡。[50]

由上述警察的示例可見，在目標明明可以更明確卻含糊不清時，雖然必須進一步釐清，但過度說明卻也意味著龐大的成本。李普斯基指出：「問責面臨的窘境就在於，明知道持續的矛盾和衝突是沒有效率的，最好必須釐清目標，但同時又明白這麼做會限縮公共服務範圍和任務內容。」[51]只要目標不明確，基層公務員就會保有一定程度的裁量權將目標具體化。他們為此而做的決策，不僅僅是技術上的判斷，更充滿價值判斷。在這種情況下，基層公務員最好保有一定的行政裁量權，才能達成政策目標。因為這些政策目標會因情境差異而有不同的定義，但若進一步釐清卻會導致目標劣化。[52]

目標與價值的衝突

基層公務員由上而下承襲的目標不僅含糊，有時候也互相衝突。如同我先前所述，這些衝突有的是來自於政策制定過程中的策略變化。雖然在國家積極掌控主導權的政治文化中，這種衝突並不存在，但其他類型的衝突還是存在。以撒・柏林（Isaiah Berlin）和價值多元主義的支持者一直以來都認為，我們忠於各種無法衡量甚至時常相互衝突的價值。[53]這種價值衝突，有些可以預先透過抽象的法律解決，再以明確指令的形式向下傳達至公務機關。但其他類型的衝突，則須根據當下手邊的特定情境，作為個案逐一處理。

在這種情況下，基層公務員的角色會很費力，因為他們作為國家機器對外的第一線直接與民眾接觸，不論面對多棘手的衝突都必須解決。像是警察必須執行法律**並**促進良好的社區鄰里關係；初談承辦人員（intake workers）必須關心申請人的特殊需求，並同時盡量處理更多的個案。基層公務員得考量當下的實際情況，在互相扞格的目標之間折衷，找尋合理的平衡點，而這會需要公務員行使道德或政治判斷。

不僅如此，基層公務員也必須提供許多「程序價值」（process values）。程序價值並不見得是「目標」本身，但會限縮公務單位該如何達成其目標。[54]也就是說，即使是清楚定義的目標，背後也都有其成本，像是提升新案件的處理效率。除此之外，公開透明、禮節和尊重也是基層公務員必須考量的面向，以維護個案的自尊。也就是說，我們必須謹記基層公務員作為「國家的門面」，不僅得負責做決策，也必須向個案說明和解釋這些選擇背後的考量，並且必須表現出細心、耐心及貼心。但處理這種「程序價值」會耗費時間和資源，而這些時間與資源可以運用在其他面向，像是加速辦理個案或處理更多個案。在這些價值面向上，到底要做到多少才夠？什麼時候該在不同價值間折衷？基層公務員應具備行政裁量權，才能有彈性空間，根據個案和實際情況的細節回答這些問題。

有限的資源

在公共服務領域，由於行政資源長期受限，互相扞格的目標及程序價值之間，衝突特別顯著，但理性系統觀點則隻字未提這個問題。由於時間、金錢、精力和同理心都是有限的，基層公務員得透過行政裁量權決定何時或在哪運用這些資源。資源有限的問題（在公務體系中）屢見不鮮：警察無法逮捕所有違法分子——他們會透過行使裁量權，決定對哪些違法情事採取行動或不予理會。但這麼做已經超越了執法的範疇。在社福單位，初談承辦人員能在每位申請人身上花的時間，往往不及理想上的狀態。他們必須決定該協助哪些人填寫申請文件，又讓哪些人到一旁自行填寫，完成後再回來辦理手續。社工的同理心有限，也會有累垮的一天。因此他們必須決定要親自關懷哪些個案，而哪些個案可以縮短會晤時間。

當資源有限時，社工就得面臨如此困難的抉擇，也反映出他們的無奈，即公平對待民眾不見得是以同樣的方式對待每個人。舉例來說，妥善填寫好表格是申請人取得國家協助的關鍵，但並不是所有申請人都有能力填好表格，因此最公平的方式就是，基層公務員透過權衡判斷，嘗試平衡申請人能力上的差距。舉例來說，相較於母語人士，英文能力不好的申請人就會更需要協助。基層公務員不僅最貼近申請人，也最清楚哪些人會需要更多資源，因此合理來說，我們會仰賴他們在一定範圍內做這些決定。

過去學者曾指出，公共服務資源有限的問題無法輕易透過增加人手或預算解決。[55] 民眾對公共服務的需求是隨時變動的，且通常會不斷增加，直到超過供給負載。前來的民眾人數會取決於預期等候時間的長短。

當然，不是只有公共服務單位才會面臨有限資源的分配問題。舉例來說，醫療體系也相當關注這個問題。[56]有些人指出，醫療專業人員規範期望醫生完全投入關注每位患者，但卻無法妥善處理優先次序和資源分配的問題。他們更據此進一步提出，稀缺資源的分配不應完全仰賴醫師的裁量權，而應透過醫院管理層規管，並透過原則和程序明文規定。這麼一來，醫生和管理層的道德行使就能有更完善的界線。[57]

而這個論述進一步延伸到基層公務體系。雖然行使自主判斷通常是不得已的最終手段，但建立制度原則能協助引導判斷的做成，並提供問責和一致性的普遍原則。對於許多相當棘手且反覆出現的問題，建立制度原則至關重要，像是：我們該把資源分給一大群人，但每個人得到的好處較少；還是把資源集中挹注在同一個人身上，但其他人卻什麼都拿不到？然而，針對這些問題，只要制度規定無法用三言兩語清楚說明，制度原則就必須和一定程度的基層裁量權相輔相成。

模糊的界線

在執行現有政策時，基層公務員必須根據法規，將不同的民眾和採取的相應行動歸納到不同的類別。他們承襲的政令時常呈現以下這種形式：「如果民眾x屬於類別A，就採取行動y」或「如果民眾做了行為x，而該行為屬於類別B，就採取行動y」。而這也是裁量權的重要來源之一。由於分類（類別A、B）界線的定義通常都不完善，因此基層公務員被授予能根據自主判斷「畫界線」的權力。而這種「畫界線」不單純只是技術性的問題，更涉及價值判斷。

雖然模糊的界線有時可以進一步釐清，但界線模糊的問題是無法完全避免的。這種模糊的狀態時常反映出政策制定者的困境，他們必須在複雜的社會現實中（問題A因為錯綜複雜的因果關係，又與問題B、C息息相關）梳理出精準的分類標準（受問題A所苦的民眾）。就拿美國社會安全局（Social Security Administration，SSA）的《失能扶助計畫》為例。國會已明確定義「由於個人**健康**問題而**無法**工作者即為失能」。[58]而這個定義則又明顯區分了「因為個人健康問題而無法找到雇主」以及「因為個人健康問題而無工作能力，或賺取的薪資無法維持生計」。[59]這項失能扶助計畫僅涵蓋了後者的情形。也就是說，一個人若有健康問題，只要具備工作能力，就不能算是「失能」，即便該健康問題已嚴重影響就業機會，多數雇主會優先選擇其他求職者。如傑瑞・馬修（Jerry Mashaw）指出，這種狀況是因為政府想要區別失能計畫以及其他失業相關的政府計畫。

雖然國會採用的定義清楚明瞭，但這個定義背後的假設是有問題的：一個人工作能力的本質涵義與其對個人經濟狀況的影響不相符。據此，馬修提出了疑問：「雖然一個人因為健康問題，身處就業市場劣勢、無法找到工作，但卻不能算是失能人士。這樣合理嗎？」[60]

隨著這問題愈來愈明顯，國會便改變其說法並進一步釐清政令：社會安全局「應避免將失能定義為失業，但……應採取更『實際』的作法」。國會也要求社會安全局考量兩個因素：年紀與教育程度。這兩個因素與個人的「健康失能」無關，但可能會嚴重影響其就業，難以找到有給薪的工作。國會的這些作為，都是為了模糊定義過於清楚的分類界線。而在模糊了分類的界線後，低階的裁決者就會有裁決空間，能夠處理在清楚界線之下可能遺漏的各種個案（有工作能力，但因為健康問題而無法找到工作者）。在這種情況下，第一線公務員應具備裁量權，能夠針對個案細節做出最妥適的處理，避免個案硬生生被排除在嚴格的界線之外。

若模糊的界線必須存在，基層公務員才足以處理個別民眾的需求，那麼這些界線也可能來自對公平性的考量：立法者嘗試擴大福利計畫的適用範圍，以涵蓋所有宣稱具備正當條件的民眾，因為我們堅信只要不同個案間的**相關面向**都很雷同，就都應以類似的方式處理。而政策制定者的任務就是訂定這些「相關面向」的標準。此時，政策制定者會陷入一個棘手的困境：究竟該制定明確的標準，以提升基層公務員處事的公開透明與一致性，或是肯認個案的相似程度應考量多重面向，而在這其中，有些面向可能相對較難衡量且更為「主觀」。

舉例來說，美國平等就業機會委員會（Equal Employment Opportunity Commission，EEOC）的審查員必須採用《美國身心障礙者法》（American with Disabilities Act，ADA）對失能的定義。該定義明確指出，「失能」人士一詞指涉：

（A）大幅限制個人重要（生活）活動的身心損傷；

（B）此類損傷的醫療紀錄；

（C）被視為具有此類損傷。[61]

以上條件A、B的界定相對明確：在多數情況下，醫療紀錄本身就是最直接的證明。而條件C則相對含糊。審查員必須評估潛在雇主使否**視**特定求職者為「失能」。當然，審查員並不只是基於印象評估，而是必須深入調查雇主未雇用該求職者的原因。然而，在調查的情境下，雇主提供的說詞不見得可靠，審查員進行評估前所需的事實依據也不見得好取得。畢竟，雇用決定不只是基於可衡量的明確標準（像是測驗分數），也包含許多難以清楚說明的其他因素。

因此，相較前兩個條件來說，條件C的判斷可能需要更多裁量判斷，也較難審核。然而，立法者似乎已經認定，如果剔除掉這個條件，失能的定義就會變得不公平。**被視為**具有此類生理或心理損傷的人，即便沒有醫療紀錄，在求職方面確實承擔著失能的劣勢影響。而在這個重要面向上，這些人與符合條件A、B的人「相似」。

這個例子進一步揭示，即使我們能夠建立明確的界線，有時候反而會偏好不這麼做。在某些情況下，如果公務員的專斷行事受僵硬的制度框架限制（也就是說，公務員的專斷行事有停損點），我們寧可承擔特定專斷行事的風險（基層公務員的判斷可能不一致）。

不確定性

除了解決界線模糊不清的問題外，基層公務員也必須在不確定的情況下做出判斷。他們通常必須評估一系列「事實條件」，來決定如何與民眾應對。像是申請的民眾失業多久了？是否為失能人士？這些問題的答案能引導基層公務員選擇適當的處理程序。有些事實條件十分明確，也可以輕鬆取得，但有時候這些事實也可能不甚明確。在這個世界上，不確定性在所難免，也會持續阻礙公共政策的執行，但因為基層公務員終究**得做決定**，因此問題不在於民眾是否應該容忍這種不確定性，而是該如何妥善處理，以及該由誰來執行。

由於基層公務員時常必須在不確定的情況下快速做出決策，他們通常會建立一套經驗法則（即「如有疑慮，就採取 x 行動」），而這些經驗法則其實反映了個人的價值或偏好。當裁決者在有疑慮的狀況下，偏向認定申請人為「失能者」，或當警察懷疑民眾可能配戴武器時，就決定以對待武裝罪犯的方式應對，兩者都表現出了個人偏好，並據此判斷一個人是否「失能」，或預期執法必須承擔的風險。

因應不確定性的方式，某種程度上是有規律性的，因此就可能有人會想，為什麼在申請階段，就得交由基層公務員對此進行裁策。這個問題也取決於經驗法則規律的程度，即經驗法則是否更傾向規定的性質。在某些情況下，經驗法則或可由正式的程序取代，而這也是較適切的作法，因為這種倚靠有限經驗快速尋求應對方式的捷思法（heuristics）背後時常隱藏著偏見和不尋常的偏好。

我們之所以將因應不確定性的裁量權保留在基層手中，是因為我們合理認為基層公務員與個案最為親近，能夠決定使用哪些經驗法則，也懂得何時該捨棄使用經驗法則。他們不僅非常熟悉個案細節，也具備積年累月的專業隱性知識。

軟性證據

基層行政裁量權的範圍之所以能夠擴張，還有一個因素是，第一線公務員經常必須考量難以測量和評估的面向，即「軟性證據」。此類證據常無法量化，而與個人經驗有關。

例如，有時候很難根據合理的行政專詞定義判定一個人是否為「失能者」。[62]而這可能是因為相關資料不全（醫療紀錄有闕漏）或證明本身帶有不確定性（不清楚該身心狀況是否會延續），導致難以收集到所需的事實前提。但也有可能是因為證據難以客觀評估，像是：一個人的生活自理能力受到失能的影響有多大？他／她如何「處理這樣的影響」？

評估這種軟性證據的困難之處在於，基層公務員必須做的決策大多與人有關。[63]舉例來說，兒少保護服務社工在孩子身上發現瘀青時，得決定是否接受家長的說詞。[64]同理，警察遇到輕微超速事件時，也得決定是否對駕駛人開單。在缺乏鐵證的狀況下（家長是否對孩子施暴？駕駛人是否蓄意超速？未來是否會再犯？），基層公務員被迫得透過結合「已發生的事實」以及許多主觀判斷的證據做決策。也就是說，兒少保護服務社工會詳查造成孩子瘀傷的原因，以及家長過去是否有相關紀錄，但同時也會考量事發經過的邏輯、家長的語氣、閃爍其詞、行為舉止以及他們如何稱呼孩子。警察除了查詢駕駛人過去的違規紀錄，也會透過駕駛的語氣、態度、是否表達懊悔等面向，觀察其是否有「悔改之心」。基層公務員不只得評估可觀察的事實，在職務的要求下，他們也得衡量民眾的舉止。

而讓軟性證據更難以評估的原因在於其難以回溯，也就是說，最終決策（像是判定一個人是否失能）是否正確，經常無法透過單一條件衡量。公務員無法在決策做成後，透過申請人接下來的人生發展確認或推翻當時的決定。申請人若被判定為「失能」並有資格取得相關福利，就更有可能會長期失業；相對而言，未被判定為失能的申請人則更有可能得做體力勞動的工作。基層公務員的決策是某種「自我應驗」（self-fulfilling prophecies），也就是說，他們的決策不太會隨著時間而有所調整或改變。

雖然參考軟性證據可能會導致基層公務員應對方式不一致，但至少有兩個原因說明為何該將這種資訊納入考量。首先，軟性證據可能結合許多考量面向，這些面向雖然與民眾相關，但卻無法精準地釐清或衡量。有許多原因可以解釋為何警察認為某個情況「具威脅性」，或邊防人員是否有「合理的原因」搜索過境旅客的行李。這種決策背後的考量是基於基層公務員多年來的訓練和經驗，非常難以精準剖析。而在此保留裁量空間，就意味著承認公務體系在專業認知上的不足，即可能無法提供更完善的解決方法。

第二，軟性證據衡量的面向，雖然沒有適當的方法可以評估，但經常是我們認為這世界的重要特點。舉例來說，我們認為該提供給失能者多少協助，應考量他們的**生活自理能力**。將個人生活經驗納入考量是一種以尊重待人的表現。我們若只因為這種資訊屬於軟性證據，所以認為這得以提供基層裁量權空間，因此選擇將其排除，那就等同於我們也忽視了自己的規範信念（normative conviction）。

不可預測性

理性系統觀點並未著眼於組織如何與環境互動。然而，誠如組織理論學家指出，組織環境的特點能如實反映出組織的內部結構。若組織必須執行的任務十分明確，且必須在穩定的環境下進行，就能夠建立可長期遵循的規則和標準作業流程（可以想像流程固定的工廠情境）。然而，若組織能夠隨著所處環境調整因應，加上環境本身就變化多端，那麼組織就可能得減少對固定規則和程序的依賴，並賦予執行者裁量權，才能更有彈性地因應意料之外的情況。[65]

作為國家機器對外的第一線，基層公務員首當其衝，得面對環境的不可預測性及變動。[66]像是警察不曉得也無法預測他們可能遇到的所有狀況，更別說會有最妥適的應對方式；社工也無法預見可能對個案造成影響的各種不幸事件。公務機關之所以賦予基層公務員裁量權，是因為民眾面臨的情況背後可能有層層交疊的因素，因而變得錯綜複雜且無法預測，除此之外，公務機關也希望公務員能靈活、妥善地因應這些情況。

當然，公務機關可以根據某些常見情況該如何處理，事前規定基層公務員未來該如何因應，藉此來限縮其裁量權。但赫伯特・哈特（H. L. A. Hart）則對此提出警告，指出這麼做能「保證（未來情況）有一定程度的確定性或可預測性，但卻盲目地預先判斷了該如何應對未來會發生的各種事件，而我們對這些情況的成因一無所知。也就是說，我們的確應該做好事前安排，但也必須私底下做好隨機應變的準備，面對那些只有在出現、被發現後才有辦法（妥善）解決的問題」。[67]

（值得注意的是，不可預測性不僅是外在環境的特點之一，也可能是公務機構特意採用的策略，防止民眾投機取巧。我在前言裡提到的檢查站示例或許最為貼切，如果過邊境旅客知道邊境檢查員的檢查重點，他們就會事先做好準備，而檢查站就無法有效運作。[68]同理可證，包括稅法、失業津貼以及許多政府計畫都顯示：嚴格的規定會導致投機取巧的行為，裁量權則有避免投機行為的效果。）

難以分割的結果

理性系統觀點將裁量權區分為「方法」的選擇（過程的裁量）以及「結果」的選擇（結果的裁量）。在「技術裁量」的指示下，（基層）公務員僅能行使前者（即過程的裁量）。然而，方法的選擇和結果的選擇實際上難以完全區分。在本章稍早探討高階公務員時，我已提出這個論點，而這也適用於基層。

請見以下示例說明，該示例結合了目前已討論過的數種裁量權形式。有位警察注意到酒吧門口聚集了一群吵鬧的顧客，必須決定是否驅散這群人或是裝作沒看見。而這邊的抉擇關乎「結果」：警察必須思考，相較於與當地社群建立和睦的關係，以便未來「處理」更為棘手的情況，面對眼前的處境，維持秩序是否更為重要。而警察若決定維持秩序也有許多處理方式，取決於是哪個社區、酒吧、顧客年紀、顧客對話內容、他是獨自巡邏或有同仁同行等因素，警察得決定以友善或嚴肅的態度勸說、有禮貌地請他們回家或要求檢查證件，以及是否以逮捕為威脅的手段。最有利於維持秩序的策略基本上因當時情境而定。

然而呈現這種決策過程的方式不全然正確——將選擇分為兩大步驟，首先選擇結果，再來選擇方法。舉例來說，警察（或許）知道激進的作法雖然能有效驅散群聚的顧客，但也可能導致事態升溫，最終得進行逮捕。這樣的預期結果可能會讓警察重新思考「結果」的選擇（畢竟，與社區維持和睦的關係有益無害）[65]，或導致警察原本選擇的「結果」變得為偏激（不再是關於「維持秩序」而是執法及「展現權威」）。在這種方法及結果之間，或說是過程與結果之間的平衡，既是技術裁量也是道德判斷的行使。在方法和結果如此難以分割的狀況下，我們在賦予基層公務員裁量權時，除了我們認為其應具備的技術裁量權之外，實際上不可能排除任何規範性裁量權。

資訊不對稱與道德危機

到目前為止，我嘗試解釋為何基層公務員具備相當大的裁量權，以及為何其裁量權涉及規範特性相關的問題，並論證為何可賦予基層公務員這種裁量權。不過我們得留意，裁量權問題不全然在我們的掌控之中。若要限縮裁量權範圍，我們力有未逮。根據理性系統觀點的假設，上層主管能控制下屬的表現，而這可見於組織環境中：上級主管（即委託人）能觀察下屬（即代理人）的行動（即「產出」），並且可藉由該「產出」如何推進組織目標的達成來評估其品質。

但這種控制不見得適用基層公務員的工作。第一線公務員時常得獨自在外處理公務，而他們執行的某些任務需要一些隱私空間與個案溝通，也因此難以觀察他們的行動。更重要的是，許多他們必須執行的業務，其結果通常難以追蹤或評估。我們或許能記錄基層公務員做了**什麼**（開了多少罰單？結了多少案件？），但因為無法在現場觀察這些決策（該開的罰單是否都有開？在結案前是否提供個案適當的協助？），所以難以評估他們做得**多好**。

從「委託－代理」模式的角度來看，基層公務體系造成了嚴重的道德危機（moral hazard）問題。針對基層公務員的作為和表現，上級主管（委託人）的認知大多來自於基層公務員本人。當然，基層公務員會傾向掩飾不好的表現，並僅聚焦於主管看得出來的績效指標。在這種情形下，公務單位的目標不見得能夠妥善達成，即使有建立好的規則和程序，也不能保證基層公務員會遵循。

在正視這個事實後，負責的上級主管可能會選擇不同的途徑評估下屬的表現。由於他們無法充分評估下屬的行動，因此某種程度上被迫必須仰賴下屬自身的責任感。然而，這種責任感不是藉由增加更多規則或建立更精細的表現指標來培養，而是透過提升基層公務員自重的態度，建立以信任為基礎的組織文化，並運用一系列「軟性的」管理工具形塑「組織精神」以及執行者（基層公務員）的內在價值。有趣的是，正是認知到組織精神的重要性，上層主管會更願意拓展下屬的裁量範圍，改變公務機關的職場文化。[69]

這種方法至少有兩種優勢。首先，透過仰賴內在價值而非外部監督，可以減少交易成本，讓公務機關更有效率。[70]再者，接受裁量權存在的事實，並提供裁量空間，能激勵下屬更投入其工作角色。據此，約翰・帕蒂（John Patty）和尚恩・蓋馬德（Sean Gailmard）也指出，委託人（即上級主管）之所以會想賦予代理人（即下級）裁量權及自主權，原因之一是為了鼓勵代理人取得所需的專業與知識，以提升工作表現。該想法認為，如果代理人有空間表達個人偏好及價值，就可能會更投入到工作當中。帕蒂和蓋馬德表示，即使代理人的價值和偏好與委託人有所差異，賦予代理人裁量權能帶來的益處，其價值有時候超越了成本。

小結

以上所討論的幾個因素——目標模糊不清、目標與價值的衝突、有限的資源、模糊的界線、不確定性、軟性證據、不可預測性、難以分割的結果、資訊不對稱與道德危機——都促使基層裁量權範圍擴張，超越了公務員職責的遵從模式允許的範圍，以及組織理性系統觀點支持的「技術裁量權」。如我在第一節所述，「技術裁量」包含三種類型的判斷：㈠透過詮釋判斷說明規則的含義或欲達成目標的本質；㈡透過涵攝判斷，將世界的狀態連結到不同的行政分類；㈢藉由專家判斷找出達成預期目標的最佳方法。

然而，我們也看見基層公務員被迫得行使超出列點㈠範圍的**詮釋**判斷，因為他們承襲的目標經常過於模糊、不明確且互相衝突，無法提供明確的指引。不同於理性系統觀點的承諾，鉅細靡遺的目標（即目標明確性）實際上並不存在，也因此，基層公務員別無選擇，得在能合理解釋的範圍內設定自己的目標成果。這也讓他們跨越了技術裁量的範圍，被迫執行道德和政治任務，必須評估、權衡及解決價值問題。

除此之外，我們也發現，列點㈡描述的涵攝判斷可以很複雜難解，因為這種判斷必須建立在不確定性之上，加上涉及主觀因素，行政分類的界線通常又模糊不清。也就是說，理性系統觀點承諾的「客觀條件」，離我們很遙遠。基層公務員必須解決以下這類問題：該如何畫分界線？當事實不明確時，該向哪邊靠攏？該使用哪些條件或量尺衡量主觀的評估？這些問題無法僅靠技術裁量解決，勢必會涉及價值判斷。

再來，我們也觀察到，列點㈢指涉的專家判斷也不僅僅是技術裁量。這種判斷會影響結果的選擇，並揭露必須受評估、評價和衡量的新價值或目標。即便在這個技術裁量的「中心」，也會涉及基層公務員的道德官能（moral faculty）。

最後，我們也看見因為資源有限，基層公務員得就資源分配做決策：該運用**多少**資源在**誰**身上？這不僅僅是技術問題，也涉及必須評估不同民眾的需求，比較民眾問題的緊急程度，並在不同的價值之間取捨，像是效率、積極度及公平性。

同時，我也嘗試說明基層裁量權雖然涉及價值問題，且有時超出合理範圍，勢必得受限縮，但不可完全屏除。關於為何公務機關的第一線得有裁量權存在，有幾個原因。在具備這種裁量權下，基層公務員便能追求未明確訂定的政策目標，因為這類目標的定義會根據情境及情況改變（請參見「目標模糊不清」）。不僅如此，他們也能處理目標和程序價值之間的衝突，以及棘手的資源分配問題，將個案情境納入考量並積極處理民眾的狀況與需求（請參見「目標與價值的衝突」、「有限的資源」）。基層公務員能夠運用其地方知識（local knowledge），決定如何因應界線模糊的個案，以及涉及不確定性或軟性證據的個案，這些證明如果忽視會導致不公平或不尊重的問題（請參見「模糊的界線」、「不確定性」、「軟性證據」）。裁量權提供基層公務員所需的彈性，能因應未預見的個案或情況，而非盲目地進行預判（請參見「不可預測性」）。除此之外，裁量權也能激勵基層公務員全心投入工作（請參見「資訊不對稱與道德危機」）。最後，我們也證實了，攸關價值問題的裁量權，與我們偏好的裁量權形式——技術裁量——不可能完全分割（請參見「難以分割的結果」）。這些考量面向帶來的價值通常會高於裁量權伴隨的風險，即使不見得每次都是如此。

據此，現在我們可以實現我在緒論中的承諾，回頭探討關於遵從模式的兩大挑戰：

(一)**考量現今公務體系的運作模式**，我們不該透過公務職責的遵從模式評估全體基層公務員的表現。這種模式背後的基礎，過度窄化了基層公務員職責的特性。若依賴這種模式，會導致許多不樂見的後果，並會轉移我們的注意力，聚焦於程序的遵守而非第一線公務員行使的涵攝判斷。[71]這也會讓我們無法問責這些做出決策的基層公務員[72]，甚至鼓勵他們透過遵循規則掩飾其涵攝判斷，使我們難以察覺這類判斷的做成。

(二)**即使有辦法進行制度改革**，我們仍應替公務機關的第一線保留相當程度的裁量權。更重要的是，當民主國家的政策目標和價值（例如：效率、公平性、積極度、尊重）模糊不清或互相衝突時，這種裁量權或許更有存在的必要。在這樣的情況下，限縮裁量權範圍會使國家代理人（即基層公務員）較無法因應民眾特定的狀況和需求，公正地達成這些目標和價值。

下一章會以基層公務員必須具備裁量權為前提，進一步檢視公務員的道德傾向會如何影響其裁量權的行使。

第二章

三種偏狹的道德傾向：冷漠、正義、呵護

我們已探討過，儘管基層公務員位居行政國的最底層，但在履行職責時卻具有極大的行政裁量權。除此之外，這種裁量權不只屬於技術層面，還涉及價值問題。也就是說，基層公務員需要平衡各種規範性考量，而這些考量的方向不見得都一致，並且在面對上級指令時常模糊不清、模稜兩可且相互抵觸時，也得做出清楚的解讀。正是有這種裁量權的存在，基層公務員才能以各種方式扮演其職業角色。

本章有三個目標：一、提供一個框架讓我們思考基層公務員如何扮演其職業角色；二、描述三種基層公務員常見的偏狹道德傾向，並解釋其成因；三、提出中庸的道德準則，與偏狹的道德傾向形成鮮明對比，這點會於第三章有更多著墨。我認為，若要了解基層公務員在道德衝突的情況下如何行使裁量權，就不能採取組織理論學者及道德哲學家常用的作法，意即我們不能只關注道德主體（即基層公務員）做出決策的當下，以及在決策前的道德推理過程。[1]我們理應從更宏

觀的角度審視基層公務員在工作中形成的道德傾向，畢竟從做成決策的程序來看，公務員是先建立了道德傾向，而後才做出決策，且道德傾向或多或少會影響決策結果。[2]道德傾向形塑了公務員如何看待並解讀遇到的個案，以及因應這些個案時會偏好優先考慮哪些因素。

我們將研究焦點從行政決策轉向道德傾向，聚焦於基層公務員在做出道德決策前，所執行的許多道德任務。有別於過往研究中常見的基層公務問題（貪腐、違規、濫用裁量權），研究焦點的轉向讓我們進一步了解三種偏狹的道德傾向（冷漠、呵護、正義）。這三種道德傾向之所以令人擔憂，並不是因為其鼓勵公務員逾越職業角色的界線，而是因為會導致公務員的角色概念過度單一化或專業化。不只如此，偏狹的道德傾向也會構成公務體系的隱憂，有些公務員即便抱持善意、具備公民意識且在規定的權力範圍內行事，仍然深受其害，無法履行其職責。

我在本章的第一節及第二節，會從析論兩則故事開始切入，故事中的基層公務員分享了他們先前與個案的互動過程。這兩則故事引用自史蒂芬・麥納德－穆迪（Steven Maynard-Moody）與邁可・慕紳諾（Michael Musheno）的研究，我欲藉此來點出一些公務互動的特徵，並探討公務員在互動過程中的經歷。[3]在此研究領域中，重新分析量性資料是較常見且具學術價值的作法，而我希望藉由借鏡其他學者收集的實證素材，驗證重新分析質性資料也有其價值。也請各位留意，我所呈現的故事，都是源自**當事人的重述**，故事中的公務員不只忠實描述其經歷，也試著合理化他們的作為，對其做出解釋並賦予正當性。透過當事人重述的方式，我認為會讓我的論述變得更有趣。接下來，我會一邊爬梳故事，一邊解釋我覺得有趣的原因。

為了便於比較，我選的兩則故事發生在相似的公務環境，主角分別是兩個單位內的職業重建輔導員。我選用的故事並非為了凸顯不尋常的公務互動經歷，對了解基層公務的人來說，這些故事反而會帶來**似曾相識**的感覺，但也不能用稀鬆平常來形容，而這才是值得一談的「好」素材。[4]我之所以選這兩則故事，並不是因其能代表公務員的日常遭遇（任何經歷），而是因為我們能透過這些故事，明白基層公務員身處公共服務第一線，會採取的常見道德傾向，呼應了我與其他研究人員在進行田野調查時觀察到的現象。除了故事中出現的道德傾向之外，基層公務員當然還有其他的道德傾向（我們不能光從兩則故事描述就概括認定），但故事點出了公務員對基層工作的三種核心要求抱持的看法，即受理民眾業務、提供服務與遵循法規。

在本章第三節與第四節，我採用三個概念，即局部的道德傾向（又稱評估模式）、長期的道德傾向（即稱道德傾向）及角色概念，從這兩則故事中統整出一個可類推適用的架構。我會說明道德傾向在兩個主要面向上會有所差異，一個是公務員對手頭上個案的個人投入程度，另一個是投入的本質。在第四節與第五節，我著重探討涵蓋在這兩面向之間，且位於三個極端（即冷漠、正義、呵護）內的所有道德傾向，並從規範政治理論的角度來審視。我認為這些傾向都有其偏狹之處，都涉及將職業角色限縮到單一面向，並犧牲了其他面向。

輔導員與「柔情鐵漢」

一名在職業重建機構服務的輔導員重述她與某位個案的互動情形：

> 有一位需要幫助的男性個案來找我，他的身體受傷了。這位個案原本的工作為家具加工作業員，他在工作過程中時不時得抬起家具，也需要用到手和胳膊做拉動的動作，所以造成背部受傷。我覺得他應該已經領到職災津貼，但他卻還想繼續做同一份工作。他想知道我能提供什麼幫助，好讓他重新回到原本的工作。
>
> 我安排他去上「肌力強化」課程，學習如何適當施力舉起重物，同時透過運動強化肌肉。個案上得很順利，並成功返回之前的工作崗位。[5]

截至目前，這個故事描述的是輔導員「按照標準程序處理一般個案」[6]，即一位需求明確的個案（經歷背傷後想重回職場），而個案的需求正好完全屬於輔導員的裁策範疇（職業重建），於是承辦人員運用其專業知識進行判斷，並提供適切解方（肌力強化），並成功結案。

在多數一般情況下，輔導員與個案的互動僅限技術層面，不會牽涉個人情感投入。從觀察者的角度切入，我們對個案所知甚少，唯一知道的細節是與行政層面直接相關的內容（個案的工作經歷與當前困境），而且我們對該位輔導員也一無所知，像是個人特徵（精神狀態、如何看待個案、個人經歷）等，都隻字未提。

我們不難發現，這位輔導員與個案的互動的整個過程，從頭到尾處於一種微妙的權力不對等。個案以「職業重建申請人」的名義走進職業重建機構尋求協助，而其申請結果取決於與輔導員之間的互動。相對來說，輔導員扮演的角色實際上是一位「守門員」，過程中不會有什麼個人損失，但手握大權，可決定個案是否能得到協助。這從雙方互動過程中的用字遣詞就能略知一二。首先，個案語氣不太篤定，不知道按自身狀況能申請哪些協助，也不清楚自己是否符合申請資格（「他想了解」），而輔導員能給予專斷且明確的回應以及具體且實際的引導（「我安排他去上課」）。該位輔導員在重述故事時，那些沒說出口的面向，也凸顯出這種權力不對等。從輔導員的角度來看，整個互動過程是從個案走進她的辦公室時開始，但從個案的角度切入，面對面晤談只是與公務體系互動的一部分，而且對於個案而言，這並不是人生中與公務員互動時間最長的一次。輔導員重述故事時，完全沒提到個案在等候室等多久，也沒提到會晤前的那段個案等待時間，賦予了雙方怎樣的相對地位。[7]

上述故事是個典型案例，也是組織理論學者通常會用來形容公務員「做決策」的例子。故事中的輔導員透過與個案互動時收集到的資訊（即「輸入」），決定安排個案去上肌力強化課（即「輸出」）。誠然，她的判斷有憑有據，但值得留意的是，根據輔導員的重述，她似乎並未將與民眾的互動視為**決策**過程，意思是她沒有針對手頭上的個案退一步思考，判斷該選擇哪一種解方，我們看不到輔導員的這種心智活動。此處我們又可以再次看到用字遣詞的重要性，輔導員並沒說她「決定」要讓個案去上體能訓練課，只有說自己安排對方去上課，彷彿是一聽完個案情況敘述，就立刻得出解方。也就是說，輔導員或許只「知道」該做什麼，而不需要經歷反覆推敲的過程（「形式推理」與「形成結論」），但做決策通常需要反覆推敲的過程。輔導員在聽到個案的故事後，她只是如實回應對方——**就直接安排他去上課**。

對於基層公務員來說，其工作性質與多數重複性高的工作並無二致，只能透過行使認知決策積累知識，從這種半自動化的應對模式中，就可以看出公務員累積的經驗知識。所以，我們通常處在隱性知識之中。[8]在這方面值得注意的是，當我們要求基層公務員描述其如何因應個案時，他們會透過用字遣詞反映出自己是依靠直覺行事，[9]而在需要打破常規原則行事（manières de faire，做事原則），以及應對非常規個案時，才會使用「做決策」等相關字句來表達。

因為「決策」一詞常用來簡稱公務員經過思量後決定的解方，所以我會在後續篇幅中繼續延用，但請大家必須留意，除非故事中有特別說明，否則我對於承辦人員如何思考或做出決定，並進而形成**決策**的過程，一概不知。

語落至此，且讓我們重回方才的故事，探討輔導員與個案的互動過程。如果我們就此對這個故事分析畫下句點，那麼這則故事就會成為職業重建相關參考書的一則範例而已。但實際上，故事往往會愈演愈複雜。

但在整個（肌力訓練）過程中，他（家具加工作業員）……總是自找麻煩。他有個同居人，同居人有自己的小孩，但個案一直未婚，目前三十出頭，同居人年紀比他大，好像有兩個還三個孩子。

個案本人幽默風趣，看起來很有男子氣概，他穿著一身黑，身穿黑色牛仔褲、腳踩大尺寸黑騎警靴、一頭長髮及腰並向後扎成一束馬尾、戴墨鏡、肌肉線條一覽無遺的貼身T恤，看起來又壯又不好惹。

但其實他是個柔情鐵漢，喜歡救苦救難。就是因為這樣，他時常對人產生同情。好比說這位同居女子沒地方住，生活悲慘、有很多問題，個案就把這位女子和她的孩子接來家中住，然後就日久生情。但兩人的感情一直都有狀況，這位女子在跟他同居時劈腿，個案因此經歷了情緒問題和悲傷，他走進我的辦公室，跟我說了這些，情緒激動就哭了起來。

我跟他說：「我覺得一對一諮商或許會有幫助，情緒穩定下來後，就能好好解決自己眼前的問題。我可以帶你去心理輔導中心（譯注：後續以「心輔中心」表示），等我先打個電話預約，然後陪你去，幫你做好準備。」

他說：「好。」[10]

接著故事出現有趣的轉折。我們知道這位個案目前已成功重操本業，但目前有情緒問題待解決，需要更多的協助。

這段文字敘述有幾個部分值得探討，首先也或許最明顯的是，輔導員與個案的互動已經超出常規的範圍，輔導員最初提供的暫時解方（肌力強化課程）已不足以解決個案的問題，於是個案重回機構尋求額外協助。他面對的新困難不再是生理方面，而是心理方面，需要輔導員提供額外的情緒支持，也需要不同的解方。雖然這種案例並不常見，但也沒到非比尋常的程度。不過這則案例與「教科書上的常見案例」有所差異，常見案例通常是公務員決策錯誤與案例本身過於複雜，或是行政規則和分類不夠詳細（見第一章）。我們可以把這則案例歸類為「普通但非常規」，即雖然無法立即處理，但仍屬於基層公務員熟悉的情況。基層公務員的日常工作大多分為常規與「普通但非常規」這兩類，我們可以拿這兩者和「不尋常的非常規」案例來比較，所謂「不尋常的非常規」案例指的是意外狀況，或讓公務員可能會措手不及的事（例如：緊急狀況）。

我們也從輔導員的這段重述紀錄了解到，個案與輔導員之間的互動不是一次就結束，而是可能會在一段時間內互動多次（「他**總是**自找麻煩」）。這種超乎常規的互動關係，比起其他公務員（接待人員），更常發生在某些基層公務員（輔導員、教師）的工作日常中。之所以如此，至少有下述兩個原因。首先，一群相對較小的人口組成，享有與之不成比例的公共服務資源，難免會有「回頭客」。再者，享有公共服務的民眾會定期與公務機關回報，作為監管進度、追蹤近況、勸阻資源濫用的方法，公務機關則是將與個案的頻繁接觸當作治理手段。因此，對於輔導員、社福工作者、接待人員來說，隨著時光遞嬗，會與客戶變得熟悉，就像巡警一樣，這種現象可說並不少見。正因輔導員多次會晤個案，所以才能詳細描述對方的穿衣風格（騎警靴、長髮、貼身上衣）、個人生活（有同居戀人）、個性特徵（他是位柔情鐵漢、喜歡救苦救難）。

由於基層公務涉及與民眾面對面接觸，還會造成另一個情況，也就是個案有空間分享自己的人生故事，且往往淪為長篇大論。想當然耳，這種故事沒有對應的行政標籤類別，只有個案提供的大量資訊，公務員必須先釐清和解讀內容，才能進一步運用。至於該把個案分到哪一個實際的行政分類，端看承辦人員怎麼「詮釋」這些故事。在此案例中，個案好心地為女子敞開大門，卻遭對方背叛，導致他有「情緒問題」，需要「一對一治療」，而這可由「心輔中心」提供。如同實際譯者在翻譯一樣，公務員為這種個案分類時，需要一定程度的重新描述和強行分類。[11]

現在，請容我接著討論故事第一部分與第二部分的最大差別，也就是輔導員對個案描述的轉變。還記得故事第一段，輔導員把個案故事簡化濃縮到只剩下特徵描述（背部受傷的家具加工作業員），但在第二段，輔導員的描述變得豐富立體，敘述他的身形特徵、個人故事還有人格特質，至此，公務員賦予個案更鮮明的個人特色，變成更具體的形象，就好像輔導員摘下了她的公務眼鏡，終於認知到「個案」一詞的背後是個活生生的男子。

值得注意的是，輔導員一開始採中立客觀的描述（他有位同居人、他一直未婚）或矛盾的形容（他身陷麻煩、人幽默風趣），但接下來就難掩對個案的積極關切。儘管個案外表看似硬漢，但我們知道他是個「柔情鐵漢」且「喜歡救苦救難」。這些描述用字極為關鍵，因為其同時具有描述性及價值（在此援引伯納德．威廉斯〔Bernard Williams〕提出的用詞，這些示例都是「深厚的道德概念」[12]）。此類描述套用在個案身上，讓人不免看出輔導員意有所指，帶有同情或默許的意味。透過輔導員的描述，個案變得惹人憐愛，怎麼可能有人會不喜歡他呢？一個內心柔軟的硬漢，穿著整套重機裝備，為了一位女子傷透了心而淚流滿面……。

我們腦海中幾乎能浮出畫面，實際上，這樣的畫面太過完美，像極了好萊塢的電影片段，還帶有性別角色的弦外之音，就像是在告訴我們事有蹊蹺。輔導員不僅記錄下個案「真實」的特徵，或多或少也為個案打造了一個身分，挑選部分細節勾勒他的個性，塑造出個案的整體輪廓[13]，但我們也很難辨認，輔導員對個案的陳述究竟哪些屬於事實，哪些又是輔導員自己架構出來的。可是我們能大膽推測，輔導員的觀察結果與大家讀到的文字描述並不全然相符，而且當整個個案輪廓（在輔導員的腦海中）建構起來並化為故事形式（供他人理解）時，這些觀察描述往往不再那麼可信。

在此必須留意的是，輔導員對個案描述的轉變，也意味著輔導員道德傾向出現隱微的轉變。在第二段故事中，輔導員不再是有距離感的公務員，僅把個案當作例行公事處理，而是一位有同

理心的聽眾或甚至是個案的**知己**，耐心傾聽個案遭遇且目睹其失落的情緒。可以這麼說，輔導員已經「抽離」了冷漠的公務形象，而是以**生而為人的自己**在與個案互動，因為個案的處境激發且啟動了她的道德感知與情感能力。說到這裡，我們會發現故事中的輔導員與韋伯理想的公務員（去人性化、不近人情）相去甚遠。

隨著故事的發展，可想而知在故事的尾聲，輔導員會不遺餘力協助個案接受諮商。如果故事的結尾，即她下定決心陪個案接受治療與提供協助，讓這則故事的**結局變得無趣**，因為輔導員的個人傾向已經反映在個案狀況描述之中，而沒有之前的趣味盎然。幫助個案的理由，或者要說是正當理由，蘊藏在輔導員敘述的同情語氣中，她也採用充滿規範意味的描述用詞，像是「柔情鐵漢」與「救苦救難」。這也提醒我們，所謂的「英雄事蹟」（war stories）不只是用來解釋、描述人們採取行動的背後成因，也試圖合理化其行為並對外解釋行為的正當性。而輔導員這麼做，也讓故事顯得特別有趣，有助於我們了解基層公務員採取不同的規範證成（normative justification，我們即將在第五章探討，這種差異不僅存在於不同單位，也會發生在相同單位中的同僚之間）。

據此，我們觀察輔導員決定應該幫助個案克服情緒問題，並了解她做出判斷依據的考量，可說是非常有趣。在這則故事中，沒有證據顯示輔導員可能認真考慮過**不**幫助這位家具加工作業員，但在權衡許多考量選項後（在道德與實務方面），最後決定幫他一把。輔導員若把時間用在其他個案上，不是更好嗎？若決定幫助這位個案，是否會設下一個往後無法再因循的先例？難道輔導員不需冒著遭上級斥責的風險嗎？輔導員似乎已有定見，她並未透過利弊分析的詳盡評估，來決定是否幫助個案，只有判斷個案**值不值得**。所以，輔導員一發現家具加工作業員值得信賴、惹人憐愛且真的需要幫助，就決定助他一臂之力。

但故事還沒結束，我們迎來另一個轉折，輔導員和個案在心輔中心遇到一個態度不積極的初談人員。

> 我載他過去（心輔中心）後，因為他第一次遇到這種情形，所以個案希望我陪他進去。我答應了，我們遇到一位初談人員，她不是那種溫暖待人、和善好相處的類型，我和她聊了一會兒後，她叫我們去另一間辦公室。
>
> 「你打算怎麼支付看診費？我們是按每小時五十美金計算。」
>
> （家具加工作業員）回答：「那我可能沒辦法，我付不起。」
>
> 「好吧，那可能要請你填一下財務狀況，我們看看能不能幫你減免費用。」
>
> 於是，我們又走回初談人員那裡，跟她再聊了好一段時間。「喔，我可以幫你排定預約，兩週後再來看診。」[14]

整個故事的背景已經從輔導員的辦公室，變成心輔中心的辦公室。截至目前，我們知道輔導員開車載個案去心輔中心，也同意陪同他進去詢問。接著，輔導員說她先帶個案去見一位不積極的初談人員，之後再去見單位負責人。當整個程序無法達到預期結果時，我們看到輔導員再次與初談人員對話，以便協商合理的費用與排定預約時段。輔導員代表個案辦理所有的事，但個案卻在整個過程中沈默不語，淡出整幅故事畫面。

在上一段故事敘述的結尾，我們提到輔導員的轉變，而這裡如我們所見，輔導員的態度完全改變，不再是有同理心的聽眾，而是成為代表個案發聲的**支持者**。輔導員的道德傾向轉變，是因為她重新建構了自己與公務體系的關係，這兩者密切相關。我們來回顧一下，故事一開始，輔導員完全融入所處的行政環境中。接著，她開始會晤這位個案，我們也能推測當時個案坐在輔導員對面，且兩人無所不談。遇到這位個案前，輔導員從未脫離過她所代表的單位。在那之前，輔導員的確是民眾嗤之以鼻的對象，因為她是整個「公務體系」不可分割的一部分。

但如今輔導員代表個案，坐在另一位公務員對面的位置，與個案並肩，試圖引導不積極的初談人員採取行動，卻以失敗作收。現在換這位初談人員作為公務體系中冷漠且僵化的形象（「她不是那種溫暖待人、和善好相處的類型」）。當然，初談人員的反應是我們最常聯想到公務體系的樣子——非常冷漠。

但我們也要注意，可能有幾種原因導致初談人員反應不夠積極，且有些原因可能很實際。例如說，她可能擔心若為此個案破例，可能會「惹上麻煩」，也可能只是不願意「多做一點」（「何必呢？反正快下班了。」）。可是，初談人員的冷漠也可能暴露自身道德傾向，好比說她或許認為這位個案的狀況不算緊急，所以假如把他排在其他病患前面，對其他人不公平。也有可能因為這位個案有輔導員陪同前來，初談人員因此覺得有疑慮。她可能心想：「沒錯，這位個案怎麼能仗勢自己有能言善道的支持者幫忙就享有特殊待遇？」

如果說輔導員是因為遇到這位個案，而從公務體系的冷漠中「抽離」，那麼初談人員反而是把身上公務體系的袍子裹得更緊。我們會於後續篇幅討論到，這並不表示初談人員對個案毫不關心，只是她已形成一種態度，而這種態度最適合透過僵化的公務體系表現。墨守成規可能是冷漠的一種表現，但也能作為懲罰個案「不值得獲得資源」的一種方式，我們會在第二則故事看到這一點。

現在，我們注意到輔導員並未同理初談人員，也沒有對初談人員可能面臨的問題與困境顯露同理心。儘管（或有可能是）輔導員與初談人員在他們所屬單位的工作性質相似，所以輔導員才沒有選擇體諒。而既然輔導員以個案**支持者**的身分踏進心輔中心，就不再將初談人員視為同類，理解對方必須承擔不同的規範考量（且認知到冷漠和僵化確實能發揮作用），此時在輔導員眼中，初談人員只是她需克服的絆腳石，才能為個案爭取權益。

最後得留意的是，儘管輔導員現在與個案站在同一陣線，變成與公務體系打交道，但她仍然不是一般大眾，而是公務體系的局內人，能在難以捉摸、疏離的公務世界中馳騁。基層公務員會隨著時間推移，充分了解公務流程的進行方式，並形成跨部門網絡，知道該致電誰及該怎麼描繪個案，從而最可能幫助個案達成目標。輔導員就算來到心輔中心，不是她最熟悉的工作環境，她依舊比家具加工作業員具備更大的影響力，而後者被迫只能依賴她，視她為上天派來的引路人。這種非正式的技術知識，是基層公務員能分配給個案最寶貴的資源之一。然而，不像他們能支配的公務資源（物資、服務、時間），「訣竅」、「忠告」、「建議」仍屬於非正式事務的範疇，不受科層制度的審查。

可是，儘管她費盡九牛二虎之力，仍沒有成功幫助個案提前預約。讓我們繼續來看故事進展：

（家具加工作業員）既生氣又激動，於是我不斷跟他說：「沒關係、沒事的，放輕鬆。」

他說：「這行不通的，我不要看診。」他變得非常激動。

所以，我告訴初談人員：「我們現在得先走了，因為他需要和人聊聊。」

我和個案離開心輔中心，走到我停車處，在那裡坐了兩個小時，因為他當下就需要，所以我幫他做了危機諮商。他當時的狀況無法再拖下去，他非常生氣且激動，看著他的情緒狀態，我告訴自己：「好吧，我來。」我明白自己必須先當他的情緒引導人，因為他當

> 下就需要，而且沒有其他人能為他提供這樣的服務……。
>
> 最後，因為他成功重返職場，我就結了他的案子，但每半年我就會收到他的近況，他又在自討苦吃，想必之後還會再來找我。
>
> 我們又會進行一次危機諮商，然後他會沒事一段時間後，但只要一出事，又會再回來。[15]

這位輔導員透過一般程序處理失敗，加上個案不願接受建議到心輔中心，她覺得自己身陷挑戰。到目前為止，她對個案投入了非常多心力，但個案遇到上述情況後，整個人就變得激動，而輔導員覺得個案隨時都可能失控，光是在六句話的字裡行間，輔導員就用了個案「既生氣又激動」、「非常激動」、「現在」、「當下」、「無法再拖下去」、「生氣且激動」、「他的情緒狀態」等字眼。由於初談人員沒有意識到個案事態緊急，輔導員認為她別無選擇，只能自己先代為處置。於是，她在自己車內為個案進行兩小時的危機諮商。在這段敘述中，該位輔導員已經不僅僅是個案的**支持者**，而是成了**照顧者**（即呵護型道德傾向）。

這第四種（也是最後一種）道德傾向的轉變，在輔導員解釋她為何對個案進行危機處理諮商時就可以察覺到了。她發起危機諮商的原因，並不是因為個案「值得」她這麼做，也不是衡量過各種利弊，更不是她的職業角色要求她這麼做，而僅僅是因為個案**需要**。以個案需求來做決策考量，是護理和照護業的主要特徵，輔導員作為**照顧者**，她沒有停下來思考自己是否耗太多時間在這位家具加工作業員身上，也沒有費心估計在車上危機諮商的兩小時中，能再處理多少個案。因為在關懷對方的情況下，這些都不是輔導員的考量。

但輔導員為家具加工作業員做到這種程度，是否合理？她最初的身分是在辦公室管理國家資源的行政人員，而現在的行為則是在停車場為個案提供個人化諮商，這兩者的差距是如此之大，以至於人們完全有理由懷疑，她是否已逾越職業角色的界線。這個問題此處暫且不表，我只是想點出，如果情況確實如此，那麼輔導員可能已漸漸逾越她職業角色應有的特權，但我們又無法說，她實際越過哪條明確畫定的界線。公務員之所以會偏離其職業角色，往往是受到許多看似連續的決定和轉變影響，但造成的結果卻難以察覺，而不是由單單一個歧見或不服從的行為導致。

同樣值得留意的是，輔導員以積極的語氣結束這則故事。就算這位個案早已結案，但還是經常過來找她尋求協助，可是她並沒有因此而感到困擾。她為這則故事下了一個正向的解讀：每次諮商輔導可以維持**整整**半年。但當然，我們也可以悲觀地解讀為：儘管有輔導員的協助，個案**還是**每六個月就會崩潰一次。端看每個人解讀的面向，我們可以說，輔導員與個案持續互動，看起來平順穩定且讓個案感受到支持，但也可以說，輔導員或許養成了個案產生長期、任性的心理依賴。誠然，輔導員看待事情的角度很重要，公務員在公務上的經歷，並不會因做成決策或結案後就終止，而是在一來一往的過程中，回顧評估與衡量，透過累積而來的經驗作為未來的決策依據

（成為個案的支持者，真的好嗎？危機諮商有用嗎？此外，危機諮商應該一次就好，當作例外的個案服務，還是該變成固定提供的服務項目？）。[16]

這位輔導員的故事，讓我們得以一窺基層公務員的世界，但是儘管內容豐富，這則故事卻忽略了基層工作的三個重要特徵，我在此處先簡略帶過，後續會留篇幅詳加說明。首先，輔導員在故事敘述中，完全沒提到同僚，可是我們都清楚，同事之間的人際關係與小團體內的互動極為重要，一般來說，會塑造基層公務員對個別狀況做出的反應，以及公務員如何扮演其職業角色。[17] 同僚互相支持、施壓，並延續非正式規範，面臨困難的狀況時，也會集思廣益。若不能採用標準作業程序因應個案，承辦人員通常是根據同僚之間發展出來的非正式、次要規範來裁定（我將於第四章論證這一點）。[18]

此外，這則故事也並未提及輔導員的個人背景。在公共管理領域中，已有大量文獻探討階級、種族、性別等因素如何影響公務員對個案的看法，以及他們如何建構個案的樣貌[19]，而過往學者於此頗有建樹，我不需錦上添花。可是，我想用一些篇幅論述基層公務員的另一特點，而方才提到的因素，即公務員對自身職業角色的看法，一定程度上能說明這個特點。

輔導員的故事，道出基層公務員在與個案的**每一次互動過程**中，能來回轉換扮演職業角色的不同方式（在這則故事中，輔導員從一位**冷漠的公務員**，變成**有同理心的聽眾**，再到個案的**支持者**，最後變成**照顧者**）。我稱這種在短時間就有不同變化的角色扮演方式為「局部的道德傾向」

或「評估模式」。但公務員也會發展出更長期的工作風格（「道德傾向」）與**一般情況下**該扮演什麼角色（「角色概念」），進而形成**與個案互動**的系統規律。道德傾向與角色概念並不能決定公務員在任何特定情況下的行為，而是得根據特定的評估模式，對應到處理個案會採取的傾向（例如：傾向冷漠型、正義型，還是呵護型），我將會在本章第三節與第四節回探討此點。

在這則故事中，很奇怪的是，輔導員沒提到個案自己有何看法，故事中的家具加工作業員，似乎扮演的是消極被動的角色，他留在原地等待輔導員「重建」和引導，但這也可能只是表面上的假象。因為民眾在與承辦人員會晤時，會有技巧和策略地「呈現自己」。[20]常需要服務的民眾，只要在等候室待久了，就能敏銳地意識到公務員的裁量範圍，並希望能積極善用其裁量權，轉化成對自己申請上的助力。如今網路上已有許多分享，說明如何讓不近人情的公務員，把你當人看。這些與公務員打交道的攻略包含尊重、採取順從的態度、把他們當作專家、試著同理他們的工作量等。[21]這告訴我們，家具加工作業員可以看起來是一位有同情心的硬漢，而不是不負責任的愛哭鬼或惡霸，不單單只是因為輔導員替他形塑了這樣的樣貌，同時也可能是**他自己**塑造出來的形象。

不配獲得服務的癱瘓人士

輔導員與「柔情鐵漢」的互動，是基層公務員愈來愈投入個案的一例，隨著故事推進，輔導員不再是**冷漠的基層公務員**，只按例行公事處理「個案」，而是逐漸投入個案，與其站在同一陣線。但基層公務員對個案的投入，不見得都帶有同情及憐憫，也常帶有懷疑和敵意。這裡我想快速帶過一則故事，其中有許多面向與方才探討的故事如出一轍。這則故事是由另一位職業重建輔導員所述，其負責的個案是位四肢癱瘓的男子，名為約翰（John）：

> 我認識約翰大概五年了，他四肢癱瘓，就是個自以為是的野孩子，如果（酒）喝得夠多、（藥）嗑得夠多……嗯沒錯，他就是嗑藥嗑多了才自以為能開車從上空飛越樹木，但沒成功，所以最後四肢癱瘓。可是問題來了，事到如今約翰依舊認為只要他想要，沒什麼辦不到，而他也的確辦到了，像是替自己爭取到了照護服務。
>
> 約翰需要照護員照顧，這毫無疑問，但他總是貪得無厭，你知道的，如果你同意給他兩小時的照護服務，他就會要求十小時，因此約翰最後得到了我認為單位能提供的最高照護時數：每週二十小時。[22]

同上一則故事的開頭一樣，這則故事也是從承辦人員遇到一個「可按照標準程序處理的一般個案」開始。我們已知，約翰因車禍失去四肢行動力，所以在日常活動得全然依賴照護員，而他對目前得到的照護時數不滿意，進而向職業重建機構要求更多扶助服務。收到申請後，輔導員就依照對現行規定的判斷，拒絕約翰的要求，原因是「約翰已經獲得我認為單位能提供的最高照護時數」。

故事目前進展到這裡，輔導員基本上仍算公事公辦。按理說約翰的殘疾的確值得一絲同情，但輔導員對他完全沒任何同情。如果說輔導員究竟對約翰有何感想，我們能察覺他對約翰的不信任漸漸萌生，且隨著故事推進，不信任的程度就愈來愈高。輔導員堅持要告訴我們約翰出事的**原因**，即藥物濫用，也強調了約翰傲慢且好鬥的性格，正是這種性格，約翰才會出事，而在其與公務機關的一來一往中，依舊顯露無遺。

至此，輔導員的語氣還算是相當節制。但隨著故事推進，個案變得愈來愈頑固：

> 眾所皆知，照護員理應是協助病患生理上不便的事，如穿衣、盥洗、如廁等事宜，但約翰對看護人員的看法是，除了這些，還需要幫他拿報紙、拿菸、點菸並把菸湊到他嘴邊，隨侍在側幫忙翻報紙，還要代替他去上課，然後抄筆記，載他東奔西跑，聽起來簡直是在講一個傭人的日常，而且是領最低工資的那種。
>
> 話說回來，約翰就是堅持一天要有至少十小時的看護陪同，這下可比原本一週二十小時還要多，於是輔導員說：「這是規定的上限，沒得討論。」[23]

於是，不屈不撓的約翰繼續要求單位提供更多服務，影響了公務員與民眾互動常見的模式。一般而言，公務員期望個案冷靜且表現出一定程度的恭敬，儘管按理說個案不是在尋求「幫助」，而是尋求法律上應當享有的服務。輔導員深知約翰出車禍前的生活方式，本就有些警惕，而申請更多照護時數這件事，又讓他變得更加警惕。

我們了解到，約翰或許是在占公務系統的便宜，要求其照護員提供他原本無權得到的服務，而有趣的是，輔導員並沒有把約翰濫用國家資源的行為視為一項行政問題，反而是表達出**他個人有多憤慨**，輔導員反過來形容這位四肢癱瘓患者與其照護員的關係，即約翰不再是依賴照護員協助生活起居，而是把他們當作奴僕使喚。

在其他情況下，輔導員可能會從寬處理，但面對約翰這個案，他絕不寬貸。因為輔導員懷疑約翰想占公務機關的便宜，所以他選擇堅定守護公務規則的底線。第一則故事幾乎沒有提到公務規則，但在此處，規則重新回到故事的鎂光燈之下，正是有規則存在，才能避免如約翰這樣的個案不當濫用體系。從這裡我們能得知，規則通常是對行為的約束，但也能作為一種「工具」，公務員能適時運用公務規則區別哪些個案應得或不應得到服務。[24]

輔導員的斷然拒絕（即對約翰說出：「這就是規定的上限，沒得討論。」），足以讓大多數個案就此打住，但約翰可不是省油的燈，他試圖繞過輔導員提出申請，最後也如他所願。

約翰對獲得的照護服務不夠滿意，所以就直接打給選區的參議員，接下來我們就接到一通電話，是一位州政府社福單位的高級專員打來的，致電我們單位上某位職業重建專員，這位專員再打給他的主管，那位主管又再打給我的上級主管，最後才打給我。結果，約翰就得到他想要的照護時數。

這樣一來的話，那我也可以說：「這裡有一位女士必須先有車才能工作，她有找到工作，一切都安排妥當，就只缺一千塊錢（美金）買車。」然後承辦人員就會說：「我們不是這樣處理事情的，因為按規定不能這樣做，那我們無法受理。」

但約翰的情況是先獲得了上級的許可（決定給他每天十小時的照護時數），也就是說如果你找對人，向他們哭著討糖吃，你也了解怎麼操弄這個體系，那他們就會著手解決，因為他們不喜歡吵吵鬧鬧，所以會想要讓吵鬧的人趕快閉嘴。

因此職業重建單位在這傢伙身上，花了一大筆錢……。會吵的孩子有糖吃。那些可憐、態度好的人就只能呆坐在那裡，分到那麼一丁點剩下的資源，或我們得看看能盡力幫他們多少。[25]

反觀約翰並沒有接受輔導員的決定，還致電民意代表，對職業重建單位施壓，因此該輔導員顧及其上級，被迫改變決定。

這表明個案也能按正式管道與非正規途徑達成其目的。無論是民意代表或有力人士干預個案申請程序，都並不常見，但總有一絲可能性存在，也是基層公務員竭盡所能避免的事。假如有承辦人員以外的人插手，個案的問題也不見得能如意解決，因為基層公務員與個案之間的關係往往歷時長（約翰的輔導員就表示，雙方認識超過五年），所以公務員是可能放寬對個案的標準或扭曲上層指示的原意。

自從被主管公開斥責後，該位輔導員不再只是對約翰抱持懷疑，甚至覺得自己遭背叛，除了自身權威深受質疑外，更重要的是，一位不值得獲得額外資源的個案，最後居然得逞。大家需要注意這位輔導員口述表達挫折時的用字與說明，輔導員原本抱怨的是這位個案有多「不值得」，但之後的討論重心反而變成檢討公平與資源使用效率不合理。在約翰的故事中，輔導員最反感的是，他怎麼能「破壞原則」，其他個案的需求明明更合情合理，卻只因為他們不那麼咄咄逼人、不那麼直言不諱，輔導員選擇了「公事公辦」。問題不僅僅是一位道德有問題的個案，獲得所費不貲的服務，而是憑什麼只因他敢爭取，就能得到**差別**待遇，明明所有個案的協助獲取標準理應一致，這對所有坐在等候室「可憐、態度好的人」**不公平**。但在職業重建領域方面，還有另一個關鍵考量，即輔導員需究個案是否有重返職場的傾向，來決定怎麼分配補助。輔導員提及另一個例子形成鮮明對比，是一位女士找到了工作，只缺臺代步汽車（假如經費批准，她就能去工作），相較之下，約翰會繼續耗盡單位資源，但職業重建之路基本上是遙遙無期。

論及公平和資源使用效率這兩項考量，公務員都需要綜觀大局，先參照其他個案的因應方式，經過比較與權衡後，再決定該如何處理手上個案。約翰的輔導員必須思考，**若跟其他個案可以獲得的資源相比**，究竟該給約翰些什麼才算公平？**與其他個案相比**，約翰重返職場的機會有多大？這就是所謂公務員的心智活動，練習怎麼掌握與個案間的距離、分析情境以及比較不同個案。而這是第一則故事中的輔導員沒有做到的，因為隨著她愈來愈同情家具加工作業員，該個案的需求就占據她的所有注意力。其他個案及其相關考量，不在她的思考範圍內。

但第二則故事中的輔導員，心境上和第一位可說是全然相反。這位輔導員對個案逐漸警惕，態度也愈發不友好，對他來說，約翰不再是一個值得同情的四肢癱瘓人士，而是個「無賴」，想要占盡公務體系的便宜，還剝奪其他個案理應得到的資源。由於輔導員拒絕讓自己捲入同情約翰的漩渦裡，因此其他個案仍在他的思考範圍內，才能比較與權衡不同個案之間的公平及效率。約翰的輔導員既不屬於**呵護型**，也不是**冷漠型公務員**，而是守護國家資源的**正義型公務員**。

可是故事到此還沒結束，一旦輔導員把所有個案分成「可憐、態度好的人」還有像約翰一樣的壞蛋，一種使命感就會油然而生，即輔導員會很想介入、保護那些被占便宜的民眾。輔導員開始意識到自己是國家資源的**守門員**後，就等於嘗試作為**正義型公務員**參與其中。如同第一則故事中的輔導員一樣，約翰的輔導員也決定自己出手干預，但因為約翰受到科層的「保護」，所以輔導員幾乎使不上力，這位輔導員得等到約翰出紕漏才能干預。與此同時，他繼續密切關注約翰這位個案。

在觀察個案的過程中，輔導員獲得任何新資訊，都會認定為約翰道德盡失的證據。事已至此，輔導員的觀點基本上難以動搖，根本無法改變他的看法。舉例來說，我們獲悉約翰總是「臀部長瘡」，所以得頻繁進出醫院，輔導員並不認為這些瘡是因為約翰長期仰賴照護員處理個人衛生而導致的，也不認為這是約翰需要額外協助的跡象，反之，他認為這是約翰性格惡劣的後果，也就是說，約翰之所以長瘡，是因為「他沒想過自己照顧自己」。[26]

有一次，輔導員某次去醫院探訪時遇到了約翰，在規則的庇護下，終於逮到機會進行干預。

> 我沒想到會在醫院遇到約翰，他住院期間一直把照護費用算在我們單位的頭上。那時我叫住他，並說：「你到底在搞什麼啊？我說什麼也不可能幫你支付住院期間的所有照護費，你住院期間醫院本來就有提供照護服務。」
>
> 他回：「才不是這樣，我需要有懂我需求的人，他們能幫我好好刷牙，刷得比醫護人員好。」
>
> 我嘆道：「天啊約翰，你要不要聽聽自己在說什麼。」
>
> 「嗯，而且醫護人員不會拿菸給我。」

「你不需要菸，你人在醫院耶！像個大人，好嗎？」他大發脾氣，因為我不為他的照護費用買單。

他說：「照護員要去幫我上課抄筆記。」

我答：「他們才不需要，照護員為什麼要去幫你上課抄筆記？你需要一個協助抄筆記的人。跟我們說，我們就會幫你找一個，但上課抄筆記不是照護員的工作。」[27]

輔導員終於逮到約翰違反規則，他停止支付約翰照護費用，並指派新的筆記抄寫員取代照護員，不再讓約翰凡事予取予求，終於成功糾正長期目睹的不公平現象。

評估模式

評論前兩則故事時，我採用「道德傾向」的概念描述公務員對個案態度的逐漸轉變，而我們必須進一步了解這個概念。我在本章採用的「道德傾向」一詞，指涉以下三個息息相關的要素：

㈠一種**詮釋定位**，即了解或解釋特定情況的方式；

㈡一種**情感調節**的模式；

㈢一種**對規範的敏銳度**，即一種「權衡」不同因素的特定方法，並賦予某些考量更多重要性。

我在上述兩則故事中，間接提到上述幾個道德傾向，且讓我舉三個例子來說明。第一則故事的開頭，我提到那位輔導員對其個案的反應是**冷漠型**，若以上述描繪的三個面向來看，這意味著：

㈠該輔導員透過傾聽個案的故事，獲得行政相關資訊（詮釋定位）；

㈡該輔導員聽完故事後，沒有表現出太大的情感起伏，既沒有敵意，也沒特別有好感（情感調節）；

㈢該輔導員在乎的是盡可能迅速有效地處理個案（對規範的敏銳度）。

當我提到這位輔導員之後成了**呵護型公務員**，這表示：

㈠她開始留心個案焦慮及憂慮的跡象；

㈡她受家具加工作業員的故事感動，開始同情他；

㈢她更聚焦於幫助這位特定個案，而不是以最有效率或最公平的方式服務其他個案。

第二則故事結尾，我提到該輔導員屬於**正義型公務員**，這意味著：

㈠他認定個案有意占公務體系便宜；

㈡他對個案保持警戒與懷疑；

㈢他滿腦都在想怎麼預防和懲罰個案濫用資源。

請注意構成道德傾向的三要素（詮釋定位、情感調節模式、對規範的敏銳度）形成了和諧的心理整體，作為公務員因應個案的道德傾向，且這些道德傾向彼此互補。一位公務員不太可能同時投入全部的心力達成個案要求，同時又對個案保持警惕與懷疑。

正如這兩則故事所證明，隨著公務員與個案互動進展與取得新資訊，公務員的道德傾向有可能且確實能在單一次互動中就產生改變，我決定稱這種短時間就有不同變化，且會依狀況而定的道德傾向為「局部的道德傾向」或「評估模式」（意指公務員如何評估其個案）。要請大家留心的是，我使用評估模式的概念作為一種詮釋工具分析上述兩則故事，而公務員不見得能意識到他們在什麼時候採取什麼樣的評估模式。我已論證評估模式確實存在，並藉由觀察到公務員行為與措辭的細微變化，來解釋此模式確實可作為詮釋公務員與個案互動的工具。

但我們必須區分「評估模式」與公務員奉行已久的職業身分認同或「道德傾向」，後者是公務員在與所有個案互動中秉持的信念。「道德傾向」是指個體對其職業角色與責任有更確切的理解，即「角色概念」，在任何狀況下都會保持一致。我後續會留更多篇幅解釋道德傾向與角色概念。

透過局部和長期的道德傾向描述這兩則故事，我偏離了昔日組織理論與道德哲學探討的範

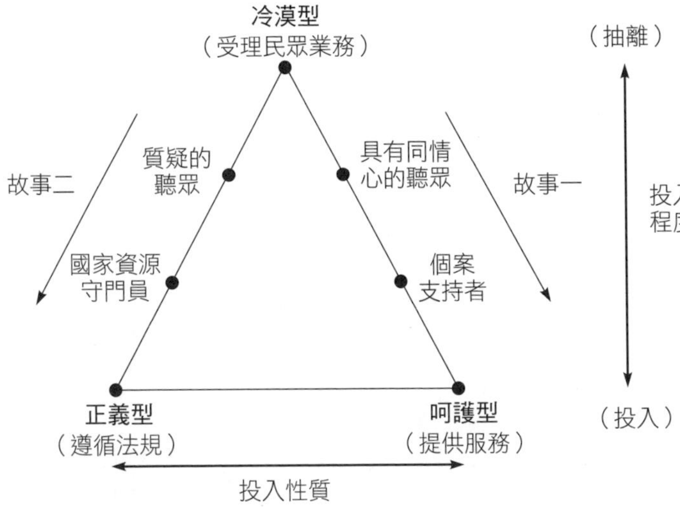

圖二／三種不同的道德傾向

疇，不再著重研究個體做出的獨立決定，而是研究形成決策的道德推理過程。[28] 而我認為必須改變研究焦點有兩個原因：首先，如我們在故事中所見，基層公務員與個案的互動遠遠不止於決策，還涉及說話方式、肢體語言、情緒表達或情緒的隱藏。從規範層面來說，這些實際互動至關重要（舉例而言，要以尊重或貼心的方式與個案應對，這些互動是關鍵），所以若只著重探討公務員的最後決策就不夠全面。而道德傾向的概念對研究或多或少有幫助，是因為道德傾向傳達出公務員的行事「風格」或方式。

再來第二個原因是，公務員畢竟是先具備道德傾向，才會做出決策，他們秉持的道德傾向基本上都會影響最終決策。基層公務員的決策依據來自所見所聞（詮釋定位）、所感（情感傾向）以及排定的優先次序（對規範的敏銳度），在任何特定的個案或情況下，道德傾向會影響公務員認為重要的因素[29]，也因此，道德傾向提供我們更全面的視角，探討基層公務員在某一時刻的應對方式，無論是從他們的行事風格或達成特定決策的傾向，都可見一斑。

上述兩則故事描繪了兩種不同的局部道德傾向或評估模式。在兩個故事中，輔導員都脫離了**冷漠**或**公事公辦**的公務員立場，變得更加投入手上的個案。

在第一則示例中，該位輔導員逐漸向個案敞開心扉，變成一位具**有同理心的聽眾**，而後成為個案的**支持者**與**照顧者**（即屬於呵護型公務員）；在第二則示例中，該位輔導員變得愈來愈謹慎，變成一位**質疑的聽眾**，而後成為國家資源的**守門員**與**執法者**（即屬於正義型公務員）。兩則示例中的道德傾向轉變，都是愈來愈專業化且愈趨偏激。專業化是指兩位輔導員分別朝呵護型與正義型靠攏，他們的詮釋定位、情感傾向、對規範的敏銳度都變得更專一，這也導致他們在某些方面鑽牛角尖，卻對其他方面視而不見；激進化是指輔導員愈來愈跳脫公事公辦，並竭盡全力充分回應看到的個案要求。

圖二描繪出這兩種道德傾向的轉變，我們目前討論過的道德傾向，可分別從兩面向究其所以，一是公務員對手上個案的投入程度，二是投入性質。第一線公務員能與個案維持一定距離或完全抽離，也能高度投入個案進展。此道德傾向關係圖之所以繪製成三角形，是因為所謂的「投入」指的是投入**某件事**，不是替個案提供更個人化的服務，就是讓個案接受更嚴格的審查。

接下來，我主要會著重探討關係圖中三個端點所對應到的道德傾向，即冷漠、呵護與正義。這三種道德傾向作為理想的道德傾向類型，點出了基層公務員的三個極端或取向，而他們往往朝這三個端點靠攏。我推測這三種道德傾向之所以在基層公務員身上很常見，是因為其畫定了公務員對基層公務三大核心所能形成的態度範圍。冷漠、呵護、正義分別涉及以下三個基層公務的核心要求：受理民眾業務（迅速將每位個案歸類到現有的行政類別）、提供服務（針對個案特定需求提供更量身打造的服務）、遵循法規（對個案祭出更嚴格的審查，確保其符合計畫標準，並遵守計畫規定）。這三種公務要求能共存，實屬不易，但卻都同時存在於大多數公務機關公共服務單位中，構成比例則因單位而異。[30] 我會於下一章詳加討論基層公務員**為何**更受這三種道德傾向吸引，或朝這三個端點靠攏。但現在，我想先談談在NCDI服務期間，我很常在同事身上看到冷漠、正義、呵護這三種道德傾向，而其他學者在他們田野調查的單位中也都有觀察到這個現象。[31]

冷漠、呵護、正義位於三個端點，而任其兩端點間，能判斷公務員對個案投入的程度與性質，以及該程度與性質如何變化。我們觀察到的道德傾向，若落在圖表不同端點之間，即**質疑的聽眾**、**國家資源守門員**、**具有同情心的聽眾**與**個案支持者**，都是一種暗喻。除此之外，當然還有其他道德傾向類型，而彼此間的區別只差之毫釐。

正如我們在這兩則故事中所見，評估模式隨著公務員獲得新資訊而改變，而在這之間的轉變，取決於公務員與個案互動的過程與進展。我分享的這兩則故事中，輔導員的道德傾向轉變是朝單一方向移動（輔導員愈來愈投入）且向圖表中的其中一個端點靠攏（即更貼近呵護或正義）。但實際上並不總是如此，例如公務員可能先起初是高度投入個案，但隨著個案發展又回歸到冷漠，或是起初對個案很友善，但得知新的個案資訊後，最後變得警惕或懷疑。

雖然公務員的評估模式會隨著個案資訊的更新而改變，但我們得留心的是，評估模式也會形塑及限縮公務員對新資訊的看法。評估模式就像是濾鏡，或多或少展現出公務員的慣性或拒絕改變的態度，而這部分是因為評估模式本身就帶有特定的詮釋觀點，即公務員理解新資訊的方式。個案的新資訊若與詮釋觀點相符，就會成為公務員關注的重點，若與詮釋觀點不符，就會不受公務員重視。[32]公務員若特別關注個案的可疑行為，則會愈容易注意到這些行為，不容易看到個案的道德良善之處。評估模式也伴隨著特定的情感調節模式，也就是公務員在與個案互動過程中感受到的細節，若與其原有的情感調節模式相符，情感共鳴就會增加，不相符的話，共鳴則會減弱。舉例來說，輔導員若對個案保持警惕或敵意，則其更有可能會受一句無心的話激怒，而不會因個案面露愁容而感到不捨。如果評估模式愈聚焦在一個方向上，則其詮釋觀點、情感調節模式、對規範的敏銳度就愈專業化，公務員的視野就愈受限縮，也就愈不願意改變其評估模式。

道德傾向與角色概念

截至目前，我們的討論都著重在基層公務員與民眾單次會晤的互動過程，但第一線公務員就算每週處理不到幾百件個案，少說也有幾十件，而且他們並不會把每件新個案都當作是第一次經手。經年累月下，公務員已發展出自己的行事風格，即公務員本身的一種職業身分或道德傾向，使公務員在處理新個案時會帶有個人色彩。所以直觀來看，公務員在因應個案時會受兩種傾向影響，一種是局部且依個案情況而定（即「評估模式」），另一種則是長期且與狀況無關（即「道德傾向」），而從這兩者的差別我們可以看出，儘管在不同時刻，公務員可能會表現不同的自我來應對，但隨著時間推移，公務員也會發展出長期且一致的心理模式。[33]

也就是說，雖然公務員的評估模式確實有可能在與個案單一次會晤過程中產生改變，但道德傾向是隨時間遞嬗而形成，是與不同個案多次會晤後才逐漸緩慢改變。道德傾向圍繞著一個更明確的核心信念在發展，也就是人們如何充分履行其角色（即「角色概念」）。道德傾向會引導公務員傾向採取某些評估模式，並遠離其他評估模式，從而在與民眾特定的互動中，影響公務員的行為。換句話說，公務員在與個案會晤時，道德傾向會讓公務員先採取一個預設的評估模式，而後隨著公務員和個案的互動發展，與個案相關的資訊就會取代原本的評估模式。

或許有人會說：屬於正義型的公務員會以**身為**正義型為榮，而他們本來就是根據正義型的評估模式，傾向**以**正義型的觀點評估個案。可是按此說來，就表示正義型公務員可能有時會「偏離本性」，並依照特定的會晤狀況，決定要**作為**冷漠型還是**作為**呵護型來應對。論及本章開頭的兩則輔導員的故事，我們並不知道他們原有的道德傾向，但假如能知道的話，就能分辨在應對個案時，他們是的行為是「維持本性」還是「偏離本性」。究竟他們原本是不是都屬於冷漠型，只是遇到如故事中的特定個案時，表現出呵護型和正義型的樣子？還是這兩位輔導員本來就分別屬於呵護型和正義型，並且自始至終都採取他們秉持的道德傾向來應對？

評估模式揭示公務員在特定時刻的決策偏好，而道德傾向則反映公務員面對許多不同的互動時，通常會如何應對以及如何做決定。我們關注道德傾向與評估模式的原因並無二致，也就是兩者都會影響公務員面對個案時選擇採取的行為，以及形塑公務員如何利用裁量權應對個案。（第三章將探討評估模式與道德傾向實為雙向關係。基層公務員藉由採取與其道德傾向架構不一致的評估模式，也就是自願「偏離本性」，來進行道德上的自我改革，藉此逐漸改變長期的道德傾向。）

若要探討評估模式，就必須從公務員的行為以及他們與個案特定的一次會晤情況下手，從中擷取所需的資訊，但若要探討決定公務員道德傾向的角色概念，收集資訊就相對容易，只需透過訪談取得當事人敘述即可。公務員因擁有角色概念而產生一種恆定感與認同感，得以用自身視角描述他們的工作日常，也作為評估與合理化其行為的依據。假如說評估模式是一種篩選工具，決定公務員在與特定個案互動時會察覺到什麼，那麼我們能說，角色概念與評估模式的功能相仿，但會涉及公務員對自身職業角色的理解，決定公務員會優先聚焦哪些面向，並限制他們對次要面向的關注。

為了清楚說明，我這裡提出三個例子對應冷漠型、呵護型、正義型三種道德傾向。我特意選用背景不同的三位代表解釋角色概念，分別是駐美法國移民官、中西部職業重建輔導員、灣區警察。我之所以選擇這三位，是因為解釋起來會特別清楚且簡潔。[34]

先從駐美法國移民官說起，受理民眾業務是她對其角色概念的理解：

> 對我來說，我不會為申請人多做些什麼，如果對方書面文件有闕漏或申請表填寫有誤，我就會請申請人處理好後再重新排隊；我只懂法語，民眾如果講英語我就聽不懂，所以我跟民眾的互動很簡單：如果我退件的申請人看似一副不懂法語的樣子，通常排隊的下一位申請人就會自動快速向前，想要請我盡速辦理業務……我除了工作達標，沒有其他目的。不像其他移民官，會努力嘗試與外國人溝通取得共識。他們就是因為這樣，才會工作做不完，最後拖累到我們。[35]

透過上述幾行話，該位移民官解釋自己只負責「做好分內工作」，她對所謂「做好分內工作」

的理解很狹隘，但的確顯示出她的務實態度：只要上級指派一個目標（好比說一個明確的結案數），她就會盡其所能達標，若文件填妥就收件，有闕漏就退件，僅此而已。她不會「浪費」一分一秒跟申請人談或解釋決策，她認為這麼做不只適得其反，甚至或多或少違背她理解的角色概念。

這位移民官的個案因應方式為冷漠型，她與會晤民眾保持距離，避免賦予民眾鮮明的個人特色。所有會晤民眾被她視為一個群體（如「其中一位申請人」、「外國人」的字眼），每位申請人在她眼中沒什麼不同（下一位就會自動快速向前）。某方面來說，這位移民官對申請人不太友善，但應對方式還算中規中矩，至少她不會因「外國人」不會說法語或假裝不會講就忿忿不平，只是點出並解釋她如何將此作為應對策略，幫助她達成工作目標。我們可以發現，這位移民官隱約預設了一條界線，區分她自己個人與其職業角色要求。在奉行職業角色時，她同意先把個人偏好、熱情、使命感、價值觀擱在一旁。她理解的職業角色責任，就是按照上級訂定的獎懲制度行事。

我們可以拿這位移民官的「務實冷漠」與另一位中西部職業重建輔導員對比，後者認為自己主要是呵護型：

有一次，我身邊的一位輔導員告訴我：「嗯，我這個月跟好多人談過，所以我決定減少受理個案數，因為我已經達標了。」我答：「喔，那仍在等待的其他民眾怎麼辦？」他問：「嗯，增加受理數量對我有什麼好處？」我想：「啊，正在等待的那些民眾就能享有服務，所以這就是你的好處啊！」

> 我認為我們在這裡提供職業重建協助，就是為民服務，特別是為那些身障人士服務。我的服務單位真的只是我用來糊口的管道，為民服務才是我心之所向，所以只要這間職業重建機構繼續履行使命，我就會效忠（該單位），但其實我並不是（國家社福機構）的正規員工，所以假如該單位停止履行使命，我就有責任將單位導回正軌。換句話說，整個體系是為需要的民眾而存在，而不是反過來讓民眾去適應體系。[36]

輔導員毫不含糊地表達他對滿足個案需求的承諾，並堅定表示自己對服務單位的忠誠，端看職業重建機構是否有能力實現這種為民服務的理想。因應個案時，他既不是置身事外，也不是冷漠以對，而是把自身工作當成一種使命。因此以他而言，要成為一位好的輔導員，**就得**不怕麻煩。在這裡，我們看到輔導員認定的角色概念，並非把角色概念與本身的價值觀或使命感分開來，反而是將其職業角色作為一個管道，表達其內在價值與使命感。對輔導員來說，「我們」不再是國家代理人，「他們」也不再是「外國人」或「申請人」，公務員與民眾之間不再以此為界線畫分，而是作為提供服務和接受關懷的雙方，彼此站在同一陣線，面對阻礙這種關係發展的制度或行為者。

最後，如果我們拿移民官和輔導員的角色概念，與灣區警察相比，後者就明顯把社會和法律常規奉為其角色圭臬：

> 我還在空軍服務的時候，當時有位駐軍牧師走到我面前說：「人生中應該記住三大叩問：你打哪兒來？此時此刻此地，你能服事些什麼？之後又該追求些什麼？」因此在工作方面，我也不斷這麼捫心自問，而我最終得到的答案是，我來此處是為了保護人們的生命和財產安全，讓其不受不法之徒與暴力分子的威脅；我來此處是為了保護退休人士、老婦不受暴徒脅迫、年輕軍人不受性工作者誘惑，受其色誘到房間寬衣解帶，並說：「不好意思，我先看看我老公在不在。」接著她打開門，會發現兩個看起來不好惹的警察就在門前，叫年輕軍人趕緊離開，他會慶幸自己衣著完整且守住荷包。我發現年長者真的特別需要幫助，特別需要有人保護，所以我開始覺得我在做正確的事。[37]

警察的角色概念與方才的輔導員相仿，都表達出強烈的角色承諾，這「不只是份工作」，而是當仁不讓的天職。但是要成為一位好警察，並不是為那些有需要的人提供專屬服務，而是代替那些羸弱之人而戰，對抗想占他們便宜的有心人士（即「不法之徒」），這位警察的措辭如同一

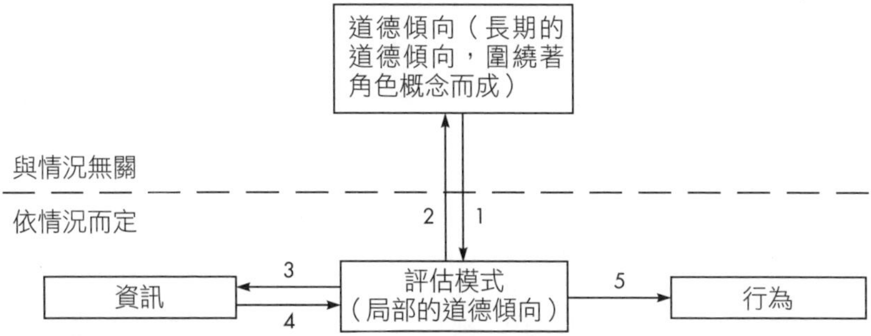

圖中箭頭代表產生作用的方向：

(1)道德傾向會引導公務員更偏好採取某個預設的評估模式
(2)公務員藉由掌握其評估模式，有意識地選擇「偏離本性」，就能逐漸轉變原有的道德傾向
(3)評估模式用來過濾公務員獲得的新資訊
(4)這些資訊能引起公務員改變評估模式
(5)評估模式會影響公務員採取的行動

圖三／道德傾向的雙層模型示意圖

位自發組成的巡守隊隊員：在好壞分明的世界裡，他覺得自己有必要站出來維護正義。

順帶一提，有趣的是這位警察的分類很獨特，所謂「普通民眾」既包含年長者，也包含尋芳的軍人，針對此點，我將會簡要說明一下，這是工作時投入私人情感導致的後果。公務員投入的個人色彩愈多（也就是他們口中的「不只是份工作」），就愈有可能在執行公務時流露出個人偏好與價值判斷。

在我對目前呈現的素材開始進行規範評估前，請容我先簡要說明我目前發展出的評估模式與道德傾向架構（參見圖三），以便後續章節沿用。我認為基層公務員是透過評估模式應對個案，這種局部的道德傾向會根據公務員獲得的個案新資訊而改變，同時也影響了公務員如何理解與解讀資訊。評估模式的功用如同濾網，公務員可以自行選擇他們所見的事物，以及對個案新資訊會有的感受。雖然評估模式會依公務員所處情境而定，但公務員也會發展出更穩定的職業角色認知，或可稱為「道德傾向」，圍繞著一套核心理念，即職業角色的構成要素以及妥善履行職業角色的方法（即「角色概念」）。道德傾向是透過引導公務員朝「預設」的評估模式靠攏，來間接影響其行為。評估模式形塑了公務員與個案的互動方式，以及公務員在特定情形下會偏向做出什麼決策，而道德傾向則會影響公務員**偏好**如何展現自己，以及與個案會晤時**傾向**做出什麼決策。

簡化的道德傾向

截至目前，我的論述主要以文字描述和詮釋說明為主，也試著透過分析示例，解釋基層公務員會採取一種特定方式扮演其職業角色，而我也提供了一個架構探究其運作原理。在本章結束前的剩餘篇幅，我會以更規範性的角度再次爬梳方才的三則示例。

其中我想特別說明的是，我們確實有充分理由認為冷漠、呵護、正義這三類型都屬於偏狹的道德傾向，而我很快就會在後續篇幅進一步探討。我的研究論點旨在向基層公務員提出建議，期盼他們在日常公務運用道德傾向時能謹慎以對。也就是說，我不會描繪公務員應追求的理想狀態，而是側重於說明三種偏狹的道德傾向，而第一線公務員應心懷警惕。[38]不過，最後我也希望能以更正向的方式呈現我的結論。若說冷漠、正義、呵護這三類型的道德傾向流於偏狹，就等於說公務員若毫無保留投入其中一種傾向，都實屬危險。換言之，基層公務員既不該太置身事外，也不該太熱情投入；既不該心懷多疑，也不該過於同情。進一步來說，這代表基層公務員應秉持中庸之道。乍聽之下很像過於輕描淡寫，但在後續幾章我們會更能理解中庸之道的力量。

首先，我們至少有兩種方法能理解「中庸之道」的含義。一種是呼應了亞里斯多德的觀點，即中庸之道是種介於兩個極端間的「平均」或適切的中間值，但如此一來，就等於主張中庸是在冷漠、呵護與正義間找到一個平衡點，不會偏向其中任一端點。可是，我對中庸的看法與上述不同，我更偏向認同以撒．柏林的論點[39]，在我看來，中庸是指通盤理解各種相關因素、了解各種因素之間的權衡取捨，並考量背後衍生出的成本。這論點與其說是反對極端主義，反而更偏向反對道德觀流於狹隘或專一。

若上述解釋成立，那麼我們可以說，一個持中庸之道行事的公務員能了解冷漠、呵護、正義這三種道德傾向的核心價值，而且正是因深諳箇中成因，所以不願服膺單一的價值標準。更確切來說，持中庸之道的公務員能根據手頭上的個案特質，調整自身道德傾向靈活因應。我先前曾提及局部和長期的道德傾向，而我們可以透過區別這兩種道德傾向，更精確地說明何謂中庸之道。一位持中庸之道的基層公務員應能考量個案的特徵後，在不同的（局部）評估模式之間靈活轉換，因應情況所需，這種公務員也不會避諱以冷漠、呵護、正義這三種道德傾向應對個案。然而，持中庸之道的基層公務員為了維持因應個案的靈活度，必須培養一種（長期的）道德傾向。

這種道德傾向必須能普遍適用或具備多元面向，或也可以用「互相衝突」來形容。也就是說，持中庸之道的公務員要能了解與其職業角色相關的多面向價值，並知道各評估模式的運用時機。若因實際情況所需，公務員得持冷漠、呵護、正義這三類道德傾向**因應**個案，過程中就必須保持謹慎，最後才不會**淪為**冷漠、呵護、正義型公務員，局限在單一道德傾向履行職業角色。

在開始討論冷漠、正義、呵護型的具體特徵前，我想先澄清我為何會認為這三種道德傾向流於偏狹。我們可以把上述道德傾向視為一個整體，對比政治理論學者更為熟悉的三種偏狹的行政特徵（貪腐、違規、濫用裁量權），這樣就能更好理解。

當官員濫職違法牟取私人利益時，我們就會說其貪腐[40]，但是如果我們回想一下，就會發現本章開頭的兩則故事，沒有任何跡象表明輔導員把個人利益（狹義來看，包含地位、晉升、報酬、職權便利）擺在職責之前。他們反而是超越了職責要求，做好自身工作並按其理解的職責行事。

除此之外，也沒有任何跡象顯示移民官和輔導員違反現行法律或行政法規，雙方實際上都在各自的職責範圍內行事。就算第二則故事中的輔導員或許會因「不公不義」感到憤怒，也有可能會試圖訴諸法律以外的手段，但他一直以來也都是恪遵法規在辦公。

當然，遵循現行法規是一回事，公務員有沒有按照法規精神行事又是另一回事。如同我在第一章探討，基層公務員有責遵循現行法規，並按照法規精神行事。如此一來，我們是否能說冷漠、正義、呵護這三種道德傾向形同濫用裁量權？因為這三種道德傾向引導公務員朝違背法規精神的評估模式靠攏，改變其職業角色的精神？我認為諸如此類的指控實在不合理。不管在我之前討論的特定個案中，公務員是否有必要祭出冷漠、呵護、正義這三種道德傾向，我們也能想像在其他情況下，公務員有可能不得不採取上述道德傾向。畢竟，對公務員來說，有些個案的確處理起來迅速，有些個案則是受現行體制忽略故需要特別的支持，而也有一些個案心懷不軌，企圖占現行制度的便宜。所以按上述情況分別對應，公務員的確有理由採取冷漠、呵護、正義型道德傾向。

我們若說冷漠、呵護、正義型這三種道德傾向屬於偏狹，並不是因為採取這些道德傾向的公務員態度腐敗、違背現行法規，或是採取不符合其職業角色的評估模式。這三種道德傾向之所以屬於偏狹，是因為這些傾向會導致公務員窄化其道德理解範圍，也會限縮公務員接收規範性考量的範圍，因為上述提及的**簡化**問題，我才會說這些道德傾向是偏狹的，會窄化公務員的眼界及他們理解的價值面向。

我在先前提及，公務員採用的評估模式必須與手上個案的相關特徵相匹配。對此，我會藉由當代道德哲學常見的評估指標來說明。我假設公務員的評估模式應該是採取「原因－決策」的形式，而這種評估模式之所以可行，是因其能追蹤公務員與個案互動過程，並了解公務員對個案做出決策的背後原因。當個案試圖占公務體系的便宜時，公務員則會**力所能及地**偏向正義型道德傾向。反之，若個案提出常規申請，那麼在其他條件維持不變下，同一位公務員會偏向冷漠型。也就是說，公務員採取的評估模式應與手頭上的個案性質相對應。

不過困難之處在於，基層公務員無法直接了解個案問題背後的原因。無論如何，公務員都是透過評估模式篩選，才能取得這些原因和個案特徵。這種評估模式會影響公務員在取得的資訊中能辨認出哪些問題成因，該採納哪些作為決策依據，以及這些成因的重要程度。所以在這方面，長期的道德傾向就顯得格外重要，能優先引導公務員偏向一種「預設」的評估模式，而此模式就決定了公務員一開始遇到個案時該如何理解。

道德傾向的隱憂在於，這種預設的評估模式，可能會導致公務員對即將受理的個案產生誤解，進而祭出不恰當的因應方式，也就是可能產生一種系統性偏見：若公務員不能輕易調整、最佳化預設的評估模式，他們就可能會以更冷漠、更同情或更懷疑的態度對待個案，而不是以個案應得的應對方式來處理。我們此時若再把角色概念納入探討範圍，系統性偏見造成的問題就會更複雜。角色概念提供公務員簡化的角色理解，使公務員傾向採取某個特定的角色價值觀，聚焦在特定面向，而忽略其他考量。

因工作所需，公務員被迫在特定時機採取特定的行事方法時，難以避免這種系統性偏見的產生，但這樣一來，公務員的道德傾向會愈趨專一，形成嚴重的隱憂。公務員愈是認定自己屬於冷漠、呵護、正義型，就愈有可能以這種道德傾向與個案互動。這之所以是一大隱憂，是因為如我們在本章開頭示例所見，這種評估模式涉及詮釋學觀點、情感調節模式以及規範性的敏銳度，而當這些面向的價值方向非常單一，就會導致那些無法引起公務員共鳴的資訊往往遭到排除或忽視。我們先回顧一下，在第一則故事尾聲，輔導員是如何完全被家具加工作業員的需求牽著走，並將對方的沉默或猶豫都解讀成他需要更多幫助；而在第二則故事尾聲，另一位輔導員又是如何竭盡全力守護那些寡言、照規則走的多數民眾，以及把所有關於那位癱瘓個案的新資訊都看作是對方道德品質低落的證明。簡化的道德傾向之所以令人擔憂，並不是因為其會影響公務員關注的資訊內容，而是阻礙了公務員理應留心的資訊。道德傾向愈是單一，就愈是限制了基層公務員充分理解具體情形的能力，無法根據實際情況做出適切反應。

冷漠型、正義型、呵護型

簡化的道德傾向不只限縮基層公務員的道德認知，也限制其對規範的敏銳度，未能將第一線公務員人必須考量的所有因素一視同仁。那麼，究竟公務員得考量的因素有哪些？我在之前的篇幅曾探討過，基層公務員在履行其職業角色時，必須至少滿足四類要求：**效率**——處理個案時，必須要夠迅速、關注行動效益；**積極度**——留心手上個案的細節和個人情況[41]；**公平公正**——必須公平分配資源，以相似的標準無私對待每位個案[42]；最後，必須**尊重**所有個案。[43]

最後一項要求，也就是尊重，與前面三項有重疊之處，但又有點不同。尊重是指除了按照公平標準對待個案之外，同時要適度留心個案的細節，也就是說公務員應以一種既不羞辱、不貶低的方式對待民眾，也不會把個案當嬰兒一般照顧。[44]這一點值得再更深入探討。

所謂羞辱，就是指沒有考量對方的身分和社會地位，以相應的方式對待。如果套用在公務員與個案的互動中，就是指公務員沒有公平對待個案，因為「公權力之前，人人平等」。正如喬納森・沃爾夫（Jonathan Wolff）指出，「羞辱」對待他人的表現，可以是缺乏禮貌或不信任。[45]舉例來說，缺乏禮貌包含讓人久候、忽視、嘲笑或朝對方大吼；不信任則包括以一種過度懷疑的態度對待，並假設對方心懷不軌。

貶低則是指要求對方以特定的方式行動或揭露個人訊息，並可能會降低其在他人面前的相對地位，或損及其自尊。[46]如果對方被要求公開揭露自身弱點，並承認這些弱點是其接受援助的條件，就是所謂被貶低地對待。[47]

最後，被以嬰兒的方式對待，代表對方被認為沒有自主性，就像個不能替自己做決定的人一樣。[48]若我們彙總上述面向，就會發現尊重其實是個錯綜複雜的概念。

誠然，根本問題在於這四種考量因素（即效率、積極度、公平公正、尊重）時常相互矛盾。公平公正與積極度這兩個考量因素可能相互牴觸，特別在資源稀缺時更是如此。若追求資源使用效率，好比說以經手的個案數量衡量，公務員不見得能同時達到辦事積極或公平公正。最後，尊重這項考量因素涵蓋諸多面向，而上述三種考量因素有時又會跟尊重的某一層面牴觸。

我提到公務員得考量上述所有因素，並不代表他們必須時時刻刻履行這四項考量，因為這根本不可能達成。反之，我期許公務員能在日常工作過程中牢記這些考量因素，並意識到必定得在這幾個考量之間做出艱難的權衡。當我們說公務員具有簡化的道德傾向，就是說該位公務員未能真正履行**道德傾向**。他們理應考量許多面向，但卻只聚焦在其中一個子面向上。可是，那些採取簡化道德傾向的公務員並不是完全做錯，他們確實掌握了其職業角色認知，且非常投入追求這些面向，但這麼做卻會忽略其他同等重要的價值面向，也就是說，他們掌握到關鍵面向（必要條件），並認為只要履行這些面向就足夠（認定為充分條件），但實際上仍有許多必須考量的重要面向。

現在讓我把焦點轉回冷漠、呵護、正義型這三種道德傾向，析論其對日常公務帶來的利弊。

冷漠型

冷漠的道德傾向在基層公務的好處是，公務員並非以個人身分在與個案互動，而是作為公務機關代表，能約束他們在行動時的考量範圍。人民公僕作為國家代理人，大眾期待其秉持中立行事[49]，不該因為個人價值觀、手上的計畫、信念與人際關係而影響其履行職業角色。[50]現代行政國的核心承諾之一，就是公務體系應大公無私，而這點與公務員需秉持個人中立的觀念密不可分，也意味著能夠保障公民不受公務員專斷濫權影響。若根據個案情況有提供差別待遇的必要，公務員也必須要有法源依據，而不是以個人觀點或看法來裁定。[51]

公務員要落實個人中立，抽離可說是最簡單的方式。公務員透過拒絕投入私人情感，就能撇開自身偏見與偏好，不受其自我的影響。公共行政經常推崇這種「秉公辦理」（self-denial，心理學領域譯作「自我否定」，此處在公共行政指公務員不受個人影響公務處理，故按文意譯為「秉公辦理」）的能力。[52]舉例來說，阿瑟·阿普鮑姆（Arthur Applbaum）就曾寫道：「人民若形容公務員『都差不多，長相或姓名都無所謂』，其實是件好事，因為公務員的行為舉止不應受個人身分、特質或價值觀影響。」[53]韋伯則更近一步表示，公務體系若「發展得愈臻完美，就代表其愈『去人性化』，愈能去除公務中的好惡表現，屏除其他個人、非理性、情緒等無法預測的因素。這是公務體系的特性，也是值得讚揚的特點」。[54]

公務員抽離私人情感還有其他好處，保持態度冷漠的公務員比其同僚的辦公速度還快、還有效率，因為他們能抗拒投入私人情感的衝動，也會毫不猶豫請個案長話短說，謹慎且認真地實踐目標。面對每個可量化的工作指標，態度冷漠的公務員在表現上，其實與具備使命感的同事並駕齊驅。而公務員的冷漠也為其帶來心理上的好處。基層工作很耗情感能量，很多相關的敘述都是在說公務員不得不離職，因為他們「再也受不了了」。在這種情況下，從中抽離可能是適當的應對方式，甚至能說是必要的，才能防止公務員情緒倦怠，[55]也能預防公務員陷入「決策疲勞」。透過對大多數民眾一視同仁，給予相同的回應（像是駐美法國移民官所說：「我不會為申請人多做些什麼。」），那些保持冷漠的公務員得以保留「決策能量」，提供給更需要關注的個案。[56]最後，雖然冷漠的公務員缺乏強烈的責任感，行事不帶感情，但這卻也是一種因禍得福，讓他們處事時得以保有一定程度的中庸與公正。公務員從中抽離能防止其朝道德規範的「極端」靠攏，即他們不會單方面承諾幫大眾把大街小巷的「不法之徒」一併掃除，又或是發願幫助所有需要幫助的人。如同韋伯描述的政治人物一般，基層公務員也需要懂得拿捏分寸，也就是擁有一種「內心的專注與平靜」，而這種專注和平靜只能透過與「人事物」保持一定「距離」才能獲得。[57]

如果公務規章總是夠全面或能提供明確答案，那麼冷漠就沒什麼好**批評**的，但實際情況並不是這麼一回事。如同我們在第一章所見，基層公務員承襲相當大的裁量權，且民眾期望運用其裁量權達成自己的目標。據此，冷漠的問題與公務職責的遵從模式雷同，即公務員未能意識到其職業角色**要求**行使個人判斷。

語落至此，我們首先要留意，冷漠**不等於**公務員行事中立。由於公務規則具有不確定性，所以冷漠型公務員必須訴諸**一些**經驗法則妥善解決不確定性。公務員就算不是有意識地選用這些經驗法則，同樣也需為其所做的選擇負責。而冷漠的風險之一是，這種道德傾向讓選擇變得不那麼重要，也讓公務員很難注意到這些選擇的重要性。另一個風險則是冷漠型公務員無法在公務上準確使用裁量權，即不懂如何在實際個案上運用抽象的原則。冷漠型公務員遇到顯然需要特殊或差別對待的個案，卻仍然對每位個案運用相同的經驗法則時，就等於是拒絕履行職業角色的核心要求。

公務員需具備覺察個案差異的能力，這點很重要，不只是因為現行行政類別無法涵蓋所有個案情況，也是因為個案可能沒辦法準確表達自己適用哪一種行政類別。所以很多時候，基層公務員除了要能解讀個案情況、汲取個案資訊之外，也要協助個案表達自身需求。拒絕對個案差別待遇，就等於拒絕承認有些民眾較不擅長與公務體系往來，這往往又與個案的階級、種族、性別有關。

再者，值得強調的是，抽離並不是達成個人中立的必要條件，公務員不必喪失人性，也能努力做到「個人中立」，即不會全然放棄自身價值觀、信念與情感反應。如果說將個人經驗和情感帶入工作（社會化形成根深蒂固的所有反應能力與價值觀）顯然存有風險，實際上也有一些好處。個人反應及衍生出的情緒，都能作為「觸發」或「指示」，能夠打破常規的窠臼，也等於暗示公務員其手上個案需要特別關注。[58] 而只要不將這種示意「特別關注」的方式當作差別對待個案的充分理由，公務員就有可能在不放棄公平公正或個人中立的前提下，將個人經驗與情感帶入工作。

最後，我們也應當指出，儘管公務員在工作時秉持冷漠能為其個人心理健康帶來好處，但同時也存在風險，會助長公務員弱化其職責。如果從自身職業角色抽離，只專注於遵循規則或達到工作目標（正如故事中的移民官所說：「我除了工作達標，沒有其他目的。」），就意味著公務員過於信任科層指令是立意良善且制度完整。我們的確有理由擔心，冷漠型公務員隨時有可能為了達到目標，或在並未衡量規則是否適切的情況下，強行運用規則，且不會意識到決策或行動最終是**他／她**一手促成。

人們對於公務員態度抽離的批評，相較之下襯托出了選擇積極應對的優勢，無論是呵護型或正義型的公務員，都更關注手上個案的細節，也對其所下決定或行動有更多的自覺和責任感。可是，公務員一旦過於傾向呵護型或正義型，就會開始遭遇冷漠型公務員意圖避免的險境，即偏袒、情緒及認知疲勞，還有不輕易對現況妥協。

呵護型

若要了解呵護型的好處，最好的方式就是透過觀察基層公務員與民眾的特定互動情境與情形。一般而言，民眾可能會覺得公務體系不好親近且難以理解[59]，公務員的邏輯和節奏往往不合乎個案需求，而且用字遣詞常讓個案摸不著頭緒。基層公務員因為熟悉公務流程，且形同公務體系的守門員，而這角色的存在意義就是為了協助驚慌失措、迷惘、不了解自身權益的民眾。也由於基層公務員是民眾最後關頭的求助對象，很多時候他們會發現民眾已經沒有其他人能求助。從這角度來看，呵護可能看似是一種針對特定情況且考量到道德層面的應對方式，即一方（民眾）處在不穩定與不熟悉的處境，而另一方（公務員）則是作為提供寶貴經驗和安撫情緒的角色。由於民眾與公務員雙方權力差異，就可能喚起公務員想協助對方的念頭。

呵護型公務員與正義型不同，前者會留意每位個案的細節，並且盡其所能回應個案，在外人看似令人生畏且望之卻步的公務機關中，呵護型公務員發揮了尊重的特質，賦予公務機關人性化且有禮的一面。有了呵護型公務員，民眾不再只是「案件」或「卷號」，而得到其應有的同理與關注。

僅管公務員具備呵護這項道德傾向，確實能為民眾帶來好處，但也引發許多嚴重的隱憂。正如我們在先前篇幅探討，以尊重相待不只涉及禮貌與體貼，還牽涉到不讓個案流於自我貶低的境地。可是若公務員愈顯露出呵護的表現，就等於變相鼓勵個案表露自身的絕望。問題在於這不僅會讓個案有「玩弄體制」的機會，更嚴重的是，這鼓勵個案展現出自己最不利、最無助的一面，無意間損害個案的自尊。[60]

尊重他人也代表要關照對方的自主權、培養對方自立自強的能力。據此，呵護型的隱憂在於，其很容易轉變成家父長作風，也就是形成一種不對等關係，即公務員對待個案時，可能是不信任對方有能力自己作主。[61]我們可以在此回顧一下，輔導員是如何逐漸變成家具加工作業員的發言人，是怎麼替他說話並漸漸將自身判斷加諸在對方之上。雖然這種互動模式有時合理，但若不稍加控制，很有可能讓個案變得更無助並導致依賴的情形。[62]呵護型具有種種缺點，但現代行政國的承諾之一，是消除一般公民對特定個人的依賴。[63]

從尊重的角度來看，呵護型公務員造成的結果可說是好壞參半。不只如此，呵護型還有另一個缺點，就是會消耗公務體系大量資源。公務員若呵護民眾，就會需要很多時間、心力和情緒能量。這代表一般來說，呵護型公務員的行政效率會比其他同儕還差，也正是因為如此，呵護的作法無法一概適用於所有民眾。呵護型公務員根本沒有所需的資源，能夠提供每位個案相同水準的奉獻與服務，所以就被迫得認真區別哪些個案需要特別關注，哪些可以更快結案[64]，而我們很快就會看到，正義型公務員也是如此。可是這種呵護型這種區別方式，會導致公務員更容易對個案產生刻板印象及奇怪的偏見。我們來回憶一下本章第一則故事的輔導員，在她的敘述中，有多關注那位個案的衣著和舉止，並強調他喜愛「救苦救難」。誠然，這是基層公務體系的嚴重隱憂，因為民眾最終可能得面對其他公務員的偏見還有道德與規範性的批判。[65]

最後值得一提的是，呵護型與正義型都是道德規範的極端，兩者都給自己設定了一個永遠無法完全實現的目標（幫助所有需要幫助的人，或把所有惡霸一網打盡）。有些公務員面對這種理想與現實的差距會進而產生挫敗感，並認定自己難辭其咎，導致情緒倦怠，也有些人反而認為，這是一種過去有好好努力的肯定，並覺得要再接再厲。呵護型公務員可能會感到疲憊和挫折，但與其他同僚相比，他們往往覺得自己做的是對的。對呵護、正義型兩類公務員來說，感覺自己在做對的事，這種心態極其必要，因為他們工作時勢必會遇到打擊，還得面對同僚的不領情，這些同僚在工作上通常也較不願投入過多心力。呵護和正義型公務員若要長期堅持下去，必定得視工作為志業或覺得自己肩負「道德使命」。總而言之，論及職業角色，呵護和正義型公務員比其同僚更不願讓步，在日常業務面臨不同價值觀碰撞時，也更不願妥協。在資源極度有限的情況下，就更有可能出現這種情況。

正義型

乍看之下，我們很容易為呵護型公務員尋找**開脫**，因為從個人角度來看，呵護型公務員的情操與一般人的信念一致，也時常為人稱頌。可是，為了分析正義型公務員的優點，我們必須記住，公務員是以**國家代理人**的名義在與民眾互動，這種官方身分賦予其地位與權力（可以是有象徵公權力的徽章、坐享獲取資源的管道，或甚至就警察而言，擁有訴諸暴力的權力），但他們也得一併肩負隨之而來的責任。簡而言之，基層公務員必須分配資源、服務、裁決，但名義上來說這並不是**他們個人的**權力。

這些公務員私底下可能樂於助人，可是一旦披上職業角色的外袍，像是身為社福人員，就得更謹慎且對人事物保持懷疑；警察私底下路過酒吧時，可能傾向忽略語帶侮辱的言行，或看到有人快打起來，不會主動向前勸架，可是當他們以警察身分在執勤時就不得不介入，或許必要時還得訴諸暴力（來懲戒鬧事民眾）。正如阿普鮑姆所言：「道德指令（moral prescription）與道德主體的**角色息息相關**。道德主體身處特定制度或社會角色時，會面臨某些決策上的道德考量，也可能受指示得忽略某些考量。雖然在此角色以外的人不需面對這些道德考量，但他們卻會留意到那些被忽略的那些考量面向。」[66]這種「角色相對性」可以說明為何在特定角色中，一個人可能表現出一定程度的懷疑、不願幫助或考慮以暴制暴，而若是以私下的個人身分來看，則並不會有這些考量和行為。

基層公務員身為國家代理人，有責維護現有法律、計畫要求和資格標準，並在必要時絕不迴避執行這些準則。[67]雖然是這麼說，但實際上公務員與民眾關係的本質，可能會讓公務員難以執行上述這些職務準則。正如我們在本章開頭看到的故事，公務員往往得與個案長期面對面接觸，了解對方的個人情況，因此個案不再是陌生人或不知名人士，而是能引起同理或同情的對象。這就是為何正義型作為一種道德傾向，對公務員來說有所幫助。這種道德傾向能讓公務員抵抗情感的牽引，並且協助做好準備，認真履行身為國家代理人的職責。

不像其冷漠型的同僚，正義型公務員不僅恪遵法令，更覺得自己有責任保留及保護法律背後的精神，他們會努力區分那些真正有權享有福利與援助的個案，以及那些試圖占公共服務便宜的個案。正義型這種特質還有許多優勢，公務員能夠透過辨別哪些人理應享有或不該享有公共計畫的保障，認定符合援助資格的個案，為其保留珍貴的公共資源。他們也能阻止「搭便車人士」及企圖騙取公共福利的人，以維護公務機關在大眾眼中的可信度（民眾往往認為有些人會不當占用公共服務，而公務機關會以此作為減少其公共服務的理由）。畢竟，總該有人站出來防止資源濫用，而正義型公務員對此當仁不讓。

儘管正義型道德傾向具備上述優點，但還是有些嚴重缺點。假如正義型公務員太過熱衷維護整個體系的公平公正，那麼他們抱持懷疑的特質也會導致問題，使其對個案的需求和痛苦視而不見，且容易用一種咄咄逼人和不夠禮貌的態度與個案交流。此外，我也想強調，雖然正義型公務員有理由懷疑那些不當占用公共資源的民眾，但這種態度對其他抱持良善態度的人來說，可能是一種侮辱或過於咄咄逼人。況且假如民眾剛好是社會中的弱勢族群，此時正義型公務員流露出缺乏信任的樣子，就會顯得很不得體。[68]如同沃爾夫所言：「在公務方面，一旦有可能損及對他人的尊重，或侵犯他人隱私時，我們就有充分理由不該執著於揪出搭便車的有心人士。[69]換句話說，我們有充分理由不去追求一個萬無一失的系統。」

正義型與呵護型的共通點是兩者都很仰賴大量資源，要對個案持續抱持懷疑相當耗時，且會打亂原本日常工作的快節奏。鑑於資源有限，正義型公務員的懷疑態度不可能一體適用於所有個案，因此其必須認真區分哪些個案能暫且信任，而又有哪些個案確實需要進一步檢視。因為這種個案分類方式是公務員自主採用，並不受官方指導原則約束，所以也有形成刻板印象和偏見之嫌。[70]此處呼應故事中的輔導員對四肢癱瘓個案的懷疑，部分源自個案年少時期行為不負責任，如我們從嚴格的行政角度來看，輔導員的觀點與事實毫無關聯。而這也點出一則隱憂：我們的公務體系之所以缺乏人情味，部分原因是為了保護公民免受公務員的說教或偏見。

最後，我想指出正義型與呵護型的另一共通點是兩者都屬於道德規範的極端。兩類公務員都替自己設定了一個永遠無法完全實現的目標（好比說「保護體系免受有心人士從中作梗」），所以他們勢必會經歷缺憾的感受，而長期下來會導致心理失衡。正義型公務員正因堅信自身道德崇高，所以與公務上較少投入私人情感的同僚相比，更可能不願對現況妥協。

就此，我對冷漠、呵護與正義三種道德傾向的批判畫下句點。我希望自己在前幾頁的篇幅中有盡我所能，清楚解釋這三種道德傾向為何屬於偏狹。儘管如此，我們不該把冷漠、呵護、正義這三種特質視為基層公務員試圖**逾越**或**扭曲**其職業角色，他們並未因此在提供公共服務時，引入任何格格不入的新概念（比如說，貪腐的公務員利用個人利益影響公務作業）。我們之所以界定這三種道德傾向為偏狹，是因其**簡化**了公務員的職業角色：將角色內在的多元需求壓縮為單一面向，進而忽略其他面向。公務員透過簡化理應多元的道德傾向，避免在面對不同面向的價值時，得做出棘手、依情境而定的權衡。這點我們已在第一章探討過，是基層公務員之所以該享有裁量權的主因之一。冷漠、呵護、正義型公務員的問題在於，他們早在應對特定個案前，就已大抵決定如何採取行動。

小結

由於基層公務員位居公共服務與執法的第一線，所以他們實際上即是國家的門面。而又因為第一線公務員擁有相當大的裁量權，因此這些公務員如何履行職責，對一般民眾來說無比重要。我在本章試圖建立一個架構，來思考基層公務員如何履行其角色，為此我運用三個概念來解釋，分別是「評估模式」、「道德傾向」以及「角色概念」。評估模式是一個統整而出的概念，探討道德主體在某個時間點如何運用詮釋學視角、情感調節模式、對規範的敏銳度進行決策；道德傾向則是指基於「角色概念」形成一種更穩定的工作風格，引導公務員向「預設」的評估模式靠攏，能依任何與個案互動的特定情況適時修正。

我曾指出，如果我們只探討道德決策的時刻以及決策形成前的道德推理過程，就無法精準掌握基層公務員面臨的道德挑戰，因此，我們應從更宏觀的角度看待公務員採取的道德傾向。這種研究轉向，意即從探討公務員的行政決策到探究其道德傾向，之所以必要，有兩大原因：道德傾向反映出公務員的行為方式，也影響公務員如何察覺個案中明顯的道德特徵，還有在應對個案時偏好優先納入哪些考量。

此外，這種研究轉向也揭示公務員在履行其職業角色時，採行的某些方式在規範層面上令人憂慮。冷漠、呵護和正義之所以屬於偏狹的道德傾向，並不是因為偏離了基層公務員應扮演的角色，而是因其簡化了公務員對職業角色的理解。理想情形下，我們希望基層公務員能根據遇到的個案特徵修正自身的評估模式，期許公務員有足夠的靈活度，能在必要情況下採用冷漠、呵護或正義型的道德傾向。可是，對於那些採取簡化道德傾向且道德傾向已經定型的公務員，在應對新個案時眼光狹隘，對自身職責理解十分局限，也因此，這些公務員在因應個案時，既不太能根據對個案有利的情況修正應對方式，也不太能夠考量他們必須關注的多元價值面向。簡化的道德傾向潛伏著一些問題：持簡化道德傾向行事的公務員，即使他們沒有惡意、具備公民意識，並且在自身公務權限範圍行事，依舊有可能無法履行其角色責任。

上述示例不僅道出了隱憂，也伴隨兩則耐人尋味的問題：為何基層公務員傾向簡化自身道德傾向？又該怎麼做才能避免朝簡化的道德傾向靠攏？後續幾章將藉由探討三個看似獨立但實則互補的面向，嘗試解答以上問題，也就是公務員的主體性、科層最底層的公務員、管理與公共政策。

公務員的自我鍛鍊：應對日常基層工作壓力

一大早，諾維爾服務中心的等候室就擠滿了各種年齡層與種族的民眾。有些人坐在椅子上，帶著一臉無奈或警戒的表情。其他人看起來更焦慮，緊張地握著裝滿文件的檔案夾或塑膠袋。沉重的靜默被櫃檯負責人德尚恩的聲音打破，他時而在接待民眾（說道：「請坐下並填寫這份表格。」、「馬上有人會接待您，女士。」），時而在接響個不停的電話。

一位年長婦女一臉怒火走到櫃檯前，她告訴德尚恩，這是她這幾天以來第三次來報到了。她花時間解釋前一天已經與一位承辦人員見面，叫她帶著其他文件再回來。她看起來筋疲力盡、氣喘吁吁，眼神疲憊、語帶哀求。

在互動過程中，德尚恩時而欠身向前，想在擁擠的房間中創造一股聽她訴說的親近感；又時而向後靠在旋轉椅背上，眼神空洞望向這位女士背後的空間，好似對聽到的內容毫不關心。德尚恩的語氣在溫暖同情和不近人情間切換，他有時代表中心致歉（說道：「真的很不好意思。」），有時又用充滿疏離感、不含歉意的語調說明現行規則（表示：「我沒有權限受理，您恐怕必須與昨日見過的承辦人員再預約一次。」）。

在建築物的更深處，一個滿是辦公座位隔間的房間裡發生了另一件事。一位來自加勒比海地區的民眾詢問有關她身心障礙的女兒能申請的福利。承辦人員是一位中年拉美裔女子，她對民眾微微一笑，好似鼓勵對方敞開心房，分享更多故事，但又馬上斂起表情，成功暗示這位女子長話短說。她與這位女子眼神交會，又旋即別開眼神，偷偷瞄了一下電腦螢幕，漫無目的地亂點滑鼠，彷彿要稍作休息，整理思緒。

其他正忙著協助民眾的的同事，也會有諸如此類的舉動。他們會找機會轉移視線，例如突然拿起智慧型手機滑一下，或者找機會想想之前忘了跟其他民眾說的事。當看到同事與民眾互動變得有些激動時，他們會彼此互相交換眼神，表達支持、鼓勵或心照不宣。他們也會在關鍵時刻去抽根菸或喝杯咖啡，並知道何時該離開一下「去拿文件」，或聲稱說要去尋求上級主管的建議。在互動的過程中，根據承辦人員的舉措，辦公桌可以是一個共享、親近的空間，讓人能近距離、發自內心交流，但也可以成為一個讓人畏怯的界線，一如匈牙利小說家喬治．康拉德（George Konrad）的敘述，就「像是笞刑架或斷頭臺，明確地區分了角色」。[1]

我描述的場景是在NCDI進行參與觀察時每日的所見所聞，由於我與第一線公務員的密切接觸，讓我得以詳細觀察他們與民眾的互動，以及在這些互動中他們展現的日常舉止。根據學術界對於這些舉止的研究，有些人認為是用來控制對話走向和反映個人形象的手段，或用來保護自己避免過勞的緩兵之計。[2]這些解釋雖然至少有部分正確，但這些舉止也可以是刻意為之和自願實踐的作法，能夠對行使這些舉止的公務員主體產生道德影響。這些舉止可以作為**鍛鍊**（exercises）或**自我實踐**（practices of the self），透過這些方式，公務員可以形塑、調整，或者我更喜歡稱之為校準和調節他們對民眾採取的道德傾向。

在道德哲學史中，這些實踐行為雖悠久但相對少人著墨，直到皮爾・哈達特（Pierre Hadot）和米歇爾・傅柯（Michel Foucault）提倡後，才再次回歸大眾視野。依據此理論傳統，我認為熟用這些作法是基層公務員面對日常工作挑戰的首要之務。[3]在公共服務的第一線保持平衡的道德傾向——避免朝冷漠、正義和呵護靠攏——並非為了發展出一套不會改變的性格特徵（即德性），或者在環境中培養自主性，而是逐漸掌握和審慎運用一套在特定情境的自我實踐。因為基層公務員面對的是嚴重有限的資源，以及環境中多元且相互衝突的要求，因此我主張這些作法有其必要，以便基層公務員在必然會遇到的不協調情境下，仍能保持敏銳。

然而，在我開始解釋這個案例之前，讓我先補充第二章尚未討論的地方。我曾經說過要探討為什麼基層公務員會採取簡化的道德傾向，以及如何在個人主體、同僚群體和管理實踐層面採取行動以抵抗這種轉變，而本章即試圖為此命題提出初步解答。

要理解如何防止道德傾向趨於簡化，我們必須先試著解釋是什麼原因造成簡化傾向的存在。

關於公務體系作為一種組織形式，會對公務員的道德官能產生不良影響的研究已發展相當長的一段時間。我在本章第一節會做簡要的相關文獻回顧，可是我認為，無論這些研究對了解「後勤」部門公務員的幫助可能有多大，在解釋第一線公務員面臨的挑戰時，幫助卻很有限。

在第二節，我將說明社會心理學家有關認知失調和應對機制的研究，提供更有力的途徑來理解第一線公務員面臨的困境。基層公務體系的問題並不在於創造了一個不適合道德人格發展的環境，而是迫使公務員得想盡辦法因應不可調和且常常互相衝突的要求。社會心理學家已經證明，在這樣的環境中，個體往往會在不自覺中重新定義他們的角色，以減少道德衝突發生的頻率，使自己更能承受工作的挑戰。我則主張冷漠、呵護和正義這三種簡化傾向都以各自的方式恰如其分發揮這樣的功能。

那麼話說回來，個別公務員應該如何抗衡道德傾向在無意識間轉變？我在第三節對此問題提出兩種可能的答案，分別強調培養德性和達成個人自主性。然而，我認為這兩者都無法解決基層工作面臨的具體挑戰。鑑此，我提出了第三種方法：著重於每日的自我實踐。那些能夠維持道德傾向平衡的人，部分是因為他們採取一種自我鍛鍊，從而減少得面對不一致的情況，據此降低認知扭曲。這問題我會在第三節開始討論，並於第四節進一步詳述。

我應該在一開始就闡明，雖然本章聚焦於基層公務員作為道德實踐個體，但我並不打算淡化制度架構的重要性。我並不是指基層公務員**總能**透過自身努力保持道德傾向的平衡，而基層公務體系研究一再顯示個人的因應作法是多麼脆弱，以及結構和組織的因素對公務員的道德人格有多大的影響。[4]反之，我的目標是理解這個事實：在**特定的組織環境**中，一些公務員為何比其他人更善於應付基層工作的挑戰。為此，我將援引道德哲學和道德心理學應證這種情況的可能原因。

公務體系與道德人格

在政治思想史上有一個普遍的觀點，而這個觀點至少可上溯至柏拉圖和亞里斯多德，據此觀點，我們身處的政治與社會環境，相當程度決定了我們的道德主體。政治思想史經常被視為一種嘗試，不斷試圖定義是哪些政治條件，讓我們的道德官能得以茁壯，那我們或許也能反向解讀——試圖揭露不同的時代和地點，有哪些社會和政治條件會導致道德敗壞。從柏拉圖、伊本·哈勒敦（Ibn Khaldun）、盧梭到黑格爾，我們不乏看到許多例證，描述特定文化或社會角色如何妨礙、破壞或壓迫我們的道德官能。

在二十世紀，特別是二戰結束後，《最終解決方案》（*the Final Solution*）的適用範圍，以及執行該方案的公務體系輪廓逐漸清晰，當時最為顯著的問題，無非是社會和政治環境與道德敗壞之間的關聯。人們大多聽過漢娜·鄂蘭（Hannah Arendt）對納粹大屠殺（the Holocaust）的評論，她說：「最迫切的問題是要去理解一個普通、『正常』的人，既不愚蠢又沒被洗腦，也不是憤世嫉俗，竟然完全無法分辨是非。」[5]她想知道，這些敏銳的人怎麼會一夕之間都成了大規模謀殺的幫兇？

這問題成為二戰世代跨領域學者的集體叩問，在鄂蘭的挑戰下，一個極有影響力的研究路線應運而生，探討公務體系本身，即現代形式的社會和政治結構，「是否就是問題的根源？」[6]這個質問促使學者以更謹慎的眼光重新審視公務體系的屬性——科層、分工、有限的裁量權、日益增加的規則和標準作業程序。如我在第一章所提及，這些都是理性系統觀點推崇的公務體系成功祕訣。在接下來的內容中，我重構了在這個研究論述底下對公務體系的常見批評，並解釋為什麼這些批評對闡釋基層公務員的狀況有所局限。

早在一九四〇年，羅伯特・莫頓（Robert Merton）就已警告，公務體系可能會對公務員的獨立思考和行動能力產生負面影響。[7]莫頓認為，獨立判斷能力並非人類的固有特性，而是一種需要培養和練習的能力。然而，公務體系甚少提供機會讓公務員發揮這種能力。反之，公務體系往往簡化公務員必須執行的任務，使其標準化，並將任務編制成必須嚴格遵循的程序。莫頓進一步主張，公務體系的可信度和規律性取決於公務員是否能**放下**自身判斷，願意培養一種傾向，使其能夠不假思考、直接遵循規則和程序。這種傾向除了透過訓練建立，也會藉由獎懲制度，促進公務員服從的傾向。根據莫頓的說法，公務體系的問題不僅在於未能提供養成適當傾向的機會，實際上培養了**不當習性**（莫頓提到索爾斯坦・韋布倫〔Thorstein Veblen〕「**無能訓練**」〔trained incapacity〕的概念），而這是公務員逐漸放棄獨立判斷導致。

這種公務體系的風氣促使公務員停止獨立思考，轉而以主動遵從上級發布的指令為主，因而削弱了公務員的主體性。作為一個道德主體，也就是作為個人行動的「發起人」（author），並且具備這樣的自我認知。這個「發起人」的概念有幾個不同的解讀方式，其中一個觀點認為，「發起」（authorship）意指個人行動須帶有行動主體（及發起人）的標誌——必須展現出主體的某些特徵或信念，且行動主體有認知到自己正在執行該行動。不難理解，按表操課的公務會威脅到這種主體性概念。公務員被鼓勵要減少以自身判斷思考行事，期盼他們能與同僚毫無差別，工作就算交換，也都能銜接，全然熟悉彼此業務。公務工作很少存有能表達個體差異的空間，並要求行動與執行者間不得有明確的關聯。[8]

還有另一個主體性概念，不強調行動與主體之間的實質關聯，而是著重兩者之間的程序規範，主張行動必須來自於行動主體的自主判斷。據此觀點，若主體性有效運作，行動主體須具備行動的理性。然而，公務體系卻常否定公務員有此理性，並透過建立牢不可破的科層制度，僅允許資訊單向流動，將基層公務員置於知識上的劣勢。這種公務體系運作造就了史丹利・米爾格蘭（Stanley Milgram）研究的那些情況，研究中的公務員並非無法徹底了解單位目標或既定程序背後的理據，只是按體制被迫為上級付出更多知識和專業能力，並得服從上級權威，無法認知到按自身專業判斷能帶來的價值。公務員被剝奪可以審思的**空間**，並且被鼓勵將審思的程序交付給他人。

有鑑於公務員在理解其作為行為主體時遇到的種種阻礙，他們僅將自己視為行為的「旁觀者」，如同工廠生產線上的工人一般，就不讓人意外了。從這個角度來看，公務員常用沒有生命的機器自況（自己作為一個「機器中的齒輪」，既不會「審思」也不會行使「個人意志」，更不會「判斷」），並不能視為是他們自我開脫的膚淺藉口，反而必須視為日常工作現象的某種縮影。

若基於公務體系的常見批評，在主體性受到這般侵蝕時，最嚴重的後果就是公務員道德責任的淡化。[9] 若公務員不認為自己是其行動的發起人，我們又怎能期望他們對自己所做的事負責呢？這種職責喪失是工作的「分裝」所導致，因為有詳細的分工，公務員需負責和關注的工作內容，通常只是單位所有業務中的冰山一角。而以下兩種情況都會導致公務員個人職責的淡化：其一是公務員與同僚合作，但責任分散在「許多人」身上，而另一種情況則是公務員無法立即意會到行為的最終結果。[10]

公務體系也被批評妨礙了如強納森．格洛弗（Jonathan Glover）所講的人性反應——同情和尊重這些感情讓我們與人更接近，並約束我們與他人的互動方式。[11] 這種阻礙是例行化與疏離化（distancing）造成。例行化使公務員變得麻木並麻痺了他們的道德情操[12]，並可能導致心理學家所謂的「同情疲勞」。[13] 當公務員日復一日面對一個比一個更令人心碎的案例時，實際上又能保持多大的同理心？

最終公務體系會造成疏離：把公務員與那些生活會直接受到他們影響的人切割開來。許多公務員不曾與他們負責承辦的民眾見過面，更從未實際看過他們的決策對民眾及其家人造成的影響。公務員和民眾之間沒有見面和接觸的狀況，又以納粹案例最為惡名昭彰，那些坐在辦公室的公務員作為納粹大屠殺的關鍵人物，實際上很少接觸到受害者。在這其中值得一提的是，就連那些極為堅守《最終解決方案》的納粹公務員，一見到受害者時，往往會覺得不忍卒睹。如果說，通常人們實際的接觸會增強同情心、憐憫心或同理心等情感，那麼反之，人們若拉開距離則會削弱這些情感。[14]

當然不僅是指人與人之間實際的距離，也包括抽象意涵上的距離。公務體系藉由用詞與民眾保持隔閡（民眾的名字以數字取代，用不相干的名稱為民眾的問題立案），更拿掉民眾的個人特徵，簡化成通用且可互換的「卷號」，從而加大了公務員與民眾之間的隔閡。雙方之間的隔閡使得尊重——一種基於人之常情的應對——變得更具挑戰性。公務體系藉由抑制我們的「人性反應」，如同情與尊重，減少了格洛弗所謂「衝破」（breakthrough）發生的可能性——我們基於同情或憤怒，自發性地重新思考我們的道德承諾與道德傾向。

現在可以總結我剛剛提出的批評：根據上述論證，公務體系藉由減少公務員獨立判斷的能力、侵蝕其主體性、淡化個人責任感以及阻斷人性反應，創造了一個對道德人格不友善的環境。重要的是，上述指的是一般的公務單位，而不只是納粹的公務體系，後者基本上已走向極端，而其底下的**任何**公務單位，都呈現這種明顯有極端傾向的樣貌。

有鑑於以上對公務體系的批評如此嚴厲，我們得界定好批評的適用範疇。為此，我們必須加上兩項必要條件，將適用範圍限定於基層公務體系內。首先必須注意的是，上述論點提出的公務體系模式，是基於我在第一章所挑戰、攸關組織的理性系統觀點。根據這個模式，公務體系遵循嚴格的科層結構，並根據清楚且詳細的標準作業程序運作，幾乎沒有任何裁量權空間存在。這能為公務員提供明確的目標、嚴實監督他們的工作表現，以及懲處未能遵循規定的人。

但這個公務體系模式究竟是現實還是想像？一些學者對此體系模式描繪的公務日常提出不同見解。他們指出，即便是納粹德國（應視為極端個案），規則與規範的架構其實往往更寬鬆，目標也很模糊，對未遵循規定者的懲處也比想像來得輕。[15] 這些學者更普遍認為，公務生活通常需要更多變通，也需要更多的判斷力和積極度，而這一點常被忽略。無論如何，這就是納粹公務體系中一個典型人物的情況：阿道夫．艾希曼（Adolf Eichmann）。如同漢娜．鄂蘭自己也承認，儘管艾希曼刻意捏造自己的形象，但他不僅僅只會遵命辦事，在履行自己的職務上，他其實展現了機智與變通。

我在第一章中就試圖指出，這種違背理性系統模式的情況並非特例，也不僅限於艾希曼這種高階公務員，基層公務員的經歷也同樣具備這項特點。我在第一章就主張，例行性的基層公務其實涉及相當大的裁量權，並依賴公務員行使獨立判斷的能力。此外，我也指出這些判斷不單只是技術層面，更帶有價值判斷。因此，針對基層公務**不當習性**的指控很難站得住腳。實際上，基層公務體系不只無法抑制第一線公務員的獨立判斷能力，反而還倚賴這種能力的運作。

再來，基層工作似乎也不可能因為前述其中兩個原因，導致其主體性受到侵蝕，這兩個原因分別為：公務體系會削弱公務員獨立判斷的能力以及防止公務員表現主體性。正因基層公務員位於政策執行的最後階段，他們不僅承襲了所有上級尚未或無法解決的、模稜兩可的問題與衝突，更需要去解決這些問題。除此之外，他們還必須兼顧各種經常相互衝突的規範性考量。這些都需要他們自己審思。更甚，基層工作要做的可不只是決策而已。如同我們在第二章所見，第一線公務員具備裁量空間，得以發展不同的工作風格展現自我的獨特性。

我們也應該注意到的是，雖然基層公務員可能逐漸失去個人責任感，但這不能歸咎於工作的分裝，而是因為基層公務員在分工上有著特殊的地位：負責將公務體系最終的「決策」交付給民眾，因此較其他階層的同僚更能清楚看到公務體系實際影響。畢竟正是在基層公務員的管控下，藉由在後勤辦公室中做出無數的小決策，最終形成民眾看得見的行動（例如逮捕、檢查、拒絕入境等）。

這也讓我想到另一個對公務體系的重要批評：假定公務員並不直接與民眾交流，而只與卷宗和「案件」互動。而這類公務員與民眾之間的疏離，解釋了公務員同情和尊重的人性反應為何會減少。

然而，與民眾直接且面對面的接觸，是基層公務的一個核心特質。基層公務員能親眼見證其行動造成的影響、能感受到會晤民眾的情緒，甚至受到民眾喜怒哀樂的影響。在心理和現象邏輯學的層面上，基層公務員和其後勤同僚之間最根本的差異，就在於他們會與民眾近距離互動。[16]近距離的接觸也會讓民眾呈現出自己比較真實的樣貌。但不能保證公務員會遵守與民眾的既定界線，或默默接受現行的架構。其中有些公務員勢必會打破互動的常規，且公然拒絕被歸類到既定的行政類別。這類的衝破可能並不常見，但在上述條件下，衝破確實可能會發生。

以上這些論述也並不是指基層公務員就不會面對臨道德主體遭削弱、失去責任感或對人性反應感到麻木。事實上，我在第二章談到其中一種簡化的道德傾向——冷漠——就含括了以上三種問題。然而我想表達的是，由於公務體系的常見批評並未體認到基層工作的特性，因此我們無法藉由此批評檢視上述問題。然而，假設此批評屬實，冷漠就應該是基層公務唯一的偏狹道德傾向，但事實並非如此。公務員經常採取另外兩種簡化的道德傾向：呵護與正義，似乎與上述所有批評相互矛盾，呵護與正義顯示的不是道德主體、責任感或人性反應被消耗殆盡，反而是這三種表現過當。

冷漠、呵護、正義型公務員的適性反應

若公務體系的一般批評無法解釋基層公務員為何朝冷漠、呵護、正義這三種簡化傾向靠攏，又該怎麼解釋呢？接下來，我會援引社會心理學對認知失調的適性反應研究，以此更好理解、掌

握第一線公務員的困境。要了解此狀況的出現原因，就必須先辨識基層公務員經常面臨的特定挑戰，並試圖理解其如何因應、適應。這也點出至今所討論批評流派的一個重大轉變。過往著重探討「工作環境」的客觀條件如何直接阻礙公務員的道德官能，現今則聚焦於公務員因應工作環境產生的適性反應，探討這些反應會對他們帶來哪些道德困境。此分析角度不僅揭示其中一種簡化傾向，也揭露支撐冷漠、呵護、正義這三種傾向的共同邏輯。

認知失調理論的本質極為簡單。一如提出此理論的社會心理學家利昂・費斯廷格（Leon Festinger）首次描述，失調是一種狀態，當一人同時擁有兩種心理不一致的認知（態度、信念、感知、情緒），就會產生認知失調。[17] 由於人們認定出現認知失調是不愉快或不舒服的，個體會努力透過增加新的「調和」認知或改變其中一種認知來減少失調情況。[18] 因此，認知失調可作為改變人類思想和行為的強大動力。失調程度愈大，減少失調的動力就愈強，而能看到的變化也就愈明顯。[19]

認知失調理論，最初應用於任兩種互相衝突的認知，但進一步研究則表明，當自我形象受到威脅時，失調現象尤為嚴重。[20] 此發現推進了自我肯定理論的發展，該理論的前提是，多數人都會主動積極地保持自身良好、合宜的形象。[21] 據此理論，與其說失調是由認知不一致引起，不如說是由威脅到正面自我形象的行為所致。由此產生的狀態會使我們心理上感到不適，因其迫使我們面對自我認知與實際行為間的差距。要緩解這種失調，有以下三種方法：㈠改變自身行為，符合自我形象（調適）；㈡調整自我形象以符合自身行為，或增加新的「認知」以縮小兩者之間的差距（直接心理適應）；㈢尋找其他替代的自我肯定來源，幫助恢復正面自我形象（間接心理適應）。[22]

然而，事實證明，方法㈠經常行不通，原因要不是失調行為發生在公共場合，不然就是因為行為難以修正、收回或否認。這即是基層公務員的典型情況，他們以服務民眾、同事的角度行事，祭出的行政決策不易修改。鑑此，心理學家菲利普・津巴多（Philip Zimbardo）寫道：「在影響所有失調行為的要素中，那些較軟性的、更為內在、個人的要素，如價值、態度、信念，甚至是認知，更容易受到外界壓力而被迫產生改變。」[23]

有趣的是，研究人員發現，一個人愈能訴諸外部理由解釋自身行為，失調的強度及影響力往往就會隨之**降低**。[24]當給予個體強烈的外部誘因（例如：一個命令或一筆鉅款）去執行與他／她的自我形象相悖的行為時，會比沒有外部誘因下經歷的失調還少。反之，選擇、自由這兩大要素，往往會**增加**事後的失調程度。[25]

認知失調理論在經過適當調整、整合了自我肯定理論的見解後，能幫助我們理解冷漠、正義、呵護這三種簡化傾向是公務員對日常工作心理壓力的適性反應。

在公共服務的第一線，失調原因主要來自兩種挑戰：第一種挑戰在李普斯基經典研究中獲得廣大關注。從到職日起，基層公務員就得面對存在兩端的巨大差異，一端是驅使許多人踏進公部門，投身公共服務的理想，另一端是日常工作的殘酷現實。[26]若要說此研究與現今情況差異何在，那就是在李普斯基研究發表後的三十五年間，隨著新公共管理帶來的改革，迫使基層公務員須以更少資源做更多事，導致這種理想與現實之間出現更大的鴻溝。由於公務資源有限，第一線公務員無法為所有前來的民眾提供公務員自身認為適當的服務水準、待遇品質、關注程度。第一線公務員往往淪為目睹深層社會問題的最前線，卻只能提供「東拼西湊」的解決方案。倘若他們要維持正面的自我形象，或讓自己對工作還保有最低限度的滿意度，就必須找到方法，縮小「他們應完成的公共服務工作」與「他們在工作上實際能運用的有限能力」之間的期望差距。

談及上述這第一個挑戰，就不得不提到第二個挑戰。當公務員在資源有限的狀況下仍得採取行動時，這個新挑戰就會變得明顯。即使可行使的能力有限，基層公務員也必須隨時留意民主政治文化核心的諸多規範考量：行事要有效率、反應積極、尊重服務對象且力求公平公正。但問題是，這些要求往往相互矛盾。對認真負責的公務員來說，他們渴望維持自身角色與責任，維持其豐富、八面玲瓏的特性，可以說，他們面對諸如此類的要求，會把能試的都試過一遍，但因為這些要求無法調和，所以任何解決方案都注定走向失調。無論他們決定做什麼，所選擇的行動路線即便立意良好，都帶有一點妥協的意味：至少在任一個關鍵的面向來看，都不夠理想。

上述兩項挑戰，必然讓基層公務員心生缺憾——總覺得自己在背叛，或達不到自己珍惜的理想——，但這種感覺並非基層公務員特有。內心抱有缺憾是你我日常道德生活中的一環，但並不總會帶來深遠的態度轉變。然而，公共服務領域中，前線工作的特別之處在於這種內部衝突會被放大、戲劇化，以至於人們無法輕易忽視或不予理會。在這方面，我們要留意，與基層公務員往來的許多民眾屬於社會階層中最為弱勢的族群，而他們只有在萬不得已的情況下，才會向公務機關求助。考慮到這些民眾在與公務員互動面臨的風險，也考慮到他們彼此之間的距離有多近，任何偏離公共服務理想的行為——任何折衷辦法與妥協，都將會付出實際代價，且非常明顯。

且讓我舉幾個例子，或許有助於說明此點。理想與能力之間的差距，舉例來說，意味著NCDI的個案承辦人員不得不把排好幾小時隊的民眾拒於門外，因為就算用盡全力，也無法在下班時間前全部完成受理。同樣情況又好比說，一位教師可能因為資源有限，以至於無法提供班上所有學生足夠關注。力不從心的教師，或許只能眼睜睜看著一些學生落後。此外，基層公務員需在各種相互扞格的考量間，做出艱難的權衡。反過來說，一位輔導員會被迫在以下兩種情況做出選擇：一是暫停一下，向剛剛對他透露敏感個人問題的民眾說出幾句支持的話；二是立即跟進工作流程表上所列的下一題，因為等候室已客滿，時間緊迫。而輔導員迅速的判定可能會傷害到正在受理的服務對象，但若把同情心都無限給予這位對象，那又會辜負在等候室苦等的大批民眾。無論輔導員怎麼做，都沒有輕鬆的解方。

要全面衡量基層公務員承受的心理壓力，從而了解這些壓力可能引發的改變會帶來多大影響，還須留意另外兩因素。首先，基層公務員必得持續面對上述緊張局勢與挑戰。他們無法只是

「捱過」一次失調，而是必須發展出一種長期管用的適性反應。對他們而言，這不是場短跑，而是場馬拉松。其次，基層公務員把持很大的裁量權。誠然，這種裁量權無論正式或非正式都受到限制，但可裁量範圍仍然很大。在一定限度內，基層公務員可「自由」做選擇。正如你我所見，這只會增加他們必定經歷的失調強度。

簡單總結一下：基層公務員常處於反覆出現的選擇情境中，這必然會威脅到他們作為敬業、有為人民公僕的自我形象。面對著自我崇高目標，但能力有限，期望「做好工作」，但必定會經歷衝突，特別又在資源短缺的情況下，必須滿足諸多規範，致使他們持續經歷不安。這種安排在結構上必定產生失調。而第一線公務員會強烈感受到這種失調，因為風險很高、服務民眾近在咫尺，且決策又是自主裁量而出。

在此情況下，根據認知失調理論預測，基層公務員要不是會緊張到無法忍受而決定辭職，不然就是藉由縮小對自身角色及責任的理解以符合現有能力，發展出適性反應（簡化的道德傾向因此應運而生，又或是李普斯基所稱的「個人認知的角色職責」）。[27]此理論也表明，基層公務員可能會試著降低對自身行為的責任感，也有可能嘗試尋找其他自我肯定的來源。

上述預測已得到實際驗證。職業倦怠是服務業、教育界、警界的重大問題，也是員工流失、離職的最大預測因素之一。[28]此外，基層公務員相關文獻指出，許多留任人員確實偏向簡化的道德傾向。如同在第二章所見，三種簡化的道德傾向特別普遍：冷漠、呵護、正義。前面已詳盡描述，所以此處不再贅述，僅回顧一下這些傾向的顯著特徵，解釋其為何能成功減少失調，以及如此一來，擁有上述傾向的基層公務員得付出什麼相應代價。

冷漠是一種從中抽離的態度，令基層公務員產生一種心態，像流水線般受理民眾需求，而不把民眾視為個體。這是公務員對工作中固有衝突的反應，透過說服自己行使的裁量權（即擁有的自由或代理權）比實際來得少，來平息工作中的衝突。冷漠是種「惡意」，那些採取冷漠傾向的人會相信，他們只需服從上級下達的指令或努力實現上級指派的任務。可是，如第一章提到的，這種對公務員責任的理解是不準確的描述，作為理想的規範也站不住腳。上級層層下達的指示，往往流於模糊、模稜兩可、互相矛盾，無法完全規範公務人員的行為。

然而，這種妄想的信念，以及由此而生對工作責任的簡化概念，讓公務員得以降低當責的程度。他們開始把工作當作一種表演，戴上不涉及「真實」、「深層」自我的面具。這種應對機制，心理學家稱之為「區隔化」，或嚴重情況下，稱作「二分化」，即把個人生活切割成彼此獨立、毫無重疊的領域（工作與工作以外的一切）。[29]

隨著這種分裂人格而來的，是將服務民眾視為單調、匿名的「群體」，必須加以處理、保持距離。畢竟，民眾與其問題都「只是工作」。這種看待服務對象的方式也有其好處：公務員能迅速處理案件，而不會捲入其中的錯綜複雜。情感疏離也讓公務員能一定程度就事論事。如在第二章所見，「冷漠型」將自己視為公共資源的守門員，並努力以最精打細算的方式實現目標，效率就是他們集體的首要訴求。

假如冷漠是利用從中抽離、強調效率的適性反應，另兩種反應——呵護與正義——則有更多個人投入的空間，但代價是對工作要求的理解同樣流於單一、片面。呵護型公務員認為，他們是替所需之人提供量身打造的協助，注重回應、尊重，往往以犧牲公平、效率為代價。正義型公務員則視自身責任為確保資源公平分配、防止任何人占公務體系便宜，但這種心態會犧牲對民眾的尊重與做事效率。呵護和正義型公務員都認為自己代表特定群體——那些太需要幫助、無法自食其力的人，或是那些太誠實、安靜或害怕替自己權益挺身而出的大多數人。此外，他們也譴責搭便車的民眾。兩者皆發展出專門的情感調和模式，前者心懷慈悲，後者心存懷疑。

這兩種傾向的公務員都會耗費大量資源，因為必須付出大量時間、心力，提供單一服務民眾足夠的支持，或揭發搭便車的人，因而無法給予所有民眾等量關注。他們透過增加調和認知來合理化差別待遇，創造了區分服務對象為「值得」和「不值得」的二分法。

可是，就算如此拆分，也無法讓工作完全可控。他們仍無法達成自身崇高目標——幫助所有需要幫助的人，或保護公共資源免受不當運用。設法保持這種傾向的公務員，並不將此看作個人失敗，而是認為心意需更加堅決才能達到目標。他們把自身角色看作是一種道德使命，對逆境的回應更為偏激，甚至連失敗也成為自我肯定的契機。

本書形容的三類道德傾向都能夠緩解失調，但代價是認知扭曲以及對角色的理解簡化。冷漠透過讓公務員降低行為責任感，從而減少失調；呵護與正義則透過刺激公務員、提供他們自我肯定的機會來達成。然而最重要的是，這三種傾向都是藉由限縮公務員對自身責任的理解，以符合他們能發揮的能力來減少失調。[30]與其在相互扞格的需求中為難，簡化的道德傾向誘使公務員專注於角色的某一面向，並排除掉其他面向。

我已於第二章詳細說明簡化的道德傾向需付出的代價，在此就不贅述。可是，冷漠、呵護、正義還有另外三個特徵值得留意。一是這些傾向一旦養成，就難以改變，因為伴隨相應的詮釋定位與情感調和模式。動機推理及驗證性偏誤的研究闡明，採取上述傾向的人，可能會尋找驗證其假設的資訊，並排除掉與其觀點相悖的資訊。[31]

同樣值得注意的是，冷漠、呵護、正義都是應運而生的反應，大可不必預設踏入公務機關的人都有這些強烈的傾向。這些愈來愈偏激的傾向，並不是公務人員**帶進**職場環境中的，而是來自於工作**中**潛在的衝突與緊張氛圍。[32]

最後必須留意的是，我們對失調的適性反應的討論會藉由「反例」或對比的方式，揭開那些**不**落入冷漠、呵護、正義型的公務員對基層工作的認知，以及這些認知有多必要。公務員若不願落入這三個類型，會面臨一大挑戰，必須找到應對角色固有衝突的方法，同時又不限縮自身道德傾向；保持多面向公共服務的承諾，同時又不因限縮承諾而產生心理壓力。要做到上述，需要找到一種能長期與失調共存的生活方式，而非對失調屈服。

基層公務員得承受必然的不幸，即：失調儘管令人痛苦，但這也是一個人工作表現好的跡象，表明該位公務員確實對多種規範考量維持一定敏感度。我們應擔心的是公務員缺乏失調，即無法與自我達到和諧或和平的狀態，代表一個人或許已然接受簡化理解其職業角色。

德性、自主性與自我實踐

要避免公務員朝冷漠、呵護與正義傾向靠攏，有兩種因應對策：一種是把這些道德傾向視為工作環境衍生而出的結果，接受其普遍存在的事實，不去深究特定公務員的缺失，而是找出能讓不同道德傾向的公務員能**共事**的靈活之道。換言之，這種對策的目標是建立一種組織文化，讓三種「流派」的道德傾向能夠相互平衡，我會在第四章進一步解釋這種對策。

我會在本章說明的則是另一種對策，思考公務員如何靠自身努力，避免落入簡化的道德傾向。這種對策從進行觀察開始，探討為何不是所有公務員都會落入上述三種簡化的道德傾向，這些公務員藉由什麼樣的道德實踐或鍛鍊才能堅持住自身立場？

同時採用這兩種對策有其必要，由於民眾通常是和公務員個別互動，而不是將所有公務員視為一個整體並與之打交道，所以我們得先聚焦在公務員個人身上。然而，又因為個別公務員的觀點與道德傾向很大程度受其與同僚的日常互動所影響，所以儘管同在一個機構中，個體差異必然會存在，我們還是需要一種組織文化，懂得如何善用公務員多元的個體差異。

我在上一節結尾處有提到，基層公務員的核心挑戰在於，為了避免落入道德傾向專業化，得面對無止盡的心理壓力，但與此同時，他們還得維持一個豐富又平衡的道德傾向。要克服這挑戰絕非易事，基層公務員必須學習與個人內在衝突共存、妥協，為了做到這一點，基層公務員必須學會處理內在衝突和妥協。必須要有相當的把握，才能在會導致傾向轉變的各種失調中，依然能維持自己情感上、詮釋上的價值觀。

道德心理學有兩種鍛鍊方式，我認為對基層公務員的道德形成（moral formation，德語為 Bildung）很關鍵：個人自主性的發展與德性的養成。無論是自主性或德性都能讓公務員面對情況帶來的壓力時，仍能維持一定程度自制或沉著。我首先會說明上述兩種道德形成的方法及其限制，接著再說明為何我認為必須有第三種道德實踐方式，聚焦於駕馭和發展日常的自我實踐，才更有助於應付日常基層工作的挑戰。

圍繞著個人自主性討論的道德形成，其假設的前提是公務員可能過度被身處的環境影響。如果公務員有機會可以充分遠離，或超然看待去看他們每日的例行工作，或許他們能恢復到有道德的狀態。

漢娜．鄂蘭在她對艾希曼的審判的研究中曾提到一個觀點[33]：若說艾希曼道德淪喪，那不是因為他的人格有缺陷，而是他變得無法自我思考。鄂蘭在描述這場審判時，不斷強調「沒在思考」（thoughtlessness）。她筆下的艾希曼是「根本無法說出一句不是廢話的話，他的所有言論都是『空談』」[34]。她又接著補充：「愈聽你會愈清楚體認到，他無意義的言論與他沒在思考密切相關。」[35]鄂蘭的論點雖具爭議，但她想呈現的艾希曼並非窮凶惡極之徒，他最大的錯誤是放棄了自主思考的能力。[36]

不過，鄂蘭並沒有在《平凡的邪惡：艾希曼耶路撒冷大審紀實》（*Eichmann in Jerusalem*，玉山社，二〇一三）中對艾希曼沒在思考多加解釋，直到出版多年後，鄂蘭才在〈關於道德哲學的若干問題〉（Some Questions of Moral Philosophy）這系列課程中討論到此點。[37]鄂蘭援引希臘哲學，特別是蘇格拉底的學說，來強調思考是一個與自我內在對話的活動。講到人類，她說：「人是二合一的，不只是意識與自我意識……還有特別且活躍的一種內在沉默對話，因為這種內在交流，人才有辦法為自己做主。」[38]

但若思考牽涉或是需要個體進行自我對話，那麼我們可以說，思考作為一種活動，本身就涵蓋一種道德保障。[39]一個思考的人，即不斷自我對話並珍視其與自我關係的人，會堅決不做某些事，因為這些事會危及其與自我保持對話（意指維持一定程度的和諧）的能力。鄂蘭解釋道：「如果我不同意其他人，我可以一走了之，但我無法對自己一走了之。」[40]在書中她提到：「我做不到，一旦做了這些事，那我就再也無法與自己共處。」[41]

我們可以重新爬梳鄂蘭的論點：㈠思考涉及自我對話時，個體如何思慮、創造對話；㈡使用這種方式思考的人會避免自己做某些行為，因為若他們做了這些事，就無法再與自己共處（「沒有人想跟罪犯一起生活」）；㈢艾希曼做了這些事，所以我們就能推斷他一定是停止思考才會為之（相對意義上）；㈣這與我們在審判中觀察到的呈現一致，艾希曼確實表現出他無法獨立思考。於是，我們可以得出以下結論：㈤如果艾希曼和像他一樣的人有持續思考，且他們有維持並持續培養與自我的特殊關係，或許就能保留一些最基本的道德取向——或許至少能為他們罪無可逭的行為設下底限。

艾希曼的問題在於道德自主的喪失，而這種自主性又必須理解成內在活動的一部分——一種持續的自我對話，而艾希曼並未充分做到這一點。依照鄂蘭的說法，艾希曼的失敗不是人格缺陷，而是實踐上的問題。我接下來要提出的第三種對策，也是我較偏好的作法，可說是與鄂蘭提出的觀點不謀而合。

然而，鄂蘭對艾希曼的看法不只強調道德實踐，也認為（艾希曼）有義務具備個人自主性，並認定維持內在和諧（藉由「如果我**這樣做**了，我能忍受自己嗎？」這個問題來表述）的動力能提供寶貴的道德指引，但這兩項特質都限制了鄂蘭論點在基層公務員身上的可行性，其困難點有三個：

首先，鄂蘭的理論是基於公務員失去自主性出發，但這個角度只呈現基層公務員實際經歷的一部分而已。在第二章我所討論的三種偏狹的道德傾向中，只有冷漠可算是失去自主性的一種表現（脫節、公事公辦以及被動）。無論呵護與正義型缺乏了什麼特質，都肯定不是失去自主性。

如同我們在第二章所見，面對家具加工作業員與癱瘓人士這兩個個案，呵護與正義型公務員甘願冒著一定風險，微調或選擇適用的既有規定，以符合自己對工作角色的認定與職責。[42]

將鄂蘭的理論應用於基層公務員的第二個困難，則在於一般情況下，內在和諧的標準並不會一直提供道德指引。然而我們在艾希曼的身上卻很容易看出內在和諧準則引導他下的決策。設想一下他得面臨的兩種抉擇：規避命令或參與大規模謀殺，如果他想維持和「自我對話」，該如何選擇是很明顯的。更甚，即便這樣的選擇想必得付出沈重代價，但面對再也無法與自己共處（即「與罪犯一起生活」）的恐懼，卻會給他做出選擇的動力。艾希曼的抉擇在道德上算容易，但在動機上則顯得困難。

然則，基層公務員則必須做出與艾希曼相反類型的選擇——在動機上的挑戰比較小，但在道德上則較為複雜。從道德角度來看，在他們工作的情境中，難以判斷所謂的正確方向。若我對基層工作的敘述屬實，基層公務員必須不斷在各種迴異且相互衝突的方向間保持平衡，因為他們的業務內容就是磋商各種妥協方案。基於公務工作的性質，即便心態平衡的公務員，無論他們最後決定怎麼做，也難免遇到不同程度的不和諧或失調。如同我先前提出，這種失調反而表現一種適當的道德傾向——公務員正具備其應有的工作狀態，即對各種互相扞格的考量保持敏銳。

雖然內在和諧可以在面對像納粹大屠殺等罪大惡極的情況時提供道德指引，但基層公務員不得不面臨更複雜難解的情況，所以很難看出內在和諧對其是否管用。如果各種行動方案都必然產生一定程度的不和諧，那內在和諧又怎麼能作為區分這些行動方案的標準呢？我們擔憂的不只是內在和諧實際上根本無法作為標準，而是甚至可能會造成誤導。內在和諧的確值得追求，可是一旦人們扮演的社會角色必得面臨困難且麻煩的情境時，內在和諧是否還值得追求就有待商榷。[43]

再者，重要的是，鄂蘭之前要我們在行動之前先問自己：「做完**這件事**之後我還能忍受自己嗎？」答案恐怕只有一個，那就是「不能」。如同鄂蘭自己承認，「從『與全世界格格不入總比與自己過不去好』這個觀點，我們唯一能期望得到的建議，就是對其保持全然否定的態度。這樣的準則不會告訴你要做什麼，只會告訴你不要做什麼，就算你周圍的人全都做了同樣的事。」[44] 我們可以理解這樣的行為準則容易激發出「告密者」（whistleblower）——即拒絕從眾的獨行俠。不過，這也同時清楚呈現了，在相對普通的環境中，這格言及其激發的心態行不通，因為基層公務員必須面對的不是一個該做與不該做的情境，而是介於兩者之間的一片灰色地帶，而其中還充滿不同的灰色色階。

針對鄂蘭強調自主重要性的對策，第三個也是最後一個困難點在於，即便鄂蘭已經採取較為中性的論點，但這些對策仍顯得過於理性。自主性強調個體能從日常工作中抽離，退一步反思他們即將要做的事，但這麼做實際上是將個體與其生活周遭切割開來，要求公務員得把他們的情緒與自發反應置於理性計算之下。[45]

箇中問題就是基層公務員可以從他們的道德情感中獲得很多有意義的指引，例如同理心、同情心或憤怒，但卻會在經過僵化死板的理性計算後流失大部分的情感體悟力。[46]雖說我們不能就讓這些情感單方面操控公務員，但將情感視為次要因素，也會因受到質疑和被要求提出理性解釋而顯得危險。個人自主性的問題在於會置公務員於險境，切割上述這些情緒，有時無法刺激他們重新思考道德傾向，促成格洛弗提出的「衝破」。

除了發展個人自主性之外，還有第二種基層工作的對策，不是著重在發展個人自主性，而是培養德性。德性常被理解為一項可經由養成且持續精進的人格特質[47]，據瑪莎．納思邦（Martha Nussbaum）提供的德性組成：「堅定的動機、情感和論證，讓我們稱呼一個人為某種類型的人（勇敢、慷慨、溫和、公正等）。」[48]擁有德性的人會以一定的方式表現出特定行為，在各種情境和場合中始終如一。**先不論個性的其他方面**，一個誠實的人除非有不得已的理由，否則就會言而有信，一個有德性的行動者理應能在各種情境中分辨道德上的顯著特徵，並妥善回應，知道適時以自身秉性行事（勇敢、誠實、仁慈等）且不偏不倚。[49]

要解決基層公務員面臨的道德心理學挑戰，培養德性似乎是所能找到合理的解決方案。基層公務員必須在各種極端之間審慎行事：在過度介入和過度抽離之間；在防民如防賊和愛民如愛子之間。他們在面對心理壓力時，必須找到平衡和培養自制，同時對民眾和個案細節保持敏銳。

儘管德性論**乍看之下**管用，但實行上卻有三大挑戰。如前所述，德性被視為穩健的人格特質。一旦某人藉由訓練或習性化一種德性，他就會秉持培養而來的德性迎面各種情況。然而，這個假定受到許多心理社會學「情境論者」的挑戰。[50]研究表明，即便是細微的環境變化，例如環境噪音的音量、是否在趕時間，或者剛在街上找到一枚一角硬幣等等，在道德上具爭議的情況下，小小的變化往往會對行為產生相當大的影響。[51]照理來說，這些小改變對道德應該不會有什麼影響，但實際上卻足以決定一個人的行為是否正當適切或令人髮指。如此，我們又怎麼能夠對維持一貫的人格特質有信心呢？

對於堅持培養德性的支持者而言，如果不限制其論點適用的範圍，就會難以反駁以上提出的挑戰，即德性過度不一致的問題。其中一種解套的方式是宣稱德性並不常見，不是隨意在人群中就能找到具有德性之人。然而，若主張德性為「特例」，則會降低德性作為一種普通道德養成方法的說服力。如果德性真的少見且難以達成，那為什麼不發展更中庸、更寬鬆的道德訓練呢？或許對於那些認知和情感能力早已變得有限的公務員來說，他們會更能接受這樣的方法。[52]

獲得德性的困難以及稀缺性也帶出一個問題：德性是否為道德養成的**理想途徑**？當然，我們不會因為過程艱難且費力就反對這種理想。讓人擔憂的是，當公務員追求一個不太可能實現的理想時，可能會陷入「次佳陷阱」。公務員若培養德性失敗，最終形成一種不符合預期的道德傾向，不如起初就選擇更為中庸的目標。

養成德性需要一個嚴謹的習性化過程，通常得有一個角色楷模作為指引。習性化提供德性實踐者一套能力，除了一組人格特質或「天賦」之外，還提供了實務知識，能讓他們在特定情境中正確運用這些特質，並懂得妥善處理衝突。[53]那些想培養德性卻失敗的實踐者則會面臨一種風險，即他們具備可運用的德性特質，但卻缺乏實務知識，無法在各種脈絡與相互衝突的價值之間妥善運用。德性的風險在於可能會失敗得很徹底，並會導致道德傾向過度僵化又對道德價值衝突無感。

最後值得一提的是，情境論還有另一種反駁德性倫理學的論點。到目前為止，我都聚焦在微小的情境變化如何能造成令人詬病的道德與行為**不一致**。然而，情境論的研究結果也提出一種可能，就是當我們常讚美一人的道德與行為**一致**，通常會認為其具有德性的人格特質，但實際上可能是情境條件或特定脈絡下而產生。[54]這並不是像之前說的，環境對養成德性不可或缺，反而是指必須在特定的環境條件以及環境下能做到的日常實踐，**維持**具德性的行為。[55]若此立論正確，那就不符合許多人認為的德性倫理學核心觀念，多數人都認為「在成熟與正常情況下，德性的動機結構不受如社會關係和環境這類的外界因素影響」。[56]

這對道德形成的意義重大。社會心理學家的研究結果顯示，與其鼓勵公務員發展人格特質，結果導致他們對周圍環境無動於衷，倒不如鼓勵公務員發覺想培養的行為或道德傾向後，去辨認和提倡與之呼應的情境因素和環境條件。[57]不論這被視為是對德性倫理學的挑戰還是友善的修正建議，皆取決於我們是否願意擺脫認為德性堅定不移，一旦養成就不會受外界影響的立論。

作為培養德性和個人自主性的替代方案，我相信能草擬出第三種途徑回應直指基層公務的道德心理學問題。這方法主要受皮爾．哈達特和米歇爾．傅柯啟發，有關他們探討的希臘化文明自我實踐，除了著墨於我們看到的兩種道德養成方法，也會關切妨礙養成的種種難題。

如同傅柯，我用「自我實踐」這詞指涉各種日常鍛鍊（如自我檢視、道德想像、回想等），透過這些鍛鍊，個體能夠塑造自己的道德傾向。這種鍛鍊要運用實踐者周遭的資源，且通常在有同儕的社群中進行。自我實踐在道德哲學史中歷史悠久，是希臘化時代四大學派（斯多葛、伊比鳩魯、犬儒和懷疑論）的重要關鍵內容，也在東方傳統哲學中占有一席之地，同時也出現在基督教思想家如本篤（Benedict）和洛約拉（Loyola）的道德指南中，以及現代哲學家如蒙田或笛卡兒的《沉思錄》。儘管如今自我實踐式微，但仍然可以在熱門的心理勵志文學中見到。近年來，這類自我實踐已成為許多「正向心理學」實驗的主題，其效果似乎獲得很大的支持。[58]

或有人提及，大約在一九五〇年代左右，哲學界對道德特質問題的興趣再次興起，是因為有人認為現代倫理學過度偏重討論「一個人該怎麼做？」，而忽視了「一個人應該成為什麼樣的人？」這個古老悠久的問題。我們可以從傅柯與哈達特的論點進一步探討這個批評。根據傅柯與哈達特，我們不只要關注古人提出的理想人格，更重要的是，也得探究古代的學派如何指導學生透過日常鍛鍊養成理想人格。傅柯與哈達特分析道德哲學史的獨特之處在於，他們更關注於捕捉道德實踐的模式，而非只是解釋清楚規範性的發展，這促使我們思考道德傾向不是一種人格特質，而是我們日常實踐相應而生的事物或結果。

這種專注於道德實踐的有趣之處在於，是以道德推理並非獨立運作的前提出發，而是行動、認知、記憶和情感相互依存，並可以改變人的道德傾向。[59]這解釋了傅柯和哈達特在希臘化哲學學派研究中描述的各種實踐[60]，其中包括：

- **禁欲和忍耐**的鍛鍊（禁食、耐寒、戒娛樂）：旨在強化自律，增進信心，並提升超越物欲的能力。
- **專注力**的鍛鍊：專注於當下，從過去或未來的恐懼或希望中解放自己。
- **想像力**的鍛鍊：想像自己真的接近死亡，讓自己把每天都當最後一天活。
- **自我檢視**的鍛鍊：每天詳細記錄自己的行為、想法和夢境（通常是寫日記）。
- **不同視角**的鍛鍊：嘗試藉由不同的角度來看同一件事情，通常是將在生活中發生的事用更宏觀的脈絡檢視，以顯示不同視角的重要性。
- **回想**的鍛鍊：反覆回想特定格言或經典故事，牢記於心並隨時準備效法。[61]

對於哈達特和傅柯以及在他們之前的希臘化時代學派而言，自我實踐都是為了達到一項特定的**哲學目標**（telos）——對傅柯而言是一種自我存在的形式，對哈達特而言則是一種與「人生而理性」這個普世觀點和解的方式。然而，傅柯與哈達特強調的自我實踐，以及他們主張的理想生活，兩者之間實可脫鉤，自我實踐可以根據不同目標而有多種組合。

一個以自我實踐為中心的道德養成計畫需要一定程度的自主性，道德行動者對自我意識須有一定程度的反思能力，要能覺察自己的道德傾向並想要改變。

透過「自我實踐的方法」養成道德，與德性倫理學相似，兩者都超越道德行動者獨自的決策，專注於道德傾向的發展，也都認同道德認知、道德感知和自我理解對日常道德生活的重要性。當道德主體面對情境壓力時，自我實踐與德性倫理學皆著眼於提供某種程度的沉著和自制。最後，兩者都強調持續鍛鍊的重要性，如此才能形塑人的道德觀。

儘管有這些相似之處，自我實踐和德性倫理有三點重要的差異：首先，自我實踐欲解決的問題與德性不同；再來，兩者提供的解決方案不同；最後，自我實踐的立意更加中庸。

根據阿拉斯達爾・麥金泰爾（Alasdair MacIntyre）的說法：「德性是一種可習得的個人特質，擁有和達成這項特質有助於培養與實踐內在價值（internal good），而缺乏這特質則會妨礙我們實現任何價值。」[62]對麥金泰爾而言，內在價值只有透過參與特定的社會實踐才能實現（例如：西洋棋對弈時發展獨特技能和能力的組合）。內在價值與外在價值形成對比，外在價值只能藉由生活中偶然的機會方能獲得（例如：職業西洋棋賽獲勝的獎金）。麥金泰爾提到外在價值時，通常是指具競爭性的資源，如金錢、權力或地位。[63]

在麥金泰爾的理論基礎上，我們可以區分出德性的兩種類型：一種是保護自我實踐或其制度，不因追求外在價值而變質，另一種則是提倡實現內在價值；行政倫理學中討論的德性多屬於第一類。例如，當上級的命令不公不義時，公務員需具備勇氣的德性違抗上命；在面對賄賂時，公務員也需要正直的德性抗拒誘惑。這類的德性能避免外在價值（如升官的保證或發財的機會）對內在價值的侵蝕。這種公務員的人格特質，對民眾而言無疑是一大福音。

但基層公務員面對的困境類型，如我於本章第二節所討論，就是一種不同於前述的情況。基層公務員不常涉入內在價值與外在價值間的衝突，而是處於各種價值之間的衝突，如效率、公平和積極度，這些都是公共行政的內在成分，為其正當性的核心價值。上述三個內在價值——效率、公平、積極度能透過勤奮、公平、仁慈來提升，也就是說，內在價值能透過不同的人格特質或德性增強。但因為這些價值五花八門且常常相互衝突，所以想培養提升內在價值的人格特質時，都不應該落入單一或執著。我們可以看到，呵護、冷漠與正義型的問題在於他們會非常堅定地行使一項確實值得肯定的人格特質，導致忽略了其他規範考量的明顯特徵。自我實踐的重點在於，幫助基層公務員敞開心胸和擴大道德傾向的涵蓋視角，來發現和回應與其職業角色相關的各種規範考量。

可以這麼說，自我實踐和德性能解決迥異但互補的道德挑戰。德性是對如下挑戰的答案：為了獲得特定情境中的內在價值，人應該發展何種人格特質？自我實踐則回答另一個比較高層次的挑戰：如何保持宏觀的道德傾向，以識別特定情況（也可能蘊含於實踐中）的各式內在價值？因此，基層公務員可能得兼備德性與自我實踐，方能勝任其職業角色。

自我實踐的目的並不是要回應日常公務生活中的道德挑戰，也與德性倫理不同，自我實踐並不想要培養深植於心靈深處的人格特質，而是將道德傾向視為在特定情境中自我實踐的結果。如果不再落實自我實踐，那道德傾向就不會維持太久。換言之，自我實踐不僅是培養，也是維持道德傾向的必要手段。再者，自我實踐並不保證能獲得各種環境都通用的道德傾向，也不一定能確保實踐者不受環境影響。反之，這方法鼓勵實踐者充分意識到環境對他們的不可或缺，並嘗試塑造對自己有利的環境，於環境中辨認和提倡所需的情境因素和環境條件，藉此建立他們想培養的道德傾向。

最後值得注意的是，自我實踐在立意上比德性倫理學更中庸且保險，也許正因為如此，實踐上較不會失敗。實踐者的目標並不是獲得一種可以在任何情境裡都能應付自如的知識，而是選擇一個較中庸的方法，讓他們在一個可能會限縮道德感知的環境中依然能維持均衡的道德傾向。這目標用比較通俗的話來說，就是實踐者不須事事都做對，而是藉由知道並抵抗自己的偏見與偏好避免一錯再錯。[64]

在接下來的內容中，我將使用「自我實踐」作為一個詮釋的視角，重新檢視基層公務員的日常百態。我的目標不是分辨和建議新的鍛鍊方法，也不是提供一本自助指南，而是針對基層公務員實行過且看似迥異的作法，提供好懂且一致的建議。這個詮釋的視角會揭示出，那些能在複雜的道德技藝與自我鍛鍊間保持平衡的公務員，是透過不斷檢視、校準和調節自己的道德傾向才能取得平衡。正是把這門技藝練成爐火純青，才能有效防止道德傾向的簡化。

自我的鍛鍊

我在這一節會重新建構基層公務員的每日道德實踐與鍛鍊，以及他們如何藉此持續檢視與修正道德傾向。那些能成功在職務上維持道德傾向平衡的人必是臨深履薄，他們不能太過投入，也無法全然置身事外，更不能過度猜疑或同情個案。他們得接受內在衝突就是這工作的一環，但也得學習如何減少衝突，讓平衡可長可久。若回溯到本章第二節的討論，有人或許會說，這些公務員得先設想如何預防失調，藉由調節過往衝突的經驗降低失調帶來的衝擊，並減緩其造成的認知扭曲。我們接下來將看到，透過這些未雨綢繆的行動，這些人會發展出一套相對中庸且務實的角色概念，得以承受工作上必須面對的艱難妥協。

我認為基層公務員練習的自我實踐可以分成三類鍛鍊：**自我檢視**、**校準**與**調節**，這三類鍛鍊可以透過先前在第二章的圖呈現（參見圖四）。自我檢視的鍛鍊讓基層公務員得以發覺自己的偏好和偏見（亦即辨別自己在圖上的起始位置）；校準的鍛鍊則讓公務員能調整與民眾互動時投入的個人情感程度（在垂直軸上移動）；最後，調節的鍛鍊幫助公務員養成這種互動習慣，在呵護與正義型之間找到一條適合的途徑（在水平軸上移動），公務員能藉由後兩種鍛鍊平衡他們在自

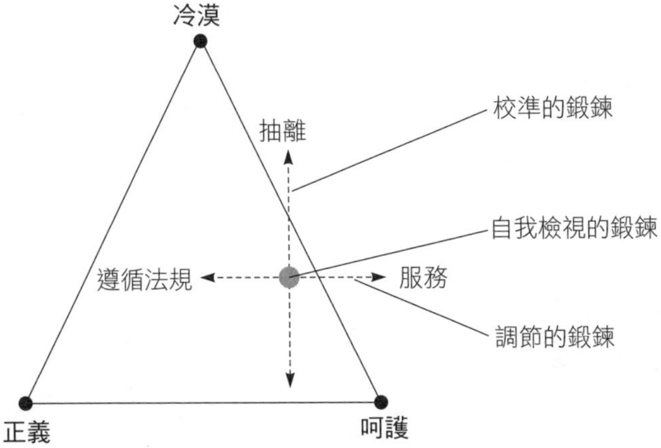

圖四／自我鍛鍊

我檢視時察覺到的個人偏好及偏見。

在接下來的篇幅，我會大略介紹何謂自我實踐，再補充具體的小故事。這些小故事來自於各種實證研究、文獻以及我在NCDI的田野調查。在田野調查方面，我主要會聚焦在瑪麗亞（Maria）的案例上，瑪麗亞是一位來自波多黎各的資深承辦人員，成功平衡其職務角色的多重要求，在NCDI被視為模範。

值得留意的是，當我描述這些自我實踐時，會形成局部和長期的道德傾向，在此援引第二章的專有名詞「評估模式」和「道德傾向」說明。在任何特定的情境下，自我實踐都讓公務員能在某種程度上掌握評估模式。然而，當這種互動重複多次，這種評估模式的掌控就可能長期影響公務員的道德傾向。藉由特定互動減少失調的衝擊，公務員能進而降低失調扭曲其道德傾向的程度。公務員的自我改革能藉由採用與道德傾向相異的評估模式來達成，也就是透過「偏離本性」逐漸改變個人人格。

自我檢視的鍛鍊

自我檢視是自我改革的必要前提：人必須先了解自己的偏好和偏見，然後才有辦法與之抗衡。正因如此，斯多葛學派要求學生養成寫日記的習慣——記錄自己日常的思維和行為。雖說基層公務體系以日記的方式記錄偶有效果，但第一線公務員多數偏好以較不制式的方式檢視自己。[65]他們通常在下班前開非正式的檢討會，花一些時間與同事回顧當日工作進度並評估自身表現。[66]

比較是自我檢視過程中一個重要的步驟。第一線公務員設想自己與同僚在同一個樣本空間對比，逐漸了解同僚的道德傾向，也漸漸意識到自己的態度與同僚之間的差異。文森．杜波伊斯（Vincent Dubois）訪問的一位初談承辦人員這樣評論她的同事：

> 我們都不太一樣。席爾薇（Sylvie）比較咄咄逼人，常讓人感受不好……而且她說明時常用專業術語，所以民眾常常一知半解……萊諾爾（Lionel）就親民許多。有人流離失所時，他會打電話到市政府，請社工協助民眾找落腳處。溝通時，他更能設身處地為對方想，他會盡力幫助大家解決問題……我想我的風格應該就是在他們兩個中間吧。[67]

第一線公務員透過正式管道得到的回饋，例如績效評估和與上級主管的對話，也能獲得關於自身偏好的重要資訊。對瑪麗亞而言，在她工作初期這種回饋相當重要。曾有個主管告訴她：「妳的問題是把民眾當朋友看待，把朋友視為親人。」這番話如同當頭棒喝，讓她警覺到自己對人過度呵護，以及自己太容易採取呵護的道德傾向。

有趣的是，來自私部門的各種目標、指標和績效報告，引進公部門後逐漸看到明顯成效，只要不是為了評鑑而評鑑，就能夠在自我檢視的過程中發揮重要作用。[68]在NCDI，員工都可以進入個案管理系統，查看各個承辦人員服務的民眾人數和民眾獲得的服務等詳細資訊。這些資料為員工提供快速且容易的方法，比較自己與同僚的工作進度，若差距太大，就意味著自己可能過度投入某些個案或過度追求效率。對瑪麗亞來說，和主管開正式檢討會時，這些資料就是有力的佐證。有鑑於她容易花太多時間傾聽民眾心聲，以及傾聽時太容易帶入私人情緒，她的業績數字一直都在及格邊緣徘徊，而這就不斷提醒她別總想著要呵護所有人。

誠然，更重要的是，第一線公務員可不是一開始就具備自我檢視的能力，而是需要日積月累的努力，還要有個可供其發展的環境。瑪麗亞最初是因為收到回饋，才想到要回頭檢視自己的偏好，從那時起，她就會利用工作單位提供的資源（從正式會議、非正式聚會、每月檢討到每日統計資料）保持自我檢視的習慣。

校準的鍛鍊

一旦公務員意識到自身偏好，他們可以試著應對這種偏好。校準的鍛鍊可以幫助公務員調整他們與民眾互動的投入程度。他們會甘願為這個案件冒多少風險？這樣做會不會太投入？又或者會不會太置身事外？這些鍛鍊可以幫助公務員調節因心理壓力造成的痛苦。

校準的鍛鍊有三種類型，我分別稱為提高／降低道德認知的鍛鍊、形成／分解道德主體的鍛鍊，以及鞏固／畫分道德認同的鍛鍊。這些鍛鍊可以雙向運用，即可以增加或降低公務員投入民眾生活的程度。在這方面，我想描繪的道德技藝（moral craft）與傅柯的觀點相當不同。他的是為了養成更強烈的存在感和主體，而我們觀點之間的差異與基層公務體系面對的挑戰有關。對基層公務員而言，過度投入和投入不足都可能出錯（請見第二章）。

我在本章一開始描述NCDI的情境，正好可用來說明第一種鍛鍊，即提高／降低道德認知的鍛鍊，公務員能藉由這種鍛鍊調節他們與民眾互動的緊密程度。第一線公務員會運用他們的肢體語言，像是向前傾身、眼神交會，強迫自己專心傾聽，進一步更投入；或者選擇往後靠、望向別處，並用其他事情分散自己的注意力，盡可能不受民眾的故事影響。

基層公務員也會運用與民眾互動的空間安排，像是當他們在辦公室與民眾接觸時，電腦螢幕就如同一面盾牌，只有公務員看得到螢幕顯示，這讓他們有機會避開民眾的視線，且能控制互動的節奏。在與民眾對話時，公務員若覺得自己情緒能量耗盡，也可以假裝去取文件，或有默契地與同事交換眼神請求支援，讓自己能暫時離開座位。一位社福工作者這麼說：

「有時候我們會說要找個文件然後藉機離開辦公室，要嘛在外面稍微深呼吸，要嘛大叫一下……同事都習以為常了。當你太……時，就必須暫時離開一下。」[69]

對於那些容易過度投入的人來說，利用中斷對話迫使自己「不去注意」或「不要去看」非常重要；反之，那些與民眾過於疏遠的公務員則得想著怎麼拉近距離。

我們往往是因為看到無法調節道德認知的前車之鑑才認知到其重要性。喬治．康拉德的小說《個案承辦人》（*The Caseworker*），其創作動機源自康拉德自己作為基層公務員的經歷。小說中的旁白是一位在兒童保護服務單位任職的第一線公務員，旁白在小說的中段悲嘆道：

面對日復一日的場景，我就是無法裝作沒看見……我的反應變得遲鈍，各種打擊愈來愈常讓我焦慮。這就是老摔角手的晚景，因為不了解新的格鬥技，就會發現自己不斷在場上倒下。近來，別人的痛苦一直在影響我，我腦海裡充斥著他們的故事，夢裡也都是他們……我強烈懷疑那些能夠平靜度過每一天的朋友，都是高超的藝術家。[70]

如果這位個案承辦人無法再承受他的工作，是因為他過度鬆懈防備——他再也無法「裝作沒看見」。這裡旁白採用捽角的術語表達，點出他的失敗就是自我實踐的失敗，未能充分發揮防禦的能力。

第二種校準的方法就是形成／分解道德主體的鍛鍊，這能幫助公務員調整他們對自己行為的責任感。基層公務體系的一個特性是涉及大量的公務規則和規章，民眾通常對這些具體內容不甚了解，而公務員則能利用這些規則自我保護。他們會透過熟悉的套路，利用「我只是在做我的工作」這句話當藉口，逃避民眾的批評。

這藉口的好用程度與通用性，使得一些公務員逐漸將自己與其行為脫鉤，面對棘手的裁量決策時會比較不痛苦或不煩燥。久而久之，有些人甚至發展出第二套規則或捷思法，能不加思量就做出決策。就像工廠生產線上的工人一樣，公務員也練就出一套「走神」（zone out）的工夫。正如文森．杜波伊斯所述：

> 「公部門的過度一致性……在面對艱難情況時可以提供自保這個重要功能，藉公務規則規避職責不應被誤解成對外在角色的『消極認同』。」進一步說，這可以被理解為一種匿名化的手段：在特定情況下，若承辦人員就只想套用行政模板，那是因為這模板提供隔離外界的屏障，是一種自保的策略。[71]

在公務員與民眾互動過度投入時，公務員下意識地躲到規則或捷思法的背後有時是明智之舉，反過來說，對那些過於置身事外的公務員就不該拿規則或捷思法當作藉口。公務員為了能承擔決策的全責可以「事先揭露」自己。[72]舉例來說，我在NCDI觀察到一些承辦人員會毫不猶豫向民眾揭露自己裁量權的具體限制。這麼做，等於實際上事先承諾說明其決策正當性，並鼓勵民眾認定公務員能為其行為承擔個人的責任。[73]

校準中的第三種鍛鍊——鞏固／區隔道德認同，是關於個人與職業生活之間的界線如何畫分。第一線公務員時常發現，自己只能藉由在工作和家庭之間建立清楚的分界線，才能應對日常的工作壓力。一定程度的畫分可以讓公務員在隔天恢復精神重返工作，而這對容易過度投入的公務員有其必要。然而，怎麼做出涇渭分明的區隔（「下班就不要再碰工作」）就需要鍛鍊。公務員必須學會從一天裡經歷的挫折中「淨空自己」，就不再想工作上的事。也得學習卸下在工作中建立起的情感屏障，只有在隔天早上要上班時才再度樹立起來。

若公務員沒有這樣的喘息空間，將會為此付出沉重的代價。一位社福工作者不得不辭職，只因她再也無法承受心理壓力。她說：「我就是無法把工作和生活分開。」她補充道：「白天的工作總在晚上仍縈繞在我腦中。」一位同事察覺到她的問題後給出以下評斷：「她太執拗了……我們每個人都有（自己的）麻煩，而你得知道怎麼打起精神來，然後維持職業與生活之間的界線。」[74]

在我和瑪麗亞的對話中，區隔界線這主題不斷浮現。在我們某次例會中，她從書架上取了一本令人印象深刻的書，厚達四百頁，書名為《家扶工作者強化技能指南》（*Empowerment Skills for Family Workers*）。雖然這本書有些磨損，但大部分的書頁上都沒有做標記，只有一小節約三到四頁有大量標記和畫線，頁面上還有黃色便利貼。這一節的標題是〈如何避免案主家庭變得過度依賴〉，而瑪麗亞要我讀的其中一個小節叫做〈設立健康的分界〉。

在帶我的過程中，瑪麗亞一直強調這本書提供了寶貴的建議，而且她每次都會推薦這本書給新進同事（就像她分享給我一樣）。這一節討論了第一線承辦人員的各式規則或行為準則，其中一句話畫了粗體，寫道：「了解自身職責的界線但不越界，是需要培養的技能。」另一段文字則提出如下建議：「有人向你求助時，往往很難說不……但說『不』其實有助於保持關係不失衡……也可以防止你心中產生不滿，甚而破壞關係。」下一段則說：「透過表達感受和了解發生什麼事，家扶工作者仍可保持對案主家庭的同理心，在保持適當的距離下，清楚看到案主家庭的情況和需求。公務員關心這些家庭，但並不為他們的人生負責，公務員有自己的生活要過。」在跟我導讀這些段落時，瑪麗亞堅持反覆閱讀這些內容很有幫助，幫助她重溫記憶。這讓人想起斯多葛學派的實踐，他們會背誦箴言並持續回想。她說：「這是一個我得不斷提醒自己的事，需要時不時回顧一下。」

相較於瑪麗亞，其他公務員的職業生涯則是從光譜的另一端開始，不是過度同情，而是過分疏離。這類公務員與民眾互動並不需要建構更多的界線，而是需要縮短他們現在的界線，如此就能建立個人生活和工作專業之間更緊密的聯繫，將私人情感投入與個案的互動當中。對於NCDI的某些承辦人員而言，參加當地教會的主日學對消除道德認同的界線非常有幫助。他們會在教會裡遇到受理的個案，而他們互動的環境在心理上與象徵上的邊界較不明顯。正如我一位維德角裔（Cape Verdean）的同事告訴我，在教堂裡看到民眾和他們家人會讓他想起自己的社區，以及自己成為承辦人員的初衷，藉此避免朝冷漠型靠攏。

調節的鍛鍊

除了校準公務員的投入程度外，基層公務員亦可以利用自我實踐調節投入程度的性質。若公務員真的投入其中，則他們又是對個案哪部分產生同情？他們又如何調節同情心，以保持觀點的平衡，即在關懷個案與守護公共資源間，找到可行的折衷方案？

公務員透過回想和道德想像的鍛鍊調節涉入的程度。首先讓我們談談回想。第一線公務員的腦海中都會保留著一系列「英雄事蹟」，其中包括讓他們深受震撼的經歷，或者蘊含重要教訓的事件。這些經驗與我在第二章中討論的類似，呈現了對民眾的某種刻畫，敘述了互動的發生及其**結局**，無論結局好壞。公務員藉由揀選出這些故事並定期自省形塑自己的道德感知。

我再次以康拉德筆下的個案承辦人員為例，他從過去經歷中挑選一系列故事，藉由溫習這些故事為工作做好準備。[75]在這些故事裡，他曾用同情的態度面對民眾，卻最終發現這民眾不值得他的信任；他曾經一板一眼以待的民眾，最後才意識到他們是一些情況的受害者，而這些情況是承辦人員無法事先預見或預防的。對這位承辦人員而言，回想這些故事不僅僅是一個悔改的過程，還有助於刻畫民眾複雜微妙的樣貌，並懷疑自己是否有能力分辨哪些人值得幫助，哪些人不值得。這些刻畫讓個案承辦人員降低自己想速戰速決的念頭，並且避免讓自己變得太過同情或質疑。

有趣的是，這不是一學就會記得的過程，而是個案承辦人員害怕自己遺忘的練習。為了能夠回想這些經驗，他保存了一些小東西（文件、照片、信件）能讓他想起這些個案的故事，並把這些小東西放在辦公室的抽屜裡隨手可得。只要拉開抽屜，個案承辦人員就可以喚起他想回憶的故事，也就是他當時需要抗衡或調節道德傾向來應對的那些個案。

基層公務員也會用道德想像的鍛鍊改變他們評估民眾的立場，有人就會秉持對受理的民眾將心比心。一個我訪談過的承辦人員就表示：

> 你必須明白，人們以不同的方式看待事物……你不能評判他們或說他們是對還是錯……我也不希望有人這樣對我。因此，當民眾來尋求協助時，我會試著想像自己坐在他們的位子上將心比心，開口向人求助其實真的很難。

第一線公務員捫心自問：「如果換作是**我**排隊等領補助的支票，或是**我**找警察處理家庭紛爭，我會作何感受？」第一線公務員有時能從自己的生活經驗，想起過去必須面對的困難，這樣的回憶或許會讓他們對民眾產生一定程度的同情。而有些公務員則繼續堅持自己的觀點，並根據他們當下的情境評估民眾——有鑑於公務員和民眾之間的社會、經濟與文化差異，公務員會傾向採取正義型的決策。

第一線公務員也會利用道德想像力改變與民眾關係的本質，有些公務員和民眾互動時，會在心中將民眾和與自己關係密切的人聯想在一起，將民眾視為遇到困難的「朋友」或「家人」。其他人則採取相反的方法，他們拒絕這種親密互動的方式，並訓練自己去抗拒任何情感投射，通常是透過縮短與民眾的對話達成這個目的。如同一位承辦人員對我說：「我需要知道你（民眾）為什麼來這裡，但我不想聽你講古，說為什麼你會沒錢。」

這些鍛鍊的重要性可以引用麥克．沃澤（Michael Walzer）的《正義的範疇》（*Spheres of Justice*）來解釋。[76]我們都處於不同的社會階層，我們認為自己應如何對待他人，取決於我們認定他們屬於哪種範疇。道德想像力的鍛鍊讓第一線公務員能以不同範疇重新定義服務的民眾，可以將之視為掠奪公共資源的陌生人，也能將之視為需要幫助的熟識。

小結

我在這一章想表達的是，那些通過基層工作考驗的公務員，能夠保持角色平衡，不受簡化傾向影響，他們絕不是消極被動，而是在修練一項精湛的道德技藝，也是一種靜態的自我鍛鍊。公務員透過善用環境提供的資源（同事、資訊、互動空間等），不斷檢視、調節與校準自身道德傾向。

如同其他技藝，我所描述公務員的道德鍛鍊會因人而異，沒有所謂的「正確解答」，也就是沒有哪種傾向或實踐的作法一體適用。有些人會傾向正義型，某些人則偏呵護型，其他人則為冷漠型，因此他們採取的作法也會有所不同。在這樣的多元性背後卻有一個不變的事實：公務員就算不情願，也要學會用節制與克制兩種德性來自我調節。如果失調對社會角色而言是根深蒂固的結構性問題時，在沒有制度改革的情況下，公務員能做的就是減輕失調的影響。公務員若能成功控制工作中隱含的緊張關係，那就能成為一個適當且可長可久的角色。康拉德筆下的承辦人員在小說結尾時總結上述觀點，他同時也指責了呵護與冷漠型公務員：

> 我譴責那些高喊個人救贖的大祭司，也駁斥那些鼓吹利他主義、追求至善而不切實際的人士，他們秉持著一副宏大的歷史罪責觀看待事物，或滿嘴說著空洞的神愛世人來包裝

普通的世俗責任；我拒絕模仿那些主日學小丑，因為深知自身能力有限，所以寧可成為一個懂得自我懷疑的公務員；我對自己最高的期望，是成為官階不高不低，但盡其所能體察民情的一介公務員。[77]

這個承辦人員似乎在告訴我們，公務體系並不是一個適合實現宏圖偉業的地方。然而，他的決斷雖顯得冷靜清醒，但絕不是一聲絕望的嘆息。若我對基層公務員的描繪相差無幾，他們要用責任換取抱負得意識到自己的局限，並盡可能在生活中保持警醒，那麼我們不得不承認：這實非易事。

第四章

當公務規則不敷使用：非正式分類法及同僚問責機制

我在NCDI做田野調查時，一開始想觀察基層公務員日常道德思辨（moral deliberation）的本質，想了解基層公務員深陷繁忙日常工作時，如何提起、討論、解決道德相關議題。按當前許多組織行為研究指出，我推測基層公務員會持續討論自身工作的道德實務，而這些討論的進行方式或內容，我想我也略知一二。

由於基層公務員接收到的工作指示通常都十分模糊且相互衝突，因此對於該如何解釋其工作角色的需求，我認為基層公務員會進行諸多討論。像是該怎麼做才算是尊重服務對象？如何在服務民眾及工作效率之間取得平衡？在標準作業程序之外，有哪些例外的處理方式可以接受？我想基層公務員會持續探討這類問題，會有不同意見的交流，讓每個人都能闡述並擁護他們對其工作角色的認知。我也猜測，基層公務員開啟這類的探討，通常並不是為了追求理論的明確性或一致性，而是因為在特定的個案上出現歧見。但跳脫政治理論學者的既定觀點，我認為若要了解這些討論的來源並解決歧見，第一線公務員必須提升對話層次，進行更抽象的探討。也就是說，基層公務員必須討論他們對其任職單位使命的了解、對其專業身分的認知以及正義和公平的觀念等。

然而，根據我在NCDI工作幾個月下來的觀察，並沒有任何對話符合我原本的預期。單位同仁針對價值觀問題進行的互動和辯論，甚至與我的預期大相逕庭。他們的對話簡短、扼要又切合實務，很少進行長時間的論辯，也從未觸及原則性的問題。面對某些特定爭議，似乎也不需要任何抽象或道德原則的討論就能解決。據我觀察，他們的對話除了極度目標導向外，內容往往也很難分析，因為他們通常會預設所有人都熟悉工作上的專業詞彙，而單位上的其他同仁似乎也不願意或無法為這些詞彙提供精準定義。舉以下這個情境為例：

芙洛拉朝著在另一間辦公室的蘿拉大喊：「安娜又打來了。她原本是昨天要來的但沒出現，說想要改預約時間。她已經打來五次了。我跟她說我現在很忙，明天會回覆，但她還是一直打來。這位小姐的態度很有問題！」

蘿拉大喊回去：「對啦，但妳也知道她就是有問題嘛。」

芙洛拉難以置信地說：「她有問題？」

蘿拉走向芙蘿拉的辦公室，靠著門說：「噢，妳不知道嗎？她沒跟妳說嗎？她出了點狀況。不然這樣好了，我來跟她談。」

我們該如何解讀這樣的對話？上述提到的「態度」、「狀況」或「問題」究竟代表什麼？本章首先欲嘗試釐清這些詮釋性問題，接著這些問題的答案會逐一延伸，揭示民主國家第一線的基層公務員，在裁量權和問責機制上面臨的諸多規範性問題。

前言

我們在第三章討論了自我實踐的重要性，當時的討論聚焦於基層公務員的個人經驗，幾乎沒有納入同僚的影響。而基層公務員並不是獨立作業，不論是在服務櫃檯、辦公室、座位、教室中或巡邏車上，公務員與其同僚都是朝夕相處。他們會噓寒問暖、互相分享笑話或故事，也會問彼此問題，尋求情感上的支持或建議，甚至會鼓勵、挑戰及針砭彼此。他們是最熟悉彼此的知己，但在批評時也不會手下留情。在本章，我嘗試捕捉基層公務員與其同僚之間日常密切互動的模式。公務體系的道德功能要能正常運作，我認為這種水平式的交流極其關鍵。

我接下來提出的論述會與第三章的觀點背道而馳。我認為基層公務體系必須避免公務員個人的道德過度專業化。我試圖藉由本章說明，團體的道德傾向若具分化或多元性，就能夠接受個人道德一定程度的專業化。而對基層公務體系而言，這會是個理想的狀態。這也意味著該論述認為，公民服務第一線的道德傾向應具備「組織內的異質性」（organized heterogeneity）。[1] 如果我說得沒錯，綜合本章與第三章的討論，基層公務體系必須找到平衡，避免落入兩種危險的情形：

公務員個人的道德過度專業化以及團體道德同質性過高。

藉此，組織內的異質性帶來的好處便不證自明了。我也會嘗試不再視基層公務員為獨立的道德主體，而是以日常緊密的同僚關係網絡出發，視他們為其中的參與者。根據我在NCDI的經驗，這種同僚關係及同僚之間的日常互動，不僅是形塑公務員個人道德認知的關鍵，同時也奠定公務員進行道德推理時的假設。若具備組織內的異質性，這種同僚互動會發展出一種非正式的問責機制，能全面監督基層公務員必須執行的道德決策，也能檢視我在第二、三章提及的公務員道德簡化傾向。

政治理論學者並未忽略同僚扮演的角色，以及日常工作論辯對基層公務員有多重要。舉例來說，法律學者長久以來都認為在解釋法律以及針對特定案例採用該法時，需要「詮釋社群」（interpretive communities）的存在。[2]這種社群能限縮法律解釋的過程，替執法人員建立會採取的共同假設，並協助他們了解執法的本質及目的。若以不同的理論傳統和考量面向出發，我們在道德倫理研究中，也可以看到同僚社群的重要性。同僚社群能夠針對抽象道德需求提供相應的實務說明，並形塑基層公務員個人的道德倫理。[3]最後，審議式民主的支持者也針對正式政治體制的工作，以及公務員和同僚、民眾之間複雜的證成關係網絡，提出公務員與所有相關人士彼此互相據理論事（reason-giving）的重要性。[4]根據此論述，若正確建構據理論事的模式，就能改變個體的觀點，也讓他們彼此有日常問責的空間。

這種同僚間水平互動的重要性也可見於組織理論以及基層公務體系的相關研究。舉例來說，約翰・布雷姆（John Brehm）及史考特・蓋茲（Scott Gates）指出，低階公務員選擇認真工作、偷懶或蓄意搞砸公務，其實主要是受到同僚的影響，而不是管理階層的強制力。[5]根據布雷姆及蓋茲的研究，公務員會以同僚為資訊來源，採取適當的行動，並尋求同僚的認同或認可。

多年來的組織理論研究也支持布雷姆及蓋茲的觀點，強調同僚的重要性。相關研究最早可回溯至管理學者切斯特・巴納德（Chester Barnard）對科學管理（Scientific Management）的批評，認為該理論僅聚焦於管理階層的強制力，除此之外，也可回顧其他人際關係運動研究，探討非正式團體的動態和組織內共同文化規範。[6]布雷姆及蓋茲或可納入政治學相關的觀點，即赫伯特・考夫曼（Herbert Kaufman）針對森林護管員的經典研究。[7]這份研究是現今多數基層公務體系研究的先驅。考夫曼在研究中指出，美國國家森林局去中心化的營運方針之所以能奏效，該單位具備的強健團體價值觀功不可沒，影響了單位底下所有森林護管員的個體行為。一如過去研究顯示，考夫曼也強調，在推動團體價值觀以及與新進成員互動時，同僚扮演著關鍵角色。在此之後的研究也都支持這個論點。[8]

麥克・皮歐爾（Michael Piore）在近期一份研究指出，基層公務體系與其他組織形式（如階級或市場制度）有所不同。兩者之間的差異在於，基層公務體系裁量權的範圍及裁量權的執行，主要是受到組織文化及同僚日常對話影響，而不是受經濟誘因或上令下從的指示影響。[9]在基層公務體系相關研究當中，豐田生產系統（Toyota Production System）常作為參考依據。豐田生產系統（Toyota Production System）是一套管理模式，授予組織基層一定的權力，高度仰賴共同文化規範、團體動力以及團隊合作。[10]

我在本章的論述將立基於這一系列豐富的研究，試圖跳脫組織理論學家及公共管理學者主要的研究焦點：效率、創新及效能，將同僚間在檯面下互動的重要性拉到道德的層次。本章也試圖探討組織生活中，隱藏在「非正式規範」和「組織文化」底下的「微動態」（microdynamics）。我們知道同僚關係的重要性，但究竟為什麼重要？藉由觀察民族誌相關的細節，我們會發現「組織文化」其實是個很含糊的詞彙，規避了受雇者可能抱持著不同的角色認知。在接下來論述中，我會描繪基層公務員的工作日常。我們會發現組織文化並不是唯一的關鍵，而是必須觀察組織中多元的次文化和次團體如何不斷溝通、解決歧見。

為說明同僚間私下互動的重要性以及公民服務第一線對道德多元化的需求，我將聚焦於討論基層公務員必須作為道德主體的關鍵時刻。在該情境下，公務員沒有任何可適用的正式規則。在本章，我會詳盡說明基層公務員在這種情況下，會傾向建立非正式的道德分類（informal moral taxonomies），進一步區分不同的民眾與個案，提供比正式工作規則還詳盡的分類。公務員之所以會發展出這種分類，部分是為了補足工作規則不夠精準或不夠確切之處，以利做出決策。

雖然這種非正式的道德分類並未透過正式的民主程序建立，但卻能有效推動公共政策的執行，也協助維繫一種特別的道德推理形式：「日常決疑論」（everyday casuistry）。這種道德推理形式不同於常見的官僚形式，規則並非由上而下（top-down）適用。我接下來會說明在公共政策的執行上，這種決疑論為何如此有價值，並解釋同僚如何影響這類決疑論的運作，以及在條件俱足下，同僚間能夠互相監督彼此的決疑推理。

藉由強調日常決疑論以及同僚問責的重要性，我旨在揭示基層公務體系背後複雜的道德生態系統，基本上不受科層制度的規管。在道德的面向上，這類組織機構之所以能夠妥善運作，主要仰賴由檯面下的人際關係及工作實務交織而成的密集網絡。但這種網絡的重要性不夠受重視，在制度改革時經常淪為刻意或意外的犧牲品。

這種網絡之所以被忽略或不受重視其實並不難理解。我接下來會用「日常決疑論」說明的道德推理形式，不僅冗長繁複、雜亂無章，最多也只能促成局部的一致性。也因此，對組織以外的人而言，這種道德推理形式看起來十分繁雜且過於武斷。我接下來將說明的平行問責機制（即同僚之間的問責機制）也很可能會受到質疑，因為這種問責機制並不是透過正式程序建立，也不適用於所有情況，更不受科層制度的規管。不僅如此，日常決疑論和非正式的問責機制至少違背了兩種廣為認可的制度設計原則：公開透明及表達的一致性（後者意指更高層級的原則一致性，是公務機關與公務員服務民眾的守則）。[11]

雖然這些疑慮都有其道理，但我認為並不能因此而忽略日常決疑論的重要性。日常決疑論能讓第一線公務員明智、負責任地達成工作角色的需求。而不夠公開透明或缺乏表達的一致性並不等於問責機制不存在。我們要認同日常決疑論與同僚問責機制對公共制度運作的正向影響，不必放棄現有的制度設計原則，而是當公務員嘗試以原則的名義要求政策和管理制度改變，以避免組織道德生態系統的關鍵面向受到破壞時，我們能觀察到公務員所經歷的權衡與取捨，並進一步了解其背後的價值與意義。

非正式道德分類：「狀況」（Situation）、「問題」（Issue）和「態度」（Attitude）

基層公務員面對個案時，必須透過法律和政令來處理，起初看似只是一個涵攝的過程。在執行政策時，涵攝進行的方式大略如下：第一線公務員承襲管理階層提供的一系列規則，而這些規則有民主程序撐腰。在面對新的個案時，公務員會判斷適用的規則，以該規則為指引，納入所有必須考量的面向及權衡各面向的比重，最終作成個案的處理方針。如果依照這樣的模式運作，基層公務員對所有民眾就能夠一視同仁，符合現代理性法治國家在理論上的假設。在判斷適用法律的過程中，基於法律的規範，民眾會被歸類到不同類別，而針對不同類別，會有一套相應的處理方式。

在執行政策時，涵攝有時候能達到目的，像是個案有非常明確的適用規則，或是適用規則提供確切的執行方針。但若以涵攝作為工作的基本準則，則會嚴重誤導公務員的工作執行。簡言之，涵攝高估公務規則的適用性，認為這些規則能夠提供明確、全面的指引。我在第一章就說明了涵攝失效的四個原因，這邊我再簡單說明一次。

首先，涵攝並未考量規則與規則間的衝突。當個案適用的規則不只一個（如規則A和規則B），且這些規則又相互衝突時，第一線公務員就必須判斷該以哪個規則為優先。此時，他們就得區分不同個案，以適用不同的規則（像是某些個案優先適用規則A，而不是規則B，反之亦然），而正式的規則本身並未提供這種區別的方式。

再來，除了規則外，第一線公務員也承襲其他法律規範，像是「因素」（factors）及「標準」（standards）。涵攝並未將此納入考量。不同於規則、標準，因素指的是必須納入考量但沒有清楚定義的各種面向，或是沒有上限但必須達到一定的門檻（如：「合理性」的標準）。第一線公務員必須權衡這些考量面向（即因素）以及門檻（即標準），並針對不同個案做更仔細、謹慎的區分。

不僅如此，在涵攝的假設下，基層公務員承襲的工作規則能夠提供明確的處理方針，也就是特定的行動指示。但實際上，這些規則可能既模糊又不明確且會有數種可能的執行方向。對基層公務員而言，正式的工作規則通常會說明必須做**哪些**特定的行動，但並不會明確解釋該**如何**執行。在這種情況下，第一線公務員通常必須根據其面對的民眾或個案，決定最適當的處理方式。

最後一點是，涵攝也並未考量在有限資源的狀況下，正式工作規則會面臨的特殊限制。當資源稀缺時，理論上應該相同處理的個案，則必須透過不同的方式辦理。若公務員無法以同等方式服務所有民眾，就代表他們對不同個案可能有優先次序的考量。

以上描述的所有情境，基本上都不適用基層公務員承襲的規則。為了完成職業角色的責任，基層公務員必須在正式的政策和法律規則之外，將民眾與個案做更進一步的區分。面對這樣的挑戰，基層公務員會傾向採用非正式的道德分類法以分辨不同的民眾與個案，據此提供最適切的服務。[12]不同於標準作業程序，這種分類方法通常是由基層建立起的，由同僚發想、分享、觀察、修改及管理。這些分類法即便沒有適當的民主來源，也時常遭到忽略，可是對協助公共政策實施與執行法律可說是無比重要。

非正式分類法的應用，雖然獲得了某些研究基層公務體系及公共政策執行學者的關注，但這個議題需要更多的聚焦討論。[13]以下警察的案例會是一個很好的說明。組織民族誌學者約翰・范・曼南（John Van Maanen）在其經典研究〈混蛋〉（The Asshole）一文指出，警察通常會將民眾區分為三種類別：「可疑人士」（suspicious persons）、「混蛋」（assholes）以及「一般民眾」（know-nothings）。[14]對於警察而言，「可疑人士」指涉的是可能犯罪或違法的民眾。「混蛋」則會公開挑戰警察權威，像是懷疑警察執法的動機、質疑警察介入的權力或是反駁警察對執法情境的定義。「一般民眾」基本上就是所有不落入以上兩種範圍者，通常是在有需求時才會與警察有接觸。

如何將民眾歸類到以上三種類別並做出相對應的行動，是警察累積多年經驗而成的「常識」，而這種常識也是區分警察優劣的依據。舉例來說，若要能夠區別「可疑人士」及「一般民眾」，警察必須在有限的時間內，將心力聚焦於追蹤、觀察以及盤查看起來可能犯法的民眾。至於如何區分「混蛋」和其他兩種類型，警察則必須根據情境，在不同的態度之間取捨，例如表現溫和圓滑或直言武斷、友好和善或追根究柢、溫柔退讓或衝突激動。警察展現的權威及掌控權是決定其能力優劣的關鍵。因此相較於「一般民眾」，警察在面對「混蛋」時，即便尚未發現任何犯法的事實，仍會採取更直接、強硬的態度。

雖然這種非正式的分類，對第一線公務員而言很實用，甚至不可或缺，但也伴隨著一些風險。首先，這種分類本身並沒有民主程序撐腰，其應用也不受民主機制的監督，因此可能隱藏著偏見及刻板印象。而這會引發責任歸屬的嚴正探討，也就是這種分類的本質及特定個案的應用該如何問責。而「混蛋」這種分類就是很顯著的例子。如范．曼南指出，我們會思考，對於身為國家代理人的公務員而言，這種類別標籤作為工作上的專業詞彙，具備什麼樣的意義？而若是有權訴諸暴力的警察，這些標籤究竟代表什麼？這些標籤涉及的特質是否代表著會有特殊待遇？

在本章的後半部，我會針對非正式分類做更全面的規範性討論，並說明我們可以如何減少這種分類帶來的風險。在此之前，我想先藉由一個田野調查的案例，探討這些分類如何形成，並進而形塑基層公務員的道德思辨。

這邊我要討論的案例是關於民眾預約未到，而這種狀況在NCDI很常見。民眾如果沒有在預約時間內出現，他們通常會打電話或到現場詢問是否能重新預約。負責個案的承辦人員不能拒絕民眾的要求，必須將預約改到下一個可預約時段。

這樣的程序看似簡單，但實際上有很大的裁量空間。如同多數第一線公務員遇到的狀況，NCDI也有人手不足的問題，承辦人員時常有大量的待辦事項必須處理，像是聯繫新個案、追蹤手上個案的狀態或處理堆積成山的文書工作。光是這些待辦事項就能塞滿他們的工作排程。面對處理不完的工作，NCDI的承辦人員在重新安排預約時，會考量所有工作項目的優先次序，決定下一個**可預約**時段：他們可以選擇將失約的個案直接安排到下一個空檔，也可以選擇延後處理。

也就是說，承辦人員可以自行決定更改預約的時間。為了能夠有效率做決策，承辦人員針對民眾要求重新預約的處理方式，我認為可歸納為以下三種類別：「行政型」（administrative）、「積極型」（responsive）及「懲罰型」（punitive）。「行政型」的處理方式是指承辦人員會直接將民眾的預約更改到下一個可預約時段。但在一年中的公務旺季，民眾可能需要等待較長時間，才會有下一個可預約的時段。此時，承辦人員可能會採取「積極型」的處理方式，讓民眾能夠盡早安排預約。他們會透過提升工作速度、縮短午休時間或加班，重新調整工作日程，想辦法在其他預約之間「擠出」空檔。「懲罰型」的處理方式則較少見，指的是承辦人員會優先處理其他事項，將重新預約的民眾排在較後面的順位。也就是說，錯過原本預約時段的民眾，必須為他們的失約負責。

除了安排預約的**時間**之外，承辦人員也能決定與民眾互動的**方式**，選擇用特定的語氣或態度面對民眾要求。同理，承辦人員也傾向將應對的方式分為三種類型：「公事公辦型」（transactional）、「關懷型」（therapeutic）、「說教型」（pedagogical）。「公事公辦型」的應對方式是將民眾的要求視為例行公事，不帶入任何個人情緒或價值觀，並維持最少的對話。採取「關懷型」方式的承辦人員則會藉著失約的情形，關心民眾，像是詢問民眾最近過得如何？為什麼錯過預約時間？是否發生了什麼事？藉此聆聽民眾的心聲，並提供言語上的支持。至於「說教型」，則是藉機教育失約的民眾，提醒準時赴約的重要性，並強調「依賴」的風險，告訴民眾對自己的問題必須要積極，才能推動事情的進展。

每個承辦人員對預約未到的民眾都有不同的解決方式。根據其道德傾向，他們可能會偏好採取特定的方式或態度，也就是我在第二章提到的三種道德類型表現：「冷漠型」、「呵護型」及「正義型」。這種預約未到和其他類似的狀況，像是民眾預約遲到、文件沒填寫完整等，都可以視為基層公務員能運用「裁量空間」展現個人的想法和行事風格。[15]民眾會因為遇到不同的承辦人員，而有不同的互動體驗。不僅如此，這種裁量空間也會影響基層公務員本身的自我意識。只有在這種狀況下，公務員才能真正感受到他們的角色舉足輕重，其他人無權干涉。

然而，儘管公務員的工作傾向因人而異，但承辦人員偏向以大抵相似的方式重新安排錯過原預約時段的民眾。承辦人員為了排定新時段以及決定與民眾的互動方式，會採用我先前提到的分類：評估民眾是否有「狀況」、「問題」或「態度」。

大致上來說，有狀況的民眾需要立即處理，包括那些申請截止日期迫在眉睫的、急需服務的個案（好比說，暖氣系統恐即將被切斷）。但除此之外，「狀況」這個分類標籤也泛指那些明明離申請截止日還有一大段時間，卻表現出因時間緊迫而痛苦、焦慮的民眾。這些過度緊張或焦慮的個案，屬於「狀況」一類的重點關注對象。一位承辦人員曾與我分享，「狀況」這個分類是為了特別挑出那些「這次不處理就沒有機會再回來」的個案，而不是那些「我們知道其實會沒事」的民眾，而這位承辦人員的說明，反而讓「狀況」這個標籤的界線變得更加模糊。

接著，有「問題」的民眾是指個人生活遭逢嚴重考驗，短期內不太可能解決的個案。這些潛在問題雖然看似還不明顯也不緊急，但會影響民眾處理日常事務的能力。舉例來說，民眾若屬於「有問題」一類，可能會出現咄咄逼人、舉止粗魯、口氣傲慢的表現。他們遇到的「問題」可以是婚姻出狀況、移民申請程序卡關、家人是身心障礙者或疾病纏身（像是自閉症小孩），又或是正在走訴訟程序。若個案或他們的家人「經常陷入麻煩」，那麼承辦人員也可能將其歸類在「問題」一類，這些麻煩可以是生活中的小困擾，像是無法控制支出的生活，也可以是遊走法律邊緣的所有大小事。公務員判斷為有「問題」的個案，與上述的有「狀況」相似，並不是指會落在一個範圍小、界線明確的個案，而是許多不同但某種程度上又有些相似的狀況。

除了「狀況」與「問題」兩類，承辦人員也必須判別民眾是否「態度」不佳。「態度」這個分類標籤是指在公務員眼裡，個案言行舉止「不當」或「荒腔走板」。有「態度」的民眾通常言行粗魯、吵鬧、不體貼。這個標籤有時也指那些覺得自己享有特權，沒有「盡力改變現況」的個案，也就是那些看似懶惰、不負責任、不肯配合的民眾。「態度」這個分類是所有消極態度特徵的大雜燴，其界線標準隨時都在變動。有「態度」與「問題」的民眾，其不同之處在於，前者缺乏站得住腳的藉口解釋其行為，也不太能引起承辦人員的同情。對於一些我在NCDI的同事而言，職場上專業精神的考驗，就是控制好自己對洽詢民眾的不友善情緒，並以禮貌、尊重對待「態度」不佳民眾。反之，另一些人則認為，NCDI的同仁有責任去糾正、教育這類民眾，既是替自己著想，讓自己工作時好辦事，也是為將來鋪路，以利未來能與個案順利溝通。

方才所描述的三種類型，即「問題」、「狀況」、「態度」構成一個非正式的道德分類方法，而三者有些共同點。首先，這些分類都是行動指導參考，藉由判斷民眾屬於有「狀況」、「問題」或「態度」，承辦人員能選擇如何因應那些要求重新安排時段的個案（參見圖五）。分類上既不屬於「問題」也不是「狀況」（表格正中間）的民眾，會收到行政、公事公辦型的應對；而同時有「問題」和「狀況」（表格左上角）的民眾，更有可能得到承辦人員的積極回應與關懷；最後，聲稱無法改善自身處境的「態度」型個案，可能會得到人員回以懲罰型或說教型的應對，也

安排時間＼互動方式	關懷型	公事公辦型	說教型
積極型	有問題、有狀況		
行政型		沒問題、沒狀況	
懲罰型			態度不佳、 沒問題、沒狀況

圖五／替失約民眾重新安排預約（1/2）

安排時間＼互動方式	關懷型	公事公辦型
積極型	有問題、有狀況	有狀況、沒問題
行政型	有問題、沒狀況	沒問題、沒狀況

圖六／替失約民眾重新安排預約（2/2）

有可能得到行政型或公事公辦型的對待。個案會得到哪種應對，取決於碰到哪位承辦人員。

我們如果聚焦在「狀況」和「問題」上（參見圖六），先不考慮較有爭議的「態度」標籤，就能看得更清楚、全面。圖六左上及右下角兩格在圖五就已經出現過：同時有狀況和問題的民眾，承辦人員很有可能採積極型與關懷型的態度應對；而既沒狀況也沒問題的民眾，公務員就可能會採行政、公事公辦型來因應。至於只屬於「狀況」或「問題」其中一類的民眾，承辦人員可能會結合不同應對方式來處理。屬於有狀況、沒問題的民眾（圖六右上角），承辦人員的處理速度極為關鍵，因為這類民眾有迫切需要解決的問題與危機。因此，承辦人員會把重心放在這些個案上，協助他們盡速預約，但並不會特意拉近與民眾的距離，也就是積極協助民眾，但仍維持公事公辦的應對模式。而有問題但沒狀況的民眾（圖六左下角）會得到與上述全然相反的回應：承辦人員會給予支持、同理、耐心傾聽，但由於這類民眾的問題並不急迫，承辦人員會把他們下次預約的時段往後排。此時，承辦人員的回應屬於關懷型，但同時也一切按規矩走（行政型）。在圖五及圖六中，我們可以發現，承辦人員面對民眾要求重新安排諮詢預約，預設的作法會走行政與公事公辦路線。而當承辦人員發現民眾落入「狀況」、「問題」以及「態度」的分類時，就可能轉向其他的因應模式。

「狀況」、「問題」、「態度」除了作為承辦人員的行動指導方針外，同時也在管理NCDI規則與條例的正式結構邊緣徘徊。這三個分類都未明列在指導手冊上或培訓課程中。此外，高階公務員不會用這三個分類區分民眾，因此也並不會授予這個分類法官方認可與正當性。

「狀況」、「問題」、「態度」不僅是非正式的分類，也與公務體系中的常見分類法有所差異。如同先前所見，這三種類別沒有明確分野，也沒有確切歸類民眾的標準。就算過去有界線或標準存在，隨著面對的個案數量增加，這些分類為了涵括相似的個案，會逐漸擴展適用範圍，超出原本的界線與標準。這不只是因為分類沒有明確界定——我在親眼目睹這三類個案時，也很難理解究竟該怎麼判斷。這也就是為什麼，儘管我多次嘗試想問出個所以然來，承辦人員要不是不願意提出清楚的分類界線，就是無法提出一個他們自己也滿意的解釋。他們可以告訴我哪位民眾是有「狀況」、「問題」或「態度」不佳，但無法清楚解釋民眾得符合哪些必要或充分條件，才能歸納到其中一個分類。

不過，承辦人員欠缺敏銳分析的能力，並不代表分類標準不清楚。分類法的建構邏輯，其實是圍繞著核心個案或典型案例建構而成。我詢問承辦人員民眾究竟做了什麼才會被歸類在「狀況」、「問題」、「態度」這三種類別時，他們往往透過描述特定案例來回答。舉例來說，解釋個案為何同時有「狀況」與「問題」（可能落在圖五和圖六中的左上角）時，某位承辦人員這麼說：

> 我遇到一位民眾，一走進門就不太禮貌……後來發現她家裡有個自閉症的孩子，母子

兩人都沒在工作。暖氣供應單位對他們提出警告，準備切斷他們的暖氣。

這種案例並非只是從特定分類中隨機抽出來分享，而是承辦人員選擇的**典型案例**，精準地呈現了屬於該分類的個案樣貌（無論這些描述內容的虛實）。也就是說，屬於同類別的其他個案，會以這些典型案例為核心，透過一連串相似類比向外延伸適用。

這種分類法的概念，透過個案的相似性從典型案例向外延伸擴張，與我們過去對分類的理解背道而馳。傳統上來看，在特定分類中的所有個案都具備一些共同特性。[16]在這種新的分類概念下，同個分類中會有某些案例（也就是典型案例）比其他案例來得更重要，我們在解讀圖五和圖六時要特別留意這點。正是這種典型案例，才能作為公務員的行為指引，如同我前面所述，引導公務員採取適切的作法。而個案情況若離典型案例愈遠，就愈難預測公務員會採取哪種應對方式。承辦人員面對一位暖氣快被切斷的民眾，大多會重新調整工作排程，空出時段協助對方，但他／她在調整個案會面時段時可能會先三思，究竟個案的供暖系統是否真的馬上就沒得用，還是對方只是杞人憂天。

「狀況」、「問題」、「態度」還有最後一個共通點：難以判定個案所屬類別。並非所有民眾都願意透露個人隱私，而那些願意說出口的，不見得是最需要幫助的人。為了替所有可能到來的民眾歸類，承辦人員必須仔細研究手上個案的細節，留心觀察民眾緊張的舉止、絕望的言行、言談中可能暗藏的問題等，因為這些都可能是民眾有「狀況」或「問題」的徵兆。正如我們即將在下一節所見，這是公務員道德認知的行使。

能否將民眾適當歸類，端看承辦人員是否能取得個案通常不願主動提及的私人敏感訊息。為了取得這些資訊，包括個人所得、健康狀況、失能或家暴問題，承辦人員必須與民眾建立一定程度的信任與熟識關係，這代表承辦人員必須有技巧地進行談話，仔細安排提問（以便從閒話家常順利過渡到更敏感一點的話題），並適時投以微笑、嘆息、皺眉、驚訝的表情表現出同理心[17]，也就是進行道德發掘（moral excavation）。[18]

日常決疑論

我先大致總結一下方才的討論。我們探討當規則不敷使用時，承辦人員傾向採非正式道德分類來應對。這些分類法透過類比形成一條條分支，從典型案例延伸擴展。當新的民眾前來洽詢時，第一線公務員會試著辨別對方所屬的分類，並判斷其與該類別的核心或典型案例有多相似。第一線公務員正是透過將民眾分類決定如何因應其需求。

這種因應新個案的方式稱為「決疑論」。[19]決疑論通常作為案例道德推理的同義詞：不是以抽象的原則、規定為基礎，試圖探討這些規則會祭出哪些特定的應對方式，而是從手上的案例出發，試著透過類比，連結到其他已圓滿解決的相似案例。也就是說，這些分類的運作就好比等價分類（classes of equivalences），把相似且相關的情況分作一類，並另外區分不相似的情況。

決疑論有著漫長且充滿爭議的歷史，最早可溯及亞里斯多德，並在耶穌會時期到達鼎盛。[20]其最著名的特色大概是不相信內容龐雜且立論高深的理論。[21]比起遵守一般原則或規定來應對，公務員更相信自有辦法能處理特定個案時，決疑論就會生根。[22]這些案例最終會成為道德推理運作的示例或參考依據，將個案情況中明顯的道德特徵，對應到合適的應對方式，像是有位民眾剛失業且沒有其他收入來源，承辦人員就必須趕快安排會面。決疑論與按原則行事的差別在於，前者不追求廣泛類推適用，而是如何完美因應手邊的特定個案。藉由著重典型案例而非墨守成規，在實際遇到新個案前，決疑論者能跳脫昔日用來解決各種新個案的框架，也避免置身於抽象且早制定好的行為規則中。

但決疑推理也並非全然屏棄規則。受理新個案時，承辦人員必須進行類比推理（analogical reasoning），先辨別出個案明顯的道德特徵，再將這些特徵連結到典型的案例，並探討其中的異同。接著，承辦人員必須據此決定如何因應——例如，判斷薪資銳減的民眾，是否應當作失業來受理。為了解決這個問題，承辦人員要能提出個案與典型案例之間的相似處，也就是說要試著找到一個兩者共通、略為抽象的描述，可用以說明兩者的相似程度。舉例來說，這裡適用的原則可能會是「急需經濟補助」的所有民眾都有「狀況」，必須盡快安排諮詢。在這原則之下，不管是失業的民眾（典型案例）或薪水銳減的民眾（新個案）都適用。由此可見，決疑論的獨特之處在於，其並非毫無原則可言，而是與一般公務原則相比，其原則相對更為具體。採用決疑論時，原則的使用僅限於用以解決手頭上的實際問題，不會超過解決問題的必要範圍，也不會嘗試詳細說明決策和典型案例是如何達到巧妙的結合。意即，決疑論避免涉及任何高深理論，只針對如何處理個案提供局部（而非全面）可以一貫適用的原則。[23]

決疑論採用的原則還有另一個重要特徵：這些原則是在類比推理過程中產生，進行類比之前並不存在。[24]也就是說，採用決疑論的公務員剛受理新個案時，一開始並不清楚要拿什麼來類推適用。往往是著手進行案件比較或對比時，相關原則或是略為抽象的共通性才油然而生。這種著重案例勝過原則的立場，與認識論的概念背道而馳，前者（即決疑論）持開放態度，即公務員可以透過仔細觀察細節進一步了解個案，並相信原則具備可塑性，能根據情況改變。

決疑論包含兩大步驟：承辦人員首先要行使道德認知與道德發掘。[26]受理新個案時，第一線公務員在進行推理前，必須能察覺該個案明顯的道德特徵。舉例來說，承辦人員必須能判別個案是否身處困境與危險之中，也要能辨認個案語帶攻擊究竟是好辯還是焦慮，或是兩者兼具。正如我們將於下一節探討，第一線公務員要能判別並準確察覺明顯的道德特徵，得先培養多元的感知能力。[27]

行使道德認知與道德發掘後，決疑論的第二步是採取類比推理。承辦人員定位好個案明顯的道德特徵後，像是新個案（A）具備甲、乙、丙三特徵，承辦人員就必須將這些特徵對應到現有的典型案例（P_1、P_2、P_3等）。我們方才提及，可以將每一個典型案例理解成一系列相互串連的道德明顯特徵，並據此得出適切的因應方式。假如與個案（A）相關的明顯特徵與典型案例（好比說P_1）完全吻合，那麼就能完全比照辦理。然而，類比推理的困難之處就在於，很少會有完全吻合的情況。多數情況下，個案與典型案例之間只會有部分吻合，因此承辦人員得評估個案（A）與典型案例P_1有多相像，判斷是否可以採用同樣的因應方式。而採取相同處理方式是否可行，端看能否發現或創造一個合理的共同原則，解釋為何兩個案雖存在差異，卻使用相似的方式處理。

儘管把決疑推理分為兩步驟有助於解釋推理的過程，即第一步（道德認知與探求）替第二步（類比推理）提供「原料」，但請留意，這只是一種方便解釋的簡要說明。正如一些學者指出，從某個角度來看，道德認知過程如同試著辨認出規律：我們認識新事物的方式是透過類比已知事物。[28]換句話說，我們如何行使道德認知，取決於我們目前手邊有的道德分類。[29]我們透過類比獲得判斷依據（即明顯的道德特徵甲、乙、丙），然後在此基礎上進行類比推理。這邊的觀察結果很重要，點出承辦人員遇見新個案時，心中的道德分類及手邊的典型案例，會塑造他們一開始能「看見」個案的哪些面向。

誠然，由於我們無法實際觀察第一線公務員的推理模式（好比決疑論），所以我們不該輕易咎責。不像經常採用決疑論的英美法系（以判例為主）法官或耶穌會傳教士，基層公務員不會留下任何道德思辨的書面紀錄，也不會把案例彙編成冊成為其他公務員的參考依據。在探究公務員的思維時，我們只能透過傾聽他們彼此間的談話內容、描述及分類個案的方式、觀察其決策來推知一二。即便有這些限制，我相信我們仍有充分理由認為，決疑推理的架構確實巧妙捕捉當公務規則不敷使用時，基層公務員傾向如何處理案件。首先，決疑論推理能幫助我們理解，為何公務員從未涉及原則與抽象討論，這點我於本章稍早提過。這類討論之所以不存在，是因為實在沒有必要。決疑論提供承辦人員一種結構分明的框架，可用以討論個案與解決分歧，不需要回頭探討原則性的問題。不僅如此，決疑推理框架還有助於解釋，承辦人員採取的分類上為何是開放和流動式的結構（因為這些分類是隨著時間透過一連串類比建立而成），以及為何沒有人認為需要分析描述這些分類（因為決疑推理過程不需要諸如此類的分析說明）。最後，這種框架讓我們理解為何基層公務員的決策雖然具備架構，但實則難以預測，以及為何基層公務員經常把外界看似截然不同的個案納入相同分類（這是因為決疑推理欠缺放諸四海皆準的一致性，不像其他更有原則可循、用以解決個案的方法）。

決疑論的好處

非正式道德分類法在公共服務的第一線並不少見，我們也不能因為基層公務員別有居心，或未經授權行使這種分類法，試圖擴大自主權、以自身意志取代法律或表達自身偏見，就反對第一線公務員運用非正式道德分類法。我們必須理解或假定這種分類法是面對實際問題時一種合理的應對方式：即基層公務員承襲一套模糊的規則，但這些規則與個案需求有落差，所以基層公務員的應對方式無法每次都按照規則類推適用。

但即便如此，我們眼前仍有規範性任務必須解決。即便我們接受非正式分類法背後有合理的原因，仍必須探討：以國家層級來看，非正式分類法是否有必要存在？首先，這些分類法並沒有民主撐腰。非正式分類法構成一種中介，用以協調公共政策的實施，但缺乏適當的民主依據。也正是因為這些分類法本身沒有正式法源依據，所以成了規避官僚監督的標準管道。基層公務員有什麼權力拓展或運用這種分類法？人民又如何確保國家公僕使用分類法時會慎重以對、合乎情理並秉持核心民主價值？若再把非正式道德分類法相關的潛在風險納入考量——好比說專斷對待、個別主義（particularism）、歧視、濫權——，我們至少要提出三個叩問：若停止授予公務員相關的裁量權，讓非正式分類法無法妥善發揮作用，是否就能屏除對這種分類法的需求？假如這麼做沒有用，是否有其他更好的方式，能讓基層公務員妥善行使裁量權？最後一個問題是，若事實證明基層公務員無法避免使用非正式分類法，或有正當理由保留這種分類法，我們該如何確保公務員會好好拓展、運用這種分類法並為此負責？我將在本節回答前兩則問題，並在下一節回來探討問責的問題。

當標準作業程序有闕漏時，基層公務員會採用非正式分類法與決疑推理因應。但除此之外，至少還有其他三種可行的替代方案。其中最直接的方法或許是形式化（formalization）：即透過政治或行政作為增加相關規定，以補足上述標準作業程序的缺失，從而去除對裁量決策的需求。若形式化能奏效，就能引導基層公務員使用涵攝模式執行政策。

面對裁量權在公共服務第一線愈來愈盛行，形式化有時可作為適切的因應方式。有些過於敏感、重要或容易出錯的決策，不應由基層公務員自行裁策，在這種情形下，形式化就能亡羊補牢。當發現公務規則有闕漏時，可以透過形式化補足，但形式化並無法預防規則出現闕漏[30]，因為我們沒辦法預料基層公務員會面臨的所有突發事件，也無法事前說明因應突發事件的標準作法。形式化本身也有缺點：會扼殺公務體系的創新，並降低其靈活度、適應力和積極因應的能力。形式化遇到的困難不只是理論上的，實務上更是如此。當規則變得愈詳盡，愈無法提供行為指引，且愈有可能與其他規則產生衝突，從而擴張公務員裁量判斷的空間。研究公務體系的學者長期以來觀察到，透過增加標準作業程序消除裁量權，最後往往適得其反，又或只是改變了裁量權的焦點。[31]

如果形式化無法彌補規則、政令結構中存在的所有漏洞，那麼我們必須研究，當規則不敷使用時，基層公務員如何思考該下什麼決策。這個問題的本質與法哲學家思考如何做出裁決時相似。藉由爬梳法學文獻，我們至少可找出兩種替代決疑推理的方法——一種與法實證主義有關，另一種則是從法律詮釋主義切入。

法實證主義者將法律理解為具約束力的規則與原則的集合，因為透過這些規則與原則，能追溯到當局的某個社會行動。法官在受理新案件時，首先必須查閱法律中的指導原則，如果該原則無法對案件做出裁決，法官就別無選擇，只能自主裁策、開創先例，才能頒布新法。諸如此類的決策可說是非常重大，因為法官必須考慮自己所能提供最好或最普遍的道德原則或理由，還要同時考量公民權利與福祉。[32]法官作為釋法者，應能透過一套清晰的信念和原則解釋為何**此**判決（相較於其他可能的判決）最為適切，不是僅就個人觀點，而是「以社會之名」判定。

羅納德．德沃金（Ronald Dworkin）提出另一種裁決的情境，讓我們擺脫法官作為釋法者的形象。據德沃金的觀點，法律不只涵蓋能追溯至當局社會行動的規則與原則，還包含支撐這種社會規範的道德原則，而這些原則也能夠解釋和證明這些社會規範。[33]正如某位評論家指出，德沃金的觀點意味著——與法實證主義相反——「即使社會指導原則用罄，但因為道德指導原則不會枯竭，所以法律不會不敷使用。」[34]依此觀點，法官在思考任何判決並確定法律適用範圍時，全靠他們如何詮釋案情：法官必須根據政治道德原則來判案，而這些原則能有條理地解釋社群的法律實踐。這種有條理的詮釋過程有助於保障一種規範性理想，即「法律作為原則一貫性」（law as integrity，又稱「整全法」）：即新判決必須與昔日判決相吻合，就好像是由同一人做的判斷，猶如都源自一個單一、連貫的道德與政治理論。

當鏡頭轉到公共行政第一線時，這兩種法學理論呈現出兩種截然不同的規範性理想：一是基層公務員作為釋法者，另一則是基層公務員作為能夠有條理解釋其策的詮釋者。儘管營造出來的形象迥異，但這兩種裁決模式有很多共通點，一是兩者都強調道德推理在判決過程中的重要性；二是兩者都呼籲公務員從手上的案子退一步思考，按照明確、合理且未來也能類推適用的原則來決策；最後是兩者都認為，無論第一線公務員的角色是立法者或是詮釋者，在特定情況下，都有責任說明更抽象的信念及原則（類似一種理論），這有助於解釋為何其決策適當，以及這些決策如何類推適用。從這些面向看來，兩種模式理論上都立論高深：要求基層公務員對道德或政治理論了然於心，能促成、解釋、合法化並協調其選擇。

但是無論這兩種模式從法理上來看有多麼準確或可取，我認為兩者在本質上都沒有捕捉到基層公務員實際處理個案的方式，更沒有提出一種滿意的理想，解釋公務員該怎麼處理個案。在前兩節中，我試圖闡明第一線公務員既不是立法者，也不是政治理論家，而是決疑論者，我將於本章其餘部分嘗試論證，第一線公務員作為決疑論者是件好事。

對於基層公務員而言，相較於他們在法實證主義或詮釋主義下必須承襲的任務，決疑論賦予他們的任務理論上相對溫和許多。決疑推理實際上將第一線公務員的日常工作與高深的上位理論區分開來，允許基層公務員透過典型案例類比，決定哪些是「棘手的案件」，而這些典型案例能藉由較低階或中庸的共同原則解釋與證明，不須追溯基本道德原則。如我於本章第二節解釋，決疑論為道德推理提供一個完善的框架，足以公正看待案例之間的異同，但這麼做既不需要也不追求一個完整且連貫的道德理論。決疑論者通常避免進行抽象論證，因為他們不需透過這類論證應對個案，同時也傾向避免做出看似政策與法律的大膽聲明，因為這等同於提前替未來的特定行動祭出承諾，並會導致他們無法盡力積極處理新問題。決疑推理對基層公務員來說是種奢侈，因為其決策不受過往案例約束。相較於立論高深的方法，決疑推理有不少好處。

首先，相較於我方才描述的兩種裁決模式，決疑論在認知上的要求較低。受理新個案時，第一線公務員可根據所有現有的示例作為參考，判斷如何給予民眾適切的答覆。他們不需如德沃金筆下的法官赫克力士（Hercules），透過推理回歸到基本的道德原則，也不需在對案件的直覺與基本的道德承諾之間深思熟慮、努力取得平衡。藉由類比推理和達成局部的一致性，承辦人員能更快結案，且減少心力耗損。

決疑論的另一個好處是，基層公務員能以一種有架構的方式結案，而不必在政策問題上著墨，而這種中庸的決策方式，恰巧與基層公務員缺乏民意授權的身分契合。由於第一線公務員負責處理特定案件，因此有人可能會辯稱，公務員不該將法律闕漏處看作可以自行裁策的機會，而該視為一種處理公務的餘裕，以最即時、詳實的方式處理手頭個案，不需要覺得有義務遵循預先建立的行為規則。確實，若民選行政首長或他們底下經正當民主授權的政務官想要用某種規則或政策結案，他們靠自己就能辦到，不需透過基層公務員。

決疑論也鼓勵基層公務員把有限的注意力與資源用在最需要行使道德判斷的任務上，即好好把握與處理手上個案的細節。畢竟實際情況往往比行政規則及分類更加精細、複雜。作為國家與公民的橋梁，基層公務員具備獨特的視角，能察覺個案明顯的道德特徵，了解哪些特徵沒有涵蓋在現行規則中。相較於立論高深的道德推理方式，決疑論的優點之一是直接強調道德認知過程，也就是看重每位第一線公務員觀察明顯道德特徵的能力。決疑推理的核心不是鼓勵公務員加強運用基本道德原則進行推理的能力，或更努力發展出一套有系統、邏輯連貫的理論，而是強調另一種價值——洞察力，期盼公務員能準確察覺個案所需，並能分辨該個案與其他個案之間極其細微的異同之處。基層公務員作為國家與社會的橋梁，肩負特定的道德要求，而培養洞察力是一種了解、適應這些道德要求的方法。

基層公務員身為國家與公民間的中介，決疑論有另外兩個特色對其扮演的職業角色特別管用：靈活度和適時調整。由於基層公務員不需要根據二元標準（binary criteria）給予個案制式的應對，所以說決疑推理具備靈活度。公務員反而能根據現有的典型案例與手上個案的相似**程度**修正其應對方式，這讓公務員能提供更精細、細膩的回應。除了靈活度之外，由於決疑推理只需要達成局部的一致性，所以對基層公務員來說，適時調整應對個案的方式並不難。適時調整代表基層公務員可把新的典型案例納入現有示例的集合中，也能刪去舊的示例，不必全面調整個人的道德思維架構。如果我們是用系統性的道德理論，就得調整自身的道德思維。這讓基層公務員能迅速修正先前錯誤、在應對個案時採取新方法試水溫、適應不斷變化的環境。

最後且最重要的是，決疑論允許不同道德傾向、角色概念的基層公務員能好好共事，不必放棄或調整自身道德傾向。如先前所述，決疑論對其他高深的上位理論存有疑慮，而這種疑慮能夠促進凱斯．桑思汀（Cass Sunstein）提出的概念「就算不全然參照理論，還是能取得共識」（incompletely theorized agreements），意思是即使人們在其他更為基本的議題上存有分歧，面臨實際問題時仍能達成共識。[35]基層公務員不需要拋下自身信念與同僚相互較量，也不需要針對歧異進行談判以求達成理論上的一致，而是應讓他們把注意力放在解決具體問題上。正如實用主義與審議式民主的支持者所言，就算人們在更基本的問題上意見不一，還是能在處理實際問題時取得共識。舉例來說，在NCDI，就算呵護、正義、冷漠型這三類型的公務員對於何謂最適切的角色概念或道德傾向看法不一，對判斷哪些個案屬於有「狀況」的想法也互異，但他們仍一致認為只要個案歸類在有「狀況」，公務員就該迅速處理。

透過讓不同道德傾向的公務員共事，不強迫他們在基本原則上達成共識，決疑論允許公務機關內的公務員能夠採取不同的方式履行職業角色。如此一來，決疑論沒有否決美國政治文化的多元性，反而接納這種多元性存在於行政國內。此種兼容並蓄帶來三項好處：一是創造出能更好反映社會樣貌的國家；二是建立起行政機構，且其中的道德價值不易遭到踐踏，道德特徵也不會受到忽視，因為行政機構內都有擁護這些價值觀或道德特徵的公務員；三是有助於確保多元性，正如我們即將於本章第五節探討，同儕問責制要能有效行使，必要的先決條件就是多元性。

問責機制的弊病

目前無止，我們論證形式化不能完全消除對非正式道德分類法的需求，而論及行使裁量權，決疑推理是因應基層公務需求的明智作法。比起其他更講究理論的推理模型，這種因應方式具備數個優勢，但也留下有關問責機制的一個棘手問題。目前我所描述的非正式道德分類法並未經民主程序核定，如果真的有民主程序背書，又如何確保公務員行使這些分類法時會考量、尊重我們政治文化中多元的規範價值？對於公務員採取非正式分類法時，可能會伴隨專斷、偏見或特殊主義的風險，我們又該如何防範？上述問題極為重要，因為除非我們能確保有一定程度的問責機制存在，否則最好完全放棄裁量權以及帶來的優勢，要求基層公務員遵照預先建立的行動方針行事。為了避免政府專斷專為帶來的風險，許多民眾寧可接受政府行事僵化與被動，視其為約束政府的代價。

基層公務員採用非正式道德分類法時，必須對兩個面向負責：一是採取的道德分類性質（為什麼是這些分類？為什麼選擇這些典型案例？）；二是如何將這些分類應用於特定情況（個案是否真有態度問題？採取的應對是否符合比例原則？）承上，第一個擔憂是關於道德分類法，這與同僚層級團體制定的標準息息相關；第二個擔憂則是分類法的運用，公務員會根據這些標準評判其他個別公務員（也就是同僚）的行為。

儘管每當公務員能對民眾行使裁量權時，問責問題就會油然而生，但在非正式道德分類法下，這問題顯得特別迫切，因為民眾並不樂見公務員使用決疑推理。根據《柯林斯英語詞典》的定義，決疑論指的是「似是而非、誤導或枝微末節的推理」；按照《牛津英語字典》的解釋，則是「處理棘手的責任問題時，採取狡辯或逃避的方式」。「決疑論」一詞之所以偏貶義，可見一斑。決疑推理至少在兩方面飽受批評：一是過於鬆散，以及並未公開透明接受大眾檢視。這些指控與決疑論的優點高度相關，也就是一體兩面，其優點包括靈活度、聚焦細節、對立論高深的理論抱持懷疑、擁抱多元性。

帕斯卡（Pascal）在其著作《致外省人書》（*Provincial Letters*）大力指控決疑論過於寬鬆，對耶穌會人士嚴正抨擊，因為在當時，耶穌會人士為決疑推理的主要擁護者。[36]如同我們先前所討論，決疑論的立論基礎是一連串的類比，但類比推理令人詬病之處在於，既沒有兩個個案全然相同，偏偏又在任兩個個案之間，我們又**都能**從中找到相似處。決疑推理透過一種微妙的方式分析個案，透過繪製多條又長又複雜的「類比分支」，將看似八竿子打不著的個案連結起來，而又能把看似幾乎相同的個案分開。正因決疑論沒有預先指定個案之間要找出那些相似性，再加上決疑論本身沒有結構明確的理論背書，所以會讓執行者無所適從，導致決疑論容易遭到誤用與濫用。在道德推理過程方面，由於決疑論沒有祭出足夠的約束力，所以遭批過於寬鬆，留給執行者太多餘地，讓其按照自認合適的方式行事。

但我們更應擔心的是，公務體系為了控管公務員行使的裁量權範圍，所採用的三種主要問責模式，即科層問責（hierarchical accountability）、直接問責（direct accountability）、專業問責（professional accountability），在公務員行使非正式道德分類法時，並無法發揮適當監督的功能[37]，因為公務體系的管理階層並不清楚公務員怎麼使用非正式分類法，所以很難對其咎責。

科層問責制是公務體系最主要的問責方式。由於基層公務員屬於公務體系的低階雇員，因此隨時可能遭上級要求解釋、證明其裁量權的合理性，而下屬（基層公務員）既然知道必須為自身行為負責，辦公時就會傾向採取能自我解釋、證明的方式。[38]

公務體系日常運作時，科層問責制能發揮重大作用，但一旦碰上公務員使用非正式分類法，科層問責制的作用就會受限。首先，這種分類法屬於**非正式**，所以只會在同僚之間流通，基層公務員通常也不會向上級主管披露，因為擔心主管可能不會贊同，或是因此限縮他們的裁量權空間，使非正式分類無法妥善發揮作用。因此，上級主管或許不知道這些分類法是什麼，也不清楚運用時機，而就算他們知道這種分類法存在，也不太可能妥善評估這些分類法的運用。上級主管與其下屬的工作環境並不同，所以往往不會留意到基層公務員面臨的實務需求及限制，也因此不了解為何基層公務員需要分類個案。舉例來說，NCDI的第一線公務員確信，上級主管既不明白他們是以什麼為基礎，非常謹慎地建立起這種分類法，也不理解這種分類有何必要。他們認為，主管提出的建議與基層公務的實際狀況完全脫節，也就是說，對於非正式道德分類法，上級主管與基層公務員的觀點背道而馳。如同一位承辦人員所說：

有時我們了解民眾，知道其中有些人頻頻來找碴，所以明白什麼時候該阻止這行為。我們會說：「不行」、「請回」、「要這麼做」，但接下來主管就會走出來，對我們說：「怎麼不再多花一點時間耐心解釋給他聽呢？」……所以我和主管的看法不同，但因為我們了解個案，所以有時會試著迴避與主管硬碰硬……一而再再而三……他（上級主管）可以督導我們的個案應對方式，有時我們左耳進右耳出……我們就會覺得，搞什麼，根本沒人在乎好嗎？

上級除了沒資格評估非正式分類法的好處以外，也沒辦法評定這些分類法的運用方式。決疑推理靠的是道德認知與相似性判斷，但除非承辦人員能獨立處理手上的個案，不受上級主管的介入，否則很難評估其決疑推理的品質。由於上級主管通常不會與下屬的個案有任何互動，他們能掌握的訊息都來自於下屬，而這些下屬得接受主管的評估，因此主管獲得的資訊並不可靠。

簡而言之，上級主管對實際的基層工作太過陌生，無法確切評估下級採取的道德分類，也因為雙方的工作日常相隔甚遠，主管無法監管下屬的道德分類使否運用得當。然而，我並不是要否定科層問責制毫不管用，我的觀點其實完全相反。上級透過密切關注下屬的行為及其提供給民眾的服務（**資源**分配給**哪位個案**、分配**時機**、**方法**），儘管不能直接觀察下屬所使用的非正式分類法，但還是能看出採用這種分類法後產生的績效差異。

公共服務單位通常會採用直接問責制補足科層問責制的闕漏。在公務互動過程中，民眾是最大的利害關係人，因此公務體系將監督權轉移給民眾，讓民眾監督公務員的行為（即直接問責制）。上級主管的監督像是「警察巡邏」一樣持續不間斷，但民眾的監督可能沒有這麼規律，只有出現特定問題時，他們才會「警鈴」大響。[39]民眾有各式各樣的方法能對公務員問責，像是能直接對第一線公務員提出質疑，也能要求和公務員的上級談話，最終手段是聯繫民意代表或告上法庭。[40]同樣地，直接問責制也是利用公務員對懲戒的恐懼，以及害怕不得不公開解釋自身決策，促使他們合理使用行政裁量權。

可是，一談到非正式分類法，直接問責制並不比科層問責制受用。因為這種分類法是在檯面下運作，所以民眾就像上級主管一樣被蒙在鼓裡，不知道承辦人員使用分類法的時機，也不知道分類法究竟是什麼，因此無法適時挑戰或質疑基層公務員的決定。非正式分類法之所以不向民眾公開有其充分理由，比方說民眾若知道自己被分到有「狀況」的一類能得到更多協助，他們有可能會透過特定言行誘導公務員下判斷，為其套用理想的標籤分類，進而「占公務體系的便宜」。所以如果將非正式道德分類搬到檯面上，就會與當初建立這種分類法的目的背道而馳。

除了科層上級和民眾以外，公共服務機構也仰賴專業社群來問責公務員。這些社群制定並管理一套職業守則，違反這些準則的社群成員就可能得接受懲處或遭驅逐出該社群。[41]當某一職業成員須遵守與一般大眾不同的道德準則（例如：需要為被告辯護的律師），或是只有社群內成員具備特定專業知識，能夠評估同個社群內其他成員的行為時（例如：醫療疏失），職業守則就特別有用。

不同於科層問責制與直接問責制，專業問責制仰賴的是同僚判斷，且同僚之間不僅關係緊密，也有能力評估彼此的行為。可是，專業問責制有兩個限制，首先，並非所有基層公務員都屬於「職業定位明確的專業人士」；接著，也是最重要的一點，職業守則或許適用於某些公務行為，但對其他公務行為就會顯得過於籠統，尤其是這些守則往往只懲戒悖德或有失專業的行為。職業守則作為問責工具，主要是針對特定職業的社群成員，區分那些履行社會角色（並從中取得正當性）的成員，以及逾越其角色界線的成員。

但問題在於，與道德分類法相關的諸多爭議都落在專業行為的範疇內。簡單來說，基層公務員有各式各樣的方法履行其職業責任，也就是在扮演職業角色時，有許多不同的履行方式，而基層公務員也必須對其採用的方式負責，不是只有行為有失專業時才得接受問責。可是，職業守則通常無法規定基層公務員個人行事風格。舉例來說，職業定位明確的專業人士能約束不稱職或缺乏誠信的公務員，但不會質疑公務員沒認真找出有「狀況」的個案，也不會質疑公務員是否太鑽牛角尖，想找出「態度不佳」的個案。這些專業人士可能會讓那些執法過當或貪腐的警察被免職，但不會挑出那些傾向為民眾貼上「混蛋」標籤的警察。綜上所述，我們陷入了一個困境：科層問責與直接問責無法深入非正式分類法實際發揮作用的場域，而專業問責制也不夠完善，只能要求公務員為其不當行為負責。

同僚問責制及組織內的異質性

如果上級主管、個案、專業人士都無法直接監督、監管公務人員行使非正式分類法，那我們只好寄望同僚，看看同僚是否能彌補現有問責制度的不足。[42]公務員的同僚不像上級主管往往是一個人面對眾多下屬，與下屬的工作日常相距甚遠，同僚則是幾乎都在彼此視線範圍內；公務員的同僚也不像民眾，因為同僚完全了解現有非正式分類法的樣貌。同僚是所謂的「知情人士」，透過這些同僚，非正式分類法得以傳承，由後進的公務員承襲。此外，同僚與彼此的工作日常非常接近，因此能評估彼此的工作風格，無意間聽到其他同僚與個案的對話，並知道何時該干預以及如何干預較適當。

我在NCDI的觀察確實表明，行使非正式道德分類法並非單一公務員的作為，而是群體共同的行事方法。在日常工作過程中，同僚會不斷觀察及探查彼此的工作方式，甚至會直接打斷對方的工作，若不是稱讚、批判、嘲弄對方，就是提出質疑，但同時也會提問、給予建議、要求對方解釋，並做出判斷。同僚關係既長久又全面，不僅幫助彼此互相提點與學習，更緊扣決疑推理的每個過程，例如發生情況時，承辦人員會先觀察並辨別明顯的道德特徵，決定個案最適合套用哪個標籤分類，並在分類完畢後，評估後續該採取什麼行動。

接下來，我將透過我在NCDI的田野調查所見，說明公務員在行使非正式分類法時，與同僚之間的互動方式及樣貌，並論證這種互動方式能作為一種特殊的問責機制，補足先前提及科層問責、直接問責以及專業問責的闕漏。與此同時，我也會論證這種同僚問責是由多元的道德傾向與角色概念來驅動。這麼說是因為基層公務員行使非正式的道德分類時，同僚都會在場，其中也包含了那些持不同意見的同僚，而這些同僚會透過不同方式表達不滿，促使公務員必須為其使用非正式分類法的方式負責。

我已於第二章說明，基層公務員對新個案的應對方式會受到自身道德傾向影響，擁有不同傾向的基層公務員對道德特徵的認知也不同，他們在選擇要以哪些典型案例作為決疑推理的基礎時，也會有所分歧。面對想法分歧、意見相左的同僚，如此多元的工作場域，正是孕育非正式分類法的搖籃。基層公務員深陷同僚給予的各種壓力之中，有些公務員會把自己視為某些明顯道德特徵的守護者，鼓勵支持那些所見、所想略同的同事，並時時盯著那些看法分歧的同僚。這種同僚壓力是為了抵抗道德傾向的簡化，避免公務員發展出過度單一的道德傾向。公務員的道德觀愈狹隘，比如說愈傾向於冷漠、呵護或正義，面對採取相反道德傾向的同僚，就必然會感受到更多壓力。如果工作場域的道德傾向夠多元，這些傾向就會相互制約。據此，我相信這意味著公務機關的組織架構也要有所因應：如果無法避免公務員使用非正式道德分類，並同時得落實問責制度，公務體系就必須營造出一種工作環境，允許多元道德傾向發展，讓每位公務員都能充分以自己的方式履行職責，並能積極擁護自身道德傾向。

現在我們可以回頭想想，我在本章開頭提及的兩位公務員對話，我們可以試著解讀看看：

芙洛拉朝著在另一間辦公室的蘿拉大喊：「安娜又打來了。她原本是昨天要來的但沒出現，說想要改預約時間。她已經打來五次了。我跟她說我現在很忙，明天會回覆，但她還是一直打來。這位小姐的態度很有問題！」

蘿拉大喊回去：「對啦，但妳也知道她就是有問題嘛。」

芙洛拉難以置信地說：「她有問題？」

蘿拉走向芙蘿拉的辦公室，靠著門說：「噢，妳不知道嗎？她沒跟妳說嗎？她出了點狀況。不然這樣好了，我來跟她談。」

這種對話簡短扼要、含糊其詞、充滿預設立場，我們會想像是兩位要好的同事，已習慣彼此的存在。這段對話的前提是，雙方認為彼此都熟悉該情境中使用的非正式分類法：「狀況」、「問題」、「態度」，並把這三個分類作為專業術語使用。

實際上，對話其實很直白好懂。承辦人員（芙洛拉）表達自己對個案不斷來電感到無奈，並希望獲得同事的體恤。同事（蘿拉）並不是聽聽而已，而是繼續質疑芙洛拉的反應。蘿拉反駁芙洛拉的看法，蘿拉覺得個案不是「態度」不佳，而是有「狀況」和「問題」。參照圖五，這種分類的改變意味著公務員應該採取不同的方式回應個案要求：芙洛拉想先處理其他業務，再來替這位個案重新安排預約，但蘿拉卻自願接洽這位個案，並認為應該愈早處理愈好。

蘿拉藉由挑戰同事面臨狀況的處置方式，糾正了芙洛拉對個案的不當分類。這兩位同事之間看法不同，部分原因是道德認知差異。從芙洛拉的角度來看，個案沒必要打這通電話，但蘿拉卻覺得是個案感到痛苦的徵兆，必須及早解決。蘿拉有信心挑戰芙洛拉對這位個案情況的解讀，因為她更了解這位個案。蘿拉有個案的相關資訊、了解個案的狀況或問題，但芙洛拉並不清楚。而缺乏相關資訊，正是蘿拉譴責芙洛拉的原因。蘿拉對芙洛拉的種種反問（「她難道沒告訴妳嗎？」）是因為芙洛拉應該比蘿拉更清楚個案處境。假如芙洛拉在與個案互動時更細心和敏銳，就能發現「狀況」或潛在「問題」的跡象，或許她太專注達成個人目標，所以沒發現個案哪裡不對勁；或許她在與個案晤談時，口氣太不近人情或語帶批判；或許她沒有仔細聽個案說話，所以不知道該提出哪些問題？在蘿拉看來，芙洛拉有責任知道這位個案是否應得到特別關注，「沒有察覺」與其說是個藉口，不如說是承認自己辦事不周。

蘿拉的出手干預為芙洛拉上了一課，她點出芙洛拉的錯誤，並提出更適切的應對方式。不論蘿拉的批判是否合理，這指出了同僚會密切關注彼此為民眾套入的標籤分類，如果他們認為對方分類不當，就會毫不猶豫地插手。

而蘿拉的介入之所以重要，是因為該個案不是單一案例，每天都至少有數十件類似情況在上演，而蘿拉與芙洛拉也不是唯一在處理個案上意見分歧的同僚，她們與其他NCDI的同事有著錯綜複雜的互動關係，這些同事有著自己的道德感知、角色概念與道德規範的優先順序。如果蘿拉能從旁觀察同事的處理方式，並提出批判與挑戰，那麼其他同事也可以，而他們也的確這麼做，形成了一種分散式的監督。例如承辦人員不能隨心所欲分類個案，必須顧慮到同事的道德感知，以免自己受到批評、斥責或反對。

所以值得強調的一點是，這種同僚審查制與非正式道德分類一樣，都屬於檯面下的作法。同僚之間沒有互相監督的義務，因為這麼做也沒什麼好處，假如公務員真的插手同事的個案，那也是出於個人意願。回到剛才的例子，當芙洛拉因個案不斷致電而表示不滿時，蘿拉本來可以輕鬆地聳聳肩或點頭表示同意，但假如她選擇冒險訓斥同事，且最後決定負責這位個案，我們可以說，部分原因是蘿拉覺得自己有責任接手，是出於對個案的一種**義務感**，或是出於對自身角色概念與責任的使命感。如果她選擇默許芙洛拉對個案的解讀，或許很有可能是她覺得單位上的其他同事和芙洛拉有一樣的看法，若她選擇對芙洛拉提出質疑，其他同事可能會支持芙洛拉的立場。

無論是以提點或學習的角度出發，同僚對彼此的影響，在資深員工與實習生或新進人員之間的互動中最為明顯。作為公務機關的新成員，新進人員必須經歷組織社會化的過程，在此過程中，他們會接觸到組織內的預設立場與道德觀，而這些共有的立場與道德感知對資深公務員來說大多是不可言喻的。[43]同事也往往把新進人員當作一張白紙，因為其道德傾向尚未成形，所以同事能夠輕易影響他們，讓他們採取與自身相近的傾向。出於這兩個原因，當有新進人員進入單位時，就可以觀察到互相扞格的道德感知，以及前輩提供各種不同的經驗教育。

以這段在我眼前發生的對話為例：

那時，有個實習生正在幫助一位非裔美國老先生申請聯邦補助的燃料專案，好讓他支付暖氣費用。實習生在檢查老先生帶來的申請文件時，發現對方少了一份必繳資料，老先生向他道歉，翻找充滿文件與信封的包包，但怎麼找都找不到，露出了失望的神情。於是老先生語帶溫和地詢問實習生，想知道是否能這週能再來NCDI補件，實習生迅速回絕，並告訴老先生接下來兩週都排滿了，實習生告知此個案，之前已提醒過他要記得帶所有申請文件，並把其他文件退還給他。之後那位實習生轉向電腦螢幕，對老先生愈趨激動且無助的表情無動於衷。在那當下，一位較資深的承辦人員寶琳娜從隔壁的辦公座位走了過來，寶琳娜向老先生索取方才收回去的文件，把資料放在自己的辦公桌上，並告訴老先生，一找到那份必繳文件，他可以隨時再回來找她。寶琳娜向對方保證一定會有空協助處理。

在這短暫的互動中，我們再次見證第一線公務員因不當應對而遭同僚出手介入。我們同樣看到承辦人員（寶琳娜）與實習生對同一個案處理方式分歧，原因也是出自雙方在觀察明顯道德特徵時，有認知上的差異，實習生將是以一般公務的標準看待個案，因此得完全按照程序走，但更為資深的承辦人員則把這位老先生當作有「狀況」的個案。寶琳娜看到的是一位年紀大、搞不清楚情況、無助又一臉愁容的個案，他屬於不處理就「沒有機會」再回來的類型。寶琳娜透過接手個案，不只翻轉互動的走向並在所有人面前挑戰了實習生的判斷，她的介入既糾正了行為，也具有教育意義。

有趣的是，在老先生離開後，我問寶琳娜為何她覺得有必要插手，她沒有怪罪那位實習生做出糟糕的決定，而是說實習生尚未具備正確的觀念。寶琳娜解釋，她覺得實習生認為得快速完成工作，且過於在乎程序是否正確，所以沒注意到個案的一些重要特徵，而這些特徵對懂得判斷的人來說尤為明顯。此處寶琳娜對於道德傾向的關注，強調了德性論學者與道德心理學家觀察到的一種關聯，即我們的道德認知與道德感知息息相關，也就是說，與我們的性格或道德認同有關。[44]要提高覺察不同道德特徵的能力，就得改變個人的性格，儘管改變幅度很小。

寶琳娜與其他資深承辦人員似乎是了解這一點，所以才祭出特定的教育方式。這種教育方式包括激發年輕同事的道德情感與道德想像力，往往透過有點誇張的言詞重新描述狀況強調某些道德特徵，例如：「你有看到他包包塞滿文件，還是找不到需要的那份，有多失落嗎？」或是「他毫無頭緒，不知道發生什麼事。」又或是「他看似不會再來了。」）[45]承辦人員身為同僚，藉由這種教育方式，彷彿是扮演了古代哲學學生熟悉的一種角色——修辭學家（rhetor），試圖喚醒身邊人們的情感和思想，以改變他們的道德狀態。[46]

但如同我之前指出，還有蘿拉與芙洛拉的互動為證，我認為公務員要能正確運用道德分類法，替民眾套上合適的標籤，不是只靠道德認知就足夠，有時也需要進行道德發掘。承辦人員可能得問出個案還沒準備好說出口的資訊，為了獲得這些資訊，他們必須知道該問哪些問題，以及該如何安排這些問題的順序。承辦人員也要能與個案建立信任關係。要得到個案信任，就必須了解如何溝通及如何傾聽，好讓個案能放鬆說出口。

可想而知的是，正因NCDI內具有多元的道德傾向，所以承辦人員對如何落實主動「傾聽的道德」（ethics of listening）存有諸多疑問：該如何提問？該如何表達擔憂？要聆聽多久？該用什麼語氣？這些都見仁見智。舉例來說，寶琳娜熱衷指導同事如何與個案適當互動，每當她覺得承辦人員打斷個案的話或問得不夠深入，寶琳娜就會把他們拉到一旁，道出自身擔憂。她這樣形容自己個案的對話方式：「我耐心傾聽個案，並問對方：『最近都好嗎？』然後坐下來，聽對方說，在他們傾訴過程中，我開始收集資訊。」而寶琳娜對同事的態度則是：

我給同事很多建議……大多是在講怎麼與個案溝通……我們必須留意說話方式……必須關照個案的感受……所以在給同事回饋時，大多是在討論話該怎麼說，分享與個案的眼神交流是否恰當，也會聊他們的肢體動作及舉止。

承辦人員傾向不使用標準作業程序，而是藉由這種傾聽與構通的方式與民眾互動，背後也有必須承擔的後果。一旦承辦人員花在找尋有「狀況」與「問題」個案的頻率愈高、過程愈努力、時間愈長，就愈有可能找得到這些個案。不過想當然耳，問題在於承辦人員是否應把這些時間用在處理其他業務上。儘管寶琳娜熱情給予同事指導以及壓力，她其實也很常落人口實。有些同事往往取笑她花太多時間在傾聽個案，NCDI的櫃檯負責人甚至流傳一則笑話，說那些在等候室苦等的民眾鐵定是來見寶琳娜的，因為她有時會在某個個案上糾結太久，忘記自己還有約了其他個案。雖然這則笑話有點殘忍，但也確實滑稽，點出公務員有些道德感知（像是看到晤談對象面臨困境而產生的感受）遮蔽了他們對其他個案的道德感知（像是那些不在眼前的民眾，他們也需要幫助）。

寶琳娜絕對不是唯一一個遭揶揄的承辦人員，其他公務員若採取與她相同的方式因應個案，也會遭到類似的批評。以本節開頭示例提到的蘿拉為例，她其實也受到不少指摘，有同事說她太在意深陷特殊情況的個案，卻不夠在意行政效率。像是櫃檯負責人德尚恩，他有時身兼承辦人員，就很常在經過蘿拉的辦公室時停下來，諷刺地說：「啊，這裡真棒，看起來不太忙。」他藉此暗示，蘿拉與其耗盡心力在單一個案上，還不如提升承辦效率，晤談多一點個案。由於NCDI需要受理的服務總是很多，德尚恩覺得如果承辦人員「沒有很忙」，就代表對方正在逃避工作責任。

截止目前，我提到的例子與趣聞，充滿公務員指示、暗示、影射、忠告還有不苟同的表現，這些都是為了呈現同僚如何對彼此施壓。公務員不僅得一直承受壓力，也得面對這種壓力從四面八方而來：同僚的道德傾向愈多元，就會帶來愈多不同面向的壓力。承辦人員在工作時，很清楚自己得同時面對同僚的期待以及自身錯綜複雜的道德感知。

從目前呈現的內容中，有三點值得注意。首先，如果馬克・菲利普（Mark Philp）形容的同僚問責制呼應我們以上的討論。他指出，制度內存在一種關係或安排，允許甲（同僚）可以要求乙（個別承辦人員）提供資訊並解釋其對丙（個案）採取的行為[47]，就說明了我截至目前探討的檯面下互動模式實際上是一種問責機制。這種同僚問責制與先前提及的科層、直接、專業問責制的差異之處在於同僚之間並不具備正式的權威能夠**要求**彼此提出解釋。公務員之所以能「要求」同僚解釋，是因為他們可以將非正式的懲戒作為威脅，像是對彼此置之不理、互相嘲弄、批判、排擠與作對。這種威脅與其他懲戒一樣，就算沒有實際發生，也能發揮作用。公務員光是知道有人**可能**在身旁觀察，知道自己**可能**得解釋自身行為，或是**可能**得接受懲戒，就會因此而選擇自律。

再者，值得留意的是，雖然同僚問責與專業問責制都是靠同層級的同僚互相監督，但前者的審查遠比後者來得更精細且深入。也請各位特別注意，我在本節提出的同僚交流案例，並不包含明顯失職行為以及違反職業精神之情事。同僚不只會留心彼此的不當行為，也會密切關注對方行事的習慣與道德感知，像是檢視對方的用字遣詞、說話語氣、舉手投足、情感投入以及專注程度。此外，同僚對彼此監督問責時，不只要求對方按照職業角色的要求行事，也會關注對方在履行角色時，採取方式與風格是否正確。

第三點也或許是最重要的一點，我們觀察到同僚問責制的動力來自多元的道德傾向。同僚彼此之間因為角色概念不同、情緒感受互異，規範的優先順序也有差別，所以導致意見不一致，但正因他們堅持以自己的方式行使職責，所以才有動力與其作法大相徑庭的同仁共事。但我們得特別留意的是，公務員獲得動力之後，想做是一回事，實際去做又是另一回事。若公務員得承擔破壞團隊凝聚力的責任，還得冒著與同事疏遠的風險，此時，多元的道德傾向與堅持自身信念雖然是必要條件，但這仍不足以讓他們採取行動。公務員還必須知道組織內有志同道合的盟友。這些盟友會贊同他們的看法，讓他們因此感到安心，也會在他們必須表態的時候，提供必要的支持。同僚問責制不只需要多元的道德傾向，也需要組織內有多元的子團體培養這些傾向，並提供具備這些傾向的人足夠的社會支持與資訊。[48] 組織內若有道德觀不同的子團體（即異質群集，

heterogeneous cluster），能降低組織內道德觀流於一言堂的風險，並能防止會殃及團體的有害風氣形成，好比說單一思維、共同資訊偏見、團體觀念激進、深化現有偏見。[49]

如果道德傾向的異質性能催生出一種問責制，且這種問責制適合監督非正式分類法的運用，那麼我想在接下來的篇幅提出：這種問責制也能刺激基層公務員對現有分類法提出質疑、檢驗與修正。[50]多元的道德傾向，或者更準確來說，只要有具備不同道德傾向的異質群集存在，就能作為一種制度催化劑，敦促團體成員質疑團體內部用以評估個體行為的標準。[51]

舉「態度」不佳的個案為例，如我在第一節所述，如何適切應對這類個案，公務員的看法不一。有些承辦人員，像是寶琳娜，認為在面對這類個案時，她有義務得完全克制住自己的脾氣。他們擔起自身責任，不受個案憤怒和挑釁的態度影響，盡可能心平氣和應對個案。但其他NCDI的承辦人員看法不同，認為個案若想得到承辦人員的禮貌與尊重，他們的舉止也必須要得體，行為要像「成熟的大人」一樣，並表現出願意配合承辦人員的樣子。按照德尚恩的話來說，就是「有些人剛踏進辦公室就**要求東要求西**，我的意思是，有時我們真的得讓民眾搞清楚狀況，」他接著說，「我對態度不佳的民眾沒什麼耐心……老實說，我也是有脾氣的人……所以有時個案一進門，我馬上就知道自己不想幫忙。」

寶琳娜與德尚恩之間的分歧，與我們在先前探討的示例不太一樣。現在要討論的不是個案是否態度不佳，而是承辦人員該對有「態度」的個案採取什麼因應方式。我們有兩種方式可以理解這個分歧：一是在面對最符合「態度」這種分類的個案時，該採用何種典型方式因應，承辦人員對此意見不一；二是「態度」這個分類是否有必要存在。究竟哪種理解才恰當，就端看我們如何理解寶琳娜的觀點。我們可以解讀成寶琳娜承認「態度」不佳的個案理應獲得特殊待遇，但在因應方式上，她與德尚恩看法分歧。身為承辦人員，究竟應該像德尚恩那樣，更嚴厲對待「態度」不佳的個案？還是像寶琳娜那樣，應更有耐心應對？但我們也能將寶琳娜的行為解讀成，「態度」不佳的個案理應視為一般民眾，得到相同的應對方式。這種解讀比第一種解讀更為深入，因為這意味著個案態度的好壞根本不重要，也就是說，在道德分類法上，得完全移除「態度」這張標籤。在這兩種解讀中，爭點不只在於如何應用道德分類法，還涉及了道德分類是否有必要存在。

承辦人員面對「態度」不佳的個案，有上述兩種背道而馳的因應方式，有時還可能引發衝突。蘿拉跟我說，她曾與在NCDI服務快滿一年且經驗豐富的實習生發生爭執，事件過程是，實習生協助一位拉美裔的單親媽媽提出公民申請，蘿拉已事前檢查且確認過文件內容無誤。一週後，個案帶著額外的文件回到NCDI，當時是另一位員工接洽。在晤談過程中，個案指責實習生之前在她提交申請時犯了錯，堅稱那位實習生承辦經驗不足，害她填錯居住資訊與婚姻狀況。當時坐在旁邊的實習生一聽到指控，氣到跳腳，衝進蘿拉的辦公室怒道：「好喔，現在個案的口氣好像在說我工作沒做好，我要是會講西班牙語，就會直接走到他面前說『髒話』。」

蘿拉重述此事件時，說當時她不得不介入安撫實習生的情緒，並說服她在應對「態度」不佳的個案要更寬容些。她提點實習生，前來NCDI的民眾生活不穩定，所以經常需改變申請文件內的資訊，怪罪員工是種「留住面子」的方式，在大眾面前隱藏住內心的不安。面對這類個案，承辦人員揭露他們的謊話一點好處也沒有，因為沒什麼好「教育」民眾的，最好是轉念然後放下。

當然，針對這兩種應對方式，我們可以辯論哪種方式比較好。但更重要的是，這些辯論在基層公務員的工作場域中真實上演，而這些辯論之所以會發生，是因為不同的道德感知與角色概念持續摩擦。在一個道德觀夠多元的環境中，非正式分類法極為盛行：這些標籤分類和構成這些標籤分類的典型案例會不斷受到測試、挑戰與修正。

有趣的是，在NCDI採用的非正式分類法中，「態度」屬於新納入的類型。承辦人員很常嘲諷那些「態度」不佳的個案，說他們「心態守舊」，認為只要他們的收入符合補助資格，就能輕鬆獲得金援。可是，這些個案的期待恐怕與現況有所出入。隨著一九九六年《個人責任與工作機會調節法案》（Personal Responsibility and Work Opportunity Reconciliation Act，PRWORA）拍板通過，舊制福利專案《失依兒童家庭補助計畫》（Aid to Families with Dependent Children，AFDC）宣告退場，由門檻更加嚴格的《貧困家庭臨時補助計畫》（Temporary Assistance for Needy Families，TANF）取而代之。新制專案的補助領取上限為六十個月，且申請者必須達到規定的工作要求才符合補助資格。與昔日不同，公務機關提供福利時，不再只是簡單地把資源分配給需要的人，而是肩負一項新任務，要鼓勵個案「擔起自身責任」減輕對國家的依賴。受補助者必須配合承辦人員，培養重回職場必備的技能，付出努力、積極主動以及展現正當的動機。

雖然在舊制福利計畫中，個案的「態度」不太影響領取補助，但在新制計畫中，「態度」好壞是否會影響結果，就要看承辦人員如何裁量。承辦人員的業務範圍是否包括管理及懲處個案的態度？個案展現出的哪些態度需要受到懲罰？哪些不用？再者，真要說的話，又該如何懲處個案的態度？我們可以把非正式分類法中有關「態度」的辯論，視為辯論該如何回答以上問題，以及該如何解讀新制福利政策的本質。只要這些問題沒有透過正當的民主程序得到解答，那麼承辦人員的確應該對這些問題進行論辯，而假如公務機關內存在各式多元觀點能夠彼此牽制，則又讓論辯更豐富、更平衡。

范．曼南為其研究〈混蛋〉一文做了以下結論：「因為當今政策允許公務員（watcher）自我監督，所以遇到混蛋時，警察的舉措全然不受管束。」[52]他以呼籲警察得具備「當責制」畫下全文句點。我們能從廣義或狹義的角度解讀范．曼南的論述。從廣義角度來看，如果只是因為第一線公務員能自我約束，並自行監督其非正式分類法的應用與內容，所以認定他們無法當責的話，我想要指出，這樣的結論既悲觀又危言聳聽。若公務機構存在組織內的異質性，則該機構能積極落實自我監管，同僚也會針對彼此採取的非正式分類法及內容進行問責。

但假如范．曼南的結論並非廣義論述，且缺乏充分證據說明同僚問責制無效，則得視其論點為對警察的具體觀察，尤其是「混蛋」這種警察採用的非正式分類。有些警察單位的團隊凝聚力高，並以這種組織文化聞名，但同時卻也會扼殺反對意見與多元性，助長一言堂的風氣。[53]倘若真是如此，這類單位就會缺乏組織內的異質性，正如我所指出，即非正式問責制運作的條件。此外，我也想談談「混蛋」這個標籤分類。眾所皆知，警察與民眾的關係緊張，往往是因為其使用暴力而飽受批評。所以讓合法使用武力的警察，不時將民眾納入詆毀式的分類（例如混蛋），這樣的作法可能會很危險，不只違背最基本的禮貌，也的確會掀起警民關係緊張，從而讓事態愈演愈烈，最終可能導致警察濫用公權力。

范．曼南的警察觀察研究也點出同僚問責制的局限，說明只有在特定條件具足下，同僚問責制才能有效運作，若缺乏這些條件，同僚的影響也可能帶來危害。無論是公務單位的組織文化過度一致，或其組織文化對周遭環境充滿不信任和敵意，又或公務單位本身不願承擔（分類法）失敗的代價，我們都應該視為一則警告，警告我們別過度依賴非正式道德分類。在上述情況下，公務機關的管理階級可能別無選擇，只能透過限縮基層公務員的裁量空間直接干預基層公務，讓非正式分類法無法妥善發揮作用。雖然這麼做恐怕會犧牲基層的公務效能、靈活度、積極度，但在特定情況下，這或許是唯一的解方，能抵消公務員專斷專為帶來的風險。

回到范．曼南的警察示例，我們會發現有些嚴重的規範性問題無法靠同僚問責制解決。當同僚以不同方式履行自身職責時，同僚問責制確實管用，但總可能會有某一群職業人士（按目前示例，就是警察）帶有共同的隱性偏見（implicit bias），並影響到該職業的道德傾向與角色概念，像是紐約近期為人所知且飽受爭議的臨檢與搜身計畫。這些偏見或許是因應警察特定的工作環境而生，也可能是反映社會上普遍存在的偏見，還有可能是因為自願加入警力的警察本身就帶有這些偏見。無論偏見從何而來，如果一個公務機關內大多數人都存有這種偏見，同僚就幾乎無法察覺，更不用說是消除偏見了。

這也是為何我堅信同僚問責制適合用來補充其他問責制的闕漏，而不是完全取而代之。在公務員具有隱性偏見的情況下，科層問責制或許還更切合實際，因為科層問責制需要收集與匯總大量資料，包含公務員還有各種內部互動的資訊。正因統計樣本數如此龐大，所以隱性偏見反而變得非常明顯。

由於民眾在與公務員互動時位居劣勢，因此公共服務機構不能僅依賴單一監督方式，必須採取多元問責制，加倍確保公務員妥善行使裁量權。[54]即使同僚會互相監督，但民眾的監督更為重要。民眾應擁有足夠的檢舉管道，並持續舉報那些行為不當的公務員。此外，公務科層上級也須不斷向基層公務員提問，並偶爾插手其裁量空間。最後，專業團體應持續追究和監督其內部成員的行為。

小結

本章一開始，我描述基層公務員面臨標準作業程序不敷使用時會如何因應，也說明第一線公務員傾向運用非正式道德分類法及日常決疑論填補標準作業程序不敷使用而出現的闕漏。決疑論的行使方式為由下而上，強調道德認知與發掘，透過示例類比來運作，避開採用那些立論高深的理論。但若公務員行使決疑論，目前絕大多數仍不受科層審查，且只能達到局部一致性，也因此我們可以說，決疑論缺乏我們期望在公務體系規範看到的整體一致性與系統性。

我也論證決疑論的缺點同時也可看作是優點，即日常決疑論讓基層公務員能以全面且負責的態度履行其角色職責。決疑推理的優點在於，第一線公務員能將有限資源集中運用在最耗費他們道德心力的任務上，也就是妥善處理個案細節。不僅如此，決疑論在裁量決策方面還有其他優點，較其他更有原則的方法來得更理想：首先，決疑論夠靈活，讓公務員在面對新的情況時，能更仔細處理；再者，決疑論容易調整，使公務員能進一步（或退一步）區分不同個案差異；接著，決疑論的要求較為中庸，因此對第一線公務員提出的要求也很實際；最後，決疑論允許同僚共事時，能就具體結果達成共識，但同時能各自維持不同的道德傾向。上述特色對第一線公務員來說別具價值，因為他們扮演的社會角色身處國家與社會之間，而面對這兩個往往不一致的世界，他們需居中調和、適應、對接，在嚴格管理的行政領域及複雜的社會現況之間取得平衡。

除了闡述日常決疑論的架構與其好處，我也證明公務員決疑推理的每一步過程都會受同僚影響。個人的道德思辨都存在其所屬團體的影子。要維持個體與團體之間的共生關係，至少要有這個前提：該團體需具備異質性，即團體內部包含不同道德傾向的個體。團體異質性有三項好處：

一是刺激個別公務員的道德認知與推理；二是防止公務員的道德傾向流於簡化；三是促成一種非正式問責制產生，非常適合探究決疑推理錯綜複雜的細節。

如果你發現我在本章某些地方特意使用「**組織內的**異質性」一詞，就代表我想強調這種異質性在團體中應刻意營造，而在公務體系中的科層上級該負責培養這種異質性。我們也即將在第五章探討，科層上即能透過招聘落實組織內的異質性，像是透過選用不同道德傾向及專業背景的人員、藉由職業教育及培訓讓公務員發展出不同履行角色的方式，或是提供晉升機會確保每個科層、具備不同道德感知的公務員都能獲得提拔。上級還能透過允許下屬保有不同的規範證成，並精心規畫獎懲制度的細節差異，藉此鼓勵內部多元性，從而促進組織內的異質性。

日常決疑論與非正式問責制會構成錯綜複雜的狀態，並且受到兩方面的考驗。首先，個體與團體的共生關係需依靠組織內的異質性，而這種複雜性會直接或間接釀成異質性的瓦解。直接的像是一些措施拍板通過，或是組織文化提倡單一且一致的「理想」公務員形象；間接的像是設計相關政策或獎懲制度，導致特定的道德傾向在團體中無法站得住腳（第五章會進一步著墨）。

再者，日常決疑論與非正式問責制其實是偽裝成兩項適用於公務機關的規範性原則：公開透明與明確一致。在公務體系中，公開透明往往是開放的同義詞。如阿米泰・伊茲歐尼（Amitai Etzioni）所言，公開透明「通常定義為一種原則，讓民眾得以取得相關資訊，了解某一機構的運作方式與組織架構」。[55]這包括讓民眾了解用以監管該單位與人員的基礎，例如規範、原則、成因、標準等。

接下來，所謂明確一致，旨在限縮上述的監管基礎，要求公務機關與公務員要根據一致且前後連貫的原則對其自身行為負責。正如德沃金所述，「明確一致」的原則出自一種信念，即「公務員除非根據一般公共理論行事，否則對公務員而言是不公平的。公共理論能讓公務員行事一致，提供一套標準讓民眾測試、反駁或預測公務員的行為，也能杜絕其在特定情況下，受到自身偏見與私利影響」。[56]

對於公開透明、明確一致的這兩項要求，通常會一併歸類在「公開性」（publicity）這個大主題下。依我理解，公開性涉及兩個反對條件：一是反對祕密，即蓄意隱瞞事實；二是反對不透明，即公務員以過分複雜、不明確或特立獨行的作風行事。[57]

日常決疑論在這兩個面向上都不符合公開性原則。首先，決疑論屬於公務員檯面下的推理思考運作，再者，非正式道德分類法既沒有正式的政治基礎，也未公開揭露。也就是說，在多數情況下，公務員若採取日常決疑，其上級與手邊的個案都無從得知，只有隸屬同單位的同僚能自由討論。除了刻意對外保密之外，日常決疑論對外界來說也難以理解，就算公務員就在民眾眼前行使決疑推理，整個架構缺乏明確標準，各分類間也沒有明確分野，更沒有一致的原則，這讓外界無法輕鬆評估與監督第一線公務員的作為。

所以可想而知，公共服務機構時常選擇以「公開性」之名，限制公務員的裁量權空間，讓決疑推理無法妥善發揮作用。儘管政府限縮裁量權有時合情合理，但我希望能透過我的論述清楚說明政府不該輕易限縮公務員的裁量權空間。決疑論具有靈活度、適應力、適時調整、適性適用等特色，能因應個案細節，而對於處在國家與社會之間的公務體系而言，決疑論確實更為適用。此外我也嘗試說明，在公務機關內，同僚會進行檯面下的互動，且科層上級能透過控制單位內的「異質性」程度，進而影響下級在檯面下的互動，如果這兩個條件都成立，我們就不必擔心問責制會失靈。雖然我們不能規定第一線公務員選用哪些非正式標籤，也不能規定他們使用標籤的方式，但可以塑造使用這些分類標籤的環境和環境中的同僚，而不是給予公務員全權使用分類法的自由。

我提出的論點既不是為了呼籲公務體系廢除科層、直接與專業問責制，也不是要鼓吹屏除透明公開與明確一致這兩項原則。我的主張其實是走中庸路線，在此引用查爾斯・林布隆（Charles Lindblom）的名言：「我們需要一種政策執行方式，允許第一線公務員在做道德判斷時能『搪塞應付』，如此一來，才能與體系內的僵化規則及指導原則共存。」[58]非正式分類法與日常決疑論並不是需要杜絕的歪風。公務體系作為國家與社會的中介，這兩種方法可說是特定社會角色（即公務員）因應每日業務問題的合理解方。

第五章

不可能的情況：公共服務第一線的道德瓦解

本章旨在探討公共政策和管理行為如何影響基層公務員的道德傾向。我認為若要讓基層公務員時時留意多元的規範考量，即避免道德觀過度專業化和過度單一化的雙重風險，就得在公務員道德觀產生變化的組織環境中，重新建構我們期望的道德多元性。而我會在接下來的篇幅中說明，這麼做會涉及管理層面的指示出現某種程度上的不一致。互相衝突的管理要求若安排得當，能擴大公務員可適應的道德價值範圍，並減少公務員透過道德簡化的方式履行其職業角色。

儘管如此，我也會說明管理要求會有**過度不一致**的問題。相互衝突的要求只要不一致性過高，就無法正常運作。如果要了解管理要求什麼時候以及為什麼會跨越臨界點，我們就得聚焦第一線公務員的經驗，觀察他們如何在相互衝突的管理層面指示之間生存。在要求相互衝突的狀況下，探討這些要求如何促進與限制公務員的道德主體性，即是我的研究目標。

在面對這些互相牴觸的要求，公共服務機關的第一線公務員經常表達不滿。這種不滿主要來自於他們發現自己身處「不可能的情況」中，無法達成職務要求。而我會以這種不滿情緒為出發點，著手回答以下三個問題：概念上來說，一個「不可能」的情況究竟是什麼意思？在哪些條件下比較容易發生這種情況？當公務員身處這種情況時，該如何應對？我想論證不可能的情況不只是公務員得獨自面對的道德困境，也是大眾該關注的議題。在政策改變和行政改革的過程中，互相衝突的公共政策目標就會浮上檯面。而不可能的情況便刻畫並加劇了這些目標之間的拉扯。

請見以下三個故事：

故事一

二〇一二年三月三日，《紐約時報》發表了一篇社論〈一位「差勁」教師的自白〉（Confessions of a 'Bad' Teacher）[1]。作者威廉・強森（William Johnson）是一位在紐約任教的特教老師，他在該篇文章指出，他的工作本身就已經「困難重重」，但在過去的十八個月間又變得更加棘手，主因是他任教的學校實施了新政策，對教師的責任有更多要求。這些要求主要來自《沒有孩子落後法案》（No Child Left Behind Act），校長需加強對教師的監督、提高監督的頻率，並以州政府設計的標準化測驗為基準，藉由學生在測驗上的表現評估教師的教學成效。

在新政策下的某次定期教學評鑑，強森得到了「欠佳」的評比，這個結果讓他陷入了職涯危機。強森當時才剛獲得紐約市「班級經營傑出獎」的提名。而除了他以外，也有其他教師得到相同的評比，所有人都非常崩潰。他在文章中寫道：「我看到有十年教學經驗的老師，在經過幾次教學評鑑後，開始相信自己是位糟糕的老師。幾個月後，他就離開了教育界。而和我合作的老師，則是在經歷了一次特別難熬的評估後，出現失眠問題，開始尋求精神上的醫療協助。」

強森身為一位資深教師，能夠了解標準化測驗及增加教師責任背後的邏輯，但對於這個新的評估制度及相應的懲處辦法，卻不曉得是否合情合理。他指出其實「老師們都非常在乎（他們的）工作」。教師的工作涉及提供學生「嶄新和刺激的想法」以及「播下不會在短期內開花結果的種子」，而「在面對重大考試時，這些教學方法不會起任何作用」。自從強森取得了「欠佳」的評比後，上司就開始「緊迫盯人」，加上當務之急是替學生做好準備，在標準化測驗上取得好成績，「關心學生就不是老師的第一要務」。他補充道：「我就是做校長要我做的事……說實話，我的教學大概變成一盤散沙了吧。」

強森為了避免成為輔導處同仁眼中的「差勁教師」，實際上卻成了自己眼中差勁透頂的老師。可是，他再也受不了這樣的自己，於是離職到另一間學校任教。

故事二

隨著一九九六年《個人責任與工作機會調節法案》（Personal Responsibility and Work Opportunity Reconciliation Act，PRWORA）上路，以及《貧困家庭臨時補助計畫》（Temporary

Assistance for Needy Families，TANF）定案，美國的社會福利單位從提供「定期發放、人人都有、『維持人民基本需求』的現金補助」，轉為提供更「扶持」、「改變人民生活」的服務，旨在協助個案重返職場。[2] 對於承辦人員而言，這個轉變帶來了兩大影響：一是擴大裁量權範圍，二是增加消化個案量的壓力。在大多數情況下，個案量減少就意味著承辦人員的績效提升（即代表個案已重獲經濟自主，不再需要國家援助）。[3]

在PRWORA通過後，政策制定者意識到該政策新增的要求，像是嚴格限制個案最多只能領取六十個月的補助、要求個案必須有工作以及強制執行兒童撫養等，對於試圖擺脫家暴的女性而言，反而是將她們置於險境。為此，政府通過了另一項修正案——《家庭暴力特別辦法》（Family Violence Option，FVO）。在「如果會危及女性人身安全，或女性因為家暴問題而無能力達成要求」的狀況下，FVO讓州政府得以免除TANF方案的要求。

雖然大多數州政府都施行FVO，但研究人員卻發現，很少有女性個案因為取得這類協助而有實質受益。一份關於路易西安那州社福承辦人員的研究指出，社福單位強調減少工作量的要求，與嘗試執行FVO的作法背道而馳。[4] 該研究受訪者解釋，他們幾乎沒有足夠的時間能與個案好好建立關係以及所需的信任程度，讓個案「敞開心房」並揭露敏感的私人資訊。其中一位受訪的承辦人員也表示：「如果不是個案身上有明顯可見的證據（瘀傷），你不會有時間幫助個案擺脫（家暴）。這種情況很少見。」[5]

該研究也發現，隨著承辦人員承擔了愈來愈多必須減少工作量的壓力，結果減少工作量反而成了他們主要的壓力和焦慮來源。許多承辦人員都相信其服務單位的目標，一如官方所稱，是為了協助民眾變得更自立自強，而不只是幫他們打理好一切。一位承辦人員表達了他和同事面對的挫折，他說：「我覺得很困擾，主管怎麼能要求我們減少個案數量，又要我們花時間跟每位個案好好相處，這根本是相互矛盾。」[6]

故事三

二〇一〇年四月二十三日，亞利桑納州州長簡．布魯爾（Jan Brewer）簽署了美國近代最嚴格的移民法案。[7]在所有嚴格的條文中，該法要求執法人員檢查任何疑似非法移民者的居留狀態。雖然其中有些條款經聯邦最高法院裁定為非法，但該州警察在「合法臨檢、拘留或逮捕」時仍可以檢查移民身分（此條文俗稱「出示你的文件」）。

許多警察和警察工會都公開抨擊該法。在圖森（Tucson）南部執勤的羅斯．查爾頓警官（Sgt. Ross Charlton）表示：「我們已經夠忙了，根本沒有多餘的人力做這種路邊臨檢。如果民眾沒做什麼，他們就是普通民眾而已。我幹嘛盤查他們（質疑他們的移民身分）？」[8]在查爾頓警官三十年的職業生涯中，他認為自己的工作是「調查犯罪以及幫助需要幫助的民眾」，而不是「逮捕沒犯罪、又安分守己的民眾」。馬丁．埃斯科瓦爾（Martin Escobar）是另一位在圖森執勤的巡警，他將亞利桑那州告上了法庭，試圖終止這項法律的實施。對他而言，該法不僅會占用到稀缺的警力資源，更會影響到必要警察勤務的執行，也會導致種族歸納（racial profiling）問題，降低民眾舉報犯罪、分享資訊以及擔任證人的意願。

根據研究執法專家卡利克・拉瑪克里斯南（Karthick Ramakrishnan）所言，許多警察之所以對這項法案如此有意見，甚至願意公開表達反對，與治安維護的近代史有關，他說：「過去二十年間，社區治安維護是主要執法方向，警察會在地方轄區巡邏，花時間取得居民信任。而『該移民改革』卻危及了社區警政的執行，對警察來說確實是件大事。」[9] 新墨西哥州刑事上訴法院助理檢察長喬艾爾・雅各布森（Joel Jacobsen）則進一步指出：「（該移民法）顯然將警察置於不可能的情況中，要求他們同時追求兩項目標：執行移民法規及刑法，並於執行刑法時又要同時維護社會秩序、提供民眾協助和其他日常工作事項。他們到底該以哪個目標為主？」[10]

這三個故事都體現了政策執行常見的問題。第一則故事顯示出，當問責標準不再是獨立特定目標（「學習成效」）的評量，而是成為政策目標本身時，就會造成目標矛盾；第二則故事則描述了，當公務機關對「績效數字」的要求變得更為緊迫，從而取代了其他要求，公務員會面臨怎麼樣的情況；最後，第三則故事則是透過一個案例（情境）說明，追求新目標如何壓迫到現有目標的達成。

然而，從第一線公務員的角度來看，這些故事有許多雷同之處。在三則故事中，我們可以看到基層公務員（教師、社福承辦人員和警察）在面對新的或即將發生的組織變革，都表達了挫折和憂慮。每則故事中的公務員都指出，他們當下身處或即將面臨的工作情境，會致使他們無法做好自己的工作。這些不滿情緒的背後都有一個相似的結構：教師指出，在面對更多的責任要求下，實際上會讓他無法成為一位「好老師」；社福承辦人員則表示，「績效數字」要求，會打破他們對工作的承諾，即友善對待個案以及協助個案變得獨立（如同其中一位承辦人員提到：「**這根本是相互矛盾**。」）；最後，警察抱怨新的移民法規會削弱他們執行勤務的能力，無法遵循社區警政的既定要求。第一線公務員經歷這些棘手的工作困境，過程可說是苦不堪言。一如雅各布森所述，他們被迫得踏進「不可能的情況」中。而因這種情況而產生的衝突，則會導致某種形式的道德主體崩潰，也就是公務員難以持續扮演其職業角色——在故事中，強森辭去了他的工作，社福承辦人員則是變得過度疲勞，感受也變得麻木，警察則是公開與其同儕撕破臉。

本章的目標之一旨在闡明「不可能的情況」背後，「不可能」一詞的本質究竟為何。上述故事中公務員的不滿情緒，我們該如何解讀？其中一個解讀面向是，公務員必須完成困難、吃力不討好或相互牴觸的工作任務，而因此產生深深的挫敗感。這個解讀大抵是正確的，但如果這種不滿情緒的背後有更深的意涵呢？如果公務員意圖指出這些工作任務**真的**不可能達成呢？也就是說，像威廉・強森這樣的教師，**無法**在達到學校責任要求的**同時也**擔任一位好老師、社福承辦人員**無法**在專注於減少工作量的**同時也**與個案好好建立關係、警察**無法**在達成治安維護要求的**同時**

也執行「出示你的文件」法規。公務員想說的若**誠如上述**，他們究竟又是想表達什麼呢？

以上的問題主要是受強納森・李爾（Jonathan Lear）《激進的希望》（*Radical Hope*）一書啟發。[11]李爾在該書的序言，針對已逝的克羅族部落（Crow）酋長普蘭提・克普斯（Plenty Coups）一句意有所指的發言：「在（美洲野牛離開）之後，什麼事都沒發生。」探討其背後可能的哲學意涵。一如李爾對克羅族部落的研究，我無法假裝自己有多了解第一線公務員在敘述這些故事、大吐苦水時，實際上想表達的是什麼。反之，我希望以說得通，而且在哲學上邏輯連貫的方式，試圖解讀這些公務員**可能**想表達什麼。根據李爾的觀點，這是一個探究可能性（possibility）的問題。[12]

不過，李爾重複提及「事件發生的終結」（end of happenings）是有可能的，並且不只會對克羅族部落造成影響，而是所有人都會受到波及。相對地，我對「不可能的情況」的分析，則更適用於特定情境。理論上，雖然「不可能的情況」可以將所有人視為道德主體，但我想討論的故事主要聚焦於公務體系。我想要論證的是，不可能的情況若不是專屬於公務體系的問題，至少在公務體系中特別容易發生。根據我接下來的論述和分析，「不可能的情況」是一種公務體系的偏狹狀態，會導致個人道德主體的崩潰。「不可能的情況」並不是**唯一**一種公務體系的偏狹狀態，也不是**唯一**一種會導致道德主體崩潰的情況。然而，因為其發生頻率及影響程度高，所以值得深入了解和探討其背後的概念構成。

在本章，我會抽絲剝繭說明不可能的情況有哪些特性，並在最後提出結論，論證這種情況發生的條件是，第一線公務員發現自己的職責悖離其職業道德認同，或與長久以來受鼓勵採取的角色認同背道而馳。只要公務員不可能以自己認定合理的方式行事，這種形式的衝突會導致道德主體崩潰，因為在這種情況下，公務員得承受某種形式的自我背叛，而這是許多人無法承受的。

不可能的情況有時是政策或組織文化改變衍生的副產品，不該發生但卻又無法避免；但有時候也是因為要求公共服務機關執行太多任務或扮演太多角色導致的結果，無論結果是否在預期之內。如此一來，不可能的情況就能夠揭示公共政策目標之間的拉扯和衝突。公共政策目標之間的衝突應該受到討論，並有望能藉由立法途徑解決，但可惜遭到忽視並層層向下委任，最終落入了公共服務第一線的手中。

無論不可能的情況最初是如何形成，我們都應該停下來仔細思量。看見公務員崩潰或筋疲力盡的樣子，提醒了我們，基層公務員不僅是理性選擇理論假設下有策略的行動者，能快速轉換其職業角色的扮演方式，以因應獎懲辦法的改變。他們同時也具備道德承諾，必須以特定的方式扮演職業角色，但這些承諾改變的速度，遠比政治優先事項在一天之中的變化速度更為緩慢。政策改革推動人士必須牢記於心，並盡可能避開這種情況，以免失去那些能夠依賴、執行政策改變的公務人力。

「不可能性」的多重樣貌

根據前面幾個故事，「不可能的情況」（impossible situation）一詞巧妙地點出第一線公務員面臨的困境。以下三個小節將進一步解構此概念，探討是否能說明這種「不可能的情況」，讓上述的三個故事，無論是從分析或現象學角度出發都能有合理的解釋。

一般而言，「不可能的情況」一詞適用許多不同的情境，說明以下幾種道德主體面臨的困境：㈠沒有能力執行被指派的任務；㈡被要求完成無法達成的目標；㈢被要求達成兩個以上的目標，而目標之間互相抵觸；㈣須遵循的工作模式與其社會角色之間有價值上的衝突。此外，當一個人面臨各式各樣的要求，這些要求彼此又不一致時，會形成一種完全分歧、無法調和的情境，有時也會將之比喻為「不可能的情況」。綜合上述，「不可能」可以指涉「無法勝任」（incapability）、「無法達成」（unattainability）、「互相抵觸」（incompatibility）、「無法調和」（irreconcilability）或「不一致」（incongruity）的情境。然而，這四種主要定義，並無法完全體現前述三則故事中「不可能的情況」，後續補充的第五種定義也不夠明確。以下讓我們針對這些定義逐一分析說明。

當道德主體沒有能力完成被指派的任務時，其面臨的困境可以用「不可能的情況」說明。這種困境可能是來自某些內外固有的阻礙。舉例來說，受到外部阻礙的情況可能是「因為單位資金不足，社工無法協助符合條件的個案」，而因內部因素而陷入困境的狀況則可能是「警察有懼高症，所以無法跨橋追捕逃犯」。[13]不論是哪一種情境，道德主體都很清楚自己必須完成任務，但卻辦不到，便會因此感到焦慮。

這種「不可能即無法勝任」（impossible as incapability）的概念，並無法完整說明前述三則故事的癥結點。故事中的公務員並不是沒有能力執行任務。反之，故事中的社工和教師之所以會感到不滿，是因為他們能夠透過改變日常行為模式完成所有工作要求。故事中的警察也是如此，他們之所以對新的移民法規感到不滿，某種程度上，是因為執行法規對他們而言是如此輕而易舉。不可能的情況是因為公務員「辦得到」而產生，並不是公務員「辦不到」所導致，而在這種狀況下，甚至可能會造成公務員道德主體的崩潰。[14]

當行為主體被要求執行不可能達成的目標時，也可以稱為一種「不可能的情況」。舉例來說，在社會福利改革研究中，經常可見社工有諸如此類的怨言：「他們……把績效標準改為一位社工要負責九十個個案（基本工作量），這根本不可能啊，誰有辦法一次負責九十個個案？」[15]在以上這個案例中，問題出在不切實際的期望。若考量一次訪視平均所需時間，一位社工根本不可能處理九十個個案。

在上述三則故事中，這種不可能達成的目標確實是關鍵的一環。故事中的教師、社工及警察都認為自己的工作量無法負荷。然而，目標的「無法達成」卻無法解釋這三個故事的特殊之處，因為此狀況屬基層公務體系特有。公民服務的需求實屬彈性，會因資源增加而不斷提高。也就是說，社工永遠有訪視不完的個案，警察有執行不完的新法規，教師也有教不完的學生。此處的論述並非小看這種目標可能導致的壓力，而是想強調，對於第一線提供公共服務的公務員而言，這種目標是他們的日常。而故事中描述的個人經驗和強烈的情緒，不過是公務員面對**這種工作**日常的冰山一角。

除此之外，針對公務員表達的不滿，目標的「無法達成」還缺乏一個關鍵的解釋。在上述的故事中，警官查爾頓提到：「**為什麼**我要這麼做？」說明了他並不只是擔心移民法規會讓他無法完成其他目標，同時還因為法律要求的執法方式，並不符合他對警察職責的理解。故事中的教師威廉．強森也面臨同樣的窘境。他表示自己身為一位教師，工作職責包括「撒下短期不會開花結果的種子」。所以對他而言，教師考核標準的問題並不是出在工作量，而是沒有考量一位教師應該做什麼。綜合上述，目標的「無法達成」不必然、也不足以構成「不可能」的情況。也就是說，要構成一個「不可能的情況」，關鍵在於工作目標的特點，以及這些**特點**是否與公務員的理解一致。

另一種「不可能」的情況，則會出現在行為主體必須完成兩個互相牴觸、原則上無法同時達成的目標。舉例來說，警察若要嚴格執行移民法規，勢必會衝擊居民對警察的信任，進而影響社區的治安維護。同理，若社工只注重工作效率，就無法與個案進行深度談話，辨別潛在的家暴個案。

然而，面對這種互相牴觸的目標時，不見得每個人都會像故事中的第一線公務員產生不滿的情緒。在工作情境中，也不會出現這樣極端的狀況，迫使公務員在兩個互斥的目標之間抉擇。實際上，公務員必須針對目標做優先排序，相較之下更容易處理。有兩個情況在社工內心拉扯：該花時間處理眼前的家暴案，還是先擱在一旁，直到手上的工作量減少再來處理。也就是說，即使兩個目標**原則上**無法調和，實務上還是有可能在兩者之間找到平衡。這就是第一線公務員面對的日常，必須在公平對待民眾及滿足個案需求之間權衡、在提升工作效率及尊重服務對象之間妥協。

這些公務人員的不滿，不單只是因為擔心目標無法同時達成，或是必須在兩個互相抵觸的目標之間妥協（妥協已經是他們的慣常），而是意識到這種**權宜之計**無法長久。上述的第二則故事就點出一個關鍵。故事中的社福社工提到，沒有人能夠兼顧工作績效以及照顧好每個個案，並表示這種衝突感，讓他難以定義自己的身分。即這種互斥的狀態，是因為不同的身分或角色認知而產生，**並不是**目標之間的差異導致。公務員若要達成工作目標，就必須去適應這種角色差異。

當個人的工作職責和外部責任之間有衝突時，就會陷入一種困境，而這種困境也可以用「不可能的情況」形容。此時，兩種道德需求之間會形成一種「不可能即無法調和」（impossible as irreconcilability）的狀態，常見於角色道德研究中。[16] 舉例來說，身為公務人員的社工，平時處理公事時須秉持公正無私，因此當家中有人需要特別照護時，社工的心理就會產生拉扯。同理，當社工想要盡可能協助一個服務對象時，也會因其公務員的身分認知而陷入困境。因為公務員只有在原則可擴張並可類推適用的時候，才能提供協助。

然而，上述故事並沒有出現這種「不可能即無法調和」的狀態。公務員們苦惱的是如何平衡身為第一線公務員這個角色**內在的**各種要求。舉例來說，在故事中，警察面臨的窘境是如何權衡執行移民法規以及秩序維護、犯罪執法等日常工作事項。對教師而言，是必須在提升考核表現以及提供對學生長遠來看更有幫助的課程之間抉擇。對社工而言，則是必須決定該加速個案處理，或提升每一次個案訪視的品質。面臨這種困境，這些公務員都感受到角色認知上的衝突，而根據角色道德的相關文獻，這種衝突是來自公務員內在的各種要求，並非來自公務員角色及該角色外部的要求。

這種內在角色衝突更讓人感到困擾的是，這些要求都具有一定程度的「正當性」，也就是說，這些要求從道德層面來看，至關重要。畢竟第一線公務員，在道德上都有遵循政策的義務，特別是那些有民主基礎（如移民法），或理性論述撐腰的政策（像是為提升績效而訂定的考核標準、為提升公共資源使用效率而需聚焦加速處理工作量）。但第一線公務員對其角色要求都有一套自己的認知，對服務對象的需求也有一套自己的理解並以此為行動依據。基層公務員同時扮演著下屬和專業人員的角色，反映出公共行政的正當性其實有兩個以上不同的來源。公務員不僅是立法機關的執行者，代其執行「公意志」（general will）（即投入的正當性），同時又是公民服務的直接提供者，負責推動「公共利益」的實現（即產出的正當性）。[17]前者要求基層公務員扮演忠誠的下屬，後者則囑咐這些基層公務員要有專業表現。

當然，如果法律本身不公正，或其制定過程缺乏民主正當性，基層公務員就沒有遵循這些規定的道德責任。這麼一來，我們可以說法律失去道德效力，公務員或許有正當理由可以拒絕或推翻該法律。然而，值得留意的是，在本章節討論的故事中，沒有任何一位公務員質疑法律正當性。警察大抵是最有正當理由採取這種立場的基層公務員，但針對移民法，故事中的警察並未質疑法律不公正，而是表示還有其他工作事項較執行移民法更為緊迫。雖然警察並不是認為移民法毫無缺點，但似乎認同法律的正當性以及自己必須遵從的責任。

此外也值得留意的是，雖然前述三則故事都有道德需求的衝突，但公務員的審慎考量，則是決定如何化解這種衝突的關鍵。如果教師根據新的考核標準改變課程內容，或是社工專注於加速案件處理，而減少與個案建立信任，部分原因是若不這麼做，就有可能會保不住飯碗。

這讓我們進一步思考另一種「不可能的情況」，也可能是在生活中最常見的，指的通常是一種「不一致的情況」（incongruous situation），也就是行為主體必須執行數個互相牴觸的要求。這些要求不僅都跟其扮演的角色有關，同時也都具有正當性。這種現象在組織行為研究裡稱作「角色衝突」，用以泛指行為主體每天因須面對各種要求，在不同要求之間拉扯而陷入的困境。[18]角色衝突會導致公務員產生一定程度的「緊張、不滿及心理上的退縮」。[19]

那麼，「不可能的情況」是否就等於角色衝突了呢？並非如此。角色衝突和道德主體的關係不見得相互對立。角色衝突雖然有時候會削弱公務員的主體性，但也會帶來正向的影響，像是多元對立的價值標準及威信來源，能夠提供公務員各種規範的正當論述，讓他們可與彼此切磋碰撞、互相整合。因此，在不可能的情況下，勢必會有某種衝突，此處尚且不表，姑且先稱之為「棘手的」（intractable）衝突。

在下下個章節，我會進一步解析這個「棘手的」概念。但在此之前，我認為有必要深入檢視對立需求與個人道德主體之間的關係，會根據我在田野調查過程中的一系列觀察進行探討。接下來，我會嘗試延伸整個論述框架，暫時不繼續討論「不可能的情況」，但這個框架最終會帶我們看見所謂「不可能的情況」生成的原因。

衝突和道德主體：約翰的來訪

在一月底某個週三的下午兩點左右，原本是一個閒來無事的一天，但諾維爾拉美裔服務中心的主任伊莎貝拉突然衝進接待區，停在接待區中央四處張望，接著開始一連串迅速且匆忙的舉動。她快速地重新整理文宣傳單，一疊疊弄得整整齊齊的，然後把垃圾桶移到不顯眼的位置，補滿飲水機旁的塑膠杯，再將牆上米羅的大型海報擺正。我當時在接待櫃檯後看著，覺得有些困惑。她說：「約翰要來了。」、「我的老闆要來了。」

那不是我第一次見到約翰。約翰是NCDI的營運長，負責協調和監督幾個社區服務中心，大家都知道他會突襲各個辦公室。但這次他的來訪對伊莎貝拉來說可不是個好時機，因為她正好要離開辦公室，有個幾週前就約定好的私人安排。恰巧這次約翰花了比較久的時間才出現，伊莎貝拉等到了最後一刻才離開。

在伊莎貝拉離開後、約翰抵達前的四十分鐘，突然有許多民眾湧入，早上原本空蕩的接待區頓時坐滿了人。我在辦公室四處走動找多的椅子，但接待空間太小，無法讓所有人都有座位，所以有些民眾只能站著等。在那個時候，每週三都只有伊莎貝拉和芙洛拉兩位承辦人員值班，而伊莎貝拉不在時，就只剩下芙洛拉一人。

下午在接待區的所有民眾，只有兩位有提前預約，其他人都是當天才來現場碰碰運氣，看是否承辦人員有空檔。伊莎貝拉私底下不喜歡民眾這種「順路看看」的行為，但卻也沒有做出什麼行動減少這種狀況發生。民眾會一而再、再而三地失約，然後在沒有提前告知下，突然在某一天出現在現場，對她而言這是一種「社區文化」問題。她曾說過：「他們（民眾）常常不準時赴約，有時候說是搭不到車，有時候說有急事處理。這是一種文化問題。」據她所述，承辦人員必須接受和包容這件事，服務中心必須調整運作模式適應社區文化。伊莎貝拉本身是位年輕的拉美裔母親，也是該社區的居民，因此非常了解當地社區文化。對社區民眾和中心員工而言，提前預約大多是參考而已，沒有什麼約束力。雖然偶有怨言，但似乎沒有人試圖質疑現狀，未赴約的民眾也不會受到什麼懲罰。

伊莎貝拉對於適應社區文化的意願，反映在她如何扮演其職業角色，採取了更包容的方式，強調友善對待民眾，提供個人化服務。身為中心主任，她確保辦公室的一切都讓人感到親切、舒適，像是選擇柔和的黃色和橘色作為牆壁顏色，在她的辦公桌上擺放家庭照片等。她打造了一個環境，讓民眾和承辦人員能自在地以「親愛的」稱呼彼此，也能經常與彼此擁抱，民眾偶爾也會路過來串門子，帶著他們研發的最新菜色給中心員工嘗嘗。伊莎貝拉告訴我，這些民眾過去時常被公務員踢皮球，讓他們在不同辦公室間奔波，認為根本沒人在乎自己。「我想讓這裡跟其他地方不一樣，提供親切、友善的環境，讓人們感受到有需要時，能夠在這裡得到協助，真的有人會聆聽他們的心聲。」因此，當天等候室突然出現一群「順路看看」的民眾，其實一點也不讓人意外。伊莎貝拉包容、隨和的態度如果不是直接鼓勵「順路看看」的行為，至少也默許民眾這麼做。

當約翰終於抵達，對眼前的景象感到不可置信。現場的十來張椅子都坐滿了人，也有民眾站在接待櫃檯的後方等待，那裡是一條走廊，直通芙洛拉的辦公室。約翰看著我一臉不悅地問說：「為什麼有這麼多人在等？伊莎貝拉人呢？為什麼現場椅子不夠？」在我開口回答前，他已經氣憤地走過接待櫃檯，嚴肅地看著在等待室互相追逐的三個孩子，接著走進了芙洛拉的辦公室。我聽見他又再問了一樣的問題。

對於約翰不滿意的態度，我和芙洛拉都不感到意外。在他的心目中，所有服務中心都必須致力創造一種形象，得像是醫生看診室一般，空間乾淨整齊，承辦人員有能力又有效率，並在清楚的規範下，對民眾以禮相待，不逾越專業範疇。根據他的理解，NCDI的最終目的是讓民眾不再依賴公務機關的幫助。有位同事將約翰的行事方法總結為：「我們不是民眾的朋友，也不會用對待嬰兒的方式來應對，他們得照顧好自己。」

這次的來訪，讓約翰開始質疑伊莎貝拉的作法，也就是嘗試與民眾建立更親近的關係。反之，約翰傾向採取更為「官僚」的作法讓民眾進行預約。約翰認為民眾必須準時赴約，而承辦人員也得讓民眾承擔失約責任，並在需要時祭出輕微的懲罰。NCDI不僅負責提供服務，也得教育民眾如何遵循社會規範和行為期望，才能在「外面的」世界生存。

約翰身為NCDI的資深主管，他的來訪及負面回饋，讓芙洛拉和伊莎貝拉都感到焦慮：芙洛拉不曉得該如何向伊莎貝拉呈報約翰來訪的結果，而伊莎貝拉身為主管的聲譽與地位也搖搖欲墜。在接下來的幾週，這件事都是我們三人對話的重點。

作為拉美服務中心的一員，芙洛拉、我和當天沒有值班的實習生及承辦人員，在伊莎貝拉和約翰互相悖離的觀點下都受到了影響。對於辦公室應該呈現怎麼樣的樣貌和感覺，他們看法各異，也有不同的比喻與想像，各自表述了有條理且可行的「生活世界」（lifeworld），透過某種程度上合理的方式，看見、感受及解讀對承辦人員角色的要求。[20]雙方觀點也都有明確的權威來源（營運長、服務中心主任），能透過不同方式影響承辦人員的行為。

然而，實際上並不是只有兩種觀點或生活世界（以下我會用「世界」來簡稱）。作為第一線公務員，我們也會持續與民眾接觸，了解其需求。無論是透過通話或會面，我們必須和源源不絕的民眾互動，這些民眾時常有緊迫需求、感到無助或恐慌，要求公務員立即協助。我在拉美服務中心擔任志工時，接到的上百通電話中，至少有三分之一的民眾自認遇到某種「緊急情況」，民眾會要求直接與承辦人員通話。

在這種狀況下很難不認為，民眾到頭來要的並不是「友善」或「專業」的服務，而是在有事相求時，公務員能迅速協助他們解決。而公務員要能達成這種需求，需要一種「緊急—回應」的運作模式，能迅速解決迎面而來危機。但這種方法與約翰的觀點不一致，他偏好採取預約制度，而在本質上，這也偏離了伊莎貝拉的觀點，無法建立友善的氛圍，與民眾建立更緊密的關係。

上述我提到的三個「世界」各自呼應了關懷照顧、專業度和迅速回應這三種觀點，說明我和其他員工如何扮演自己的職業角色，但我們的服務單位卻未正式、明確記錄下這些應對原則與考量，更未將此作為個人績效評估的正式標準。每次與個案接洽完後，這些資訊必須輸入單位專用的個案管理系統，追蹤服務民眾的人數、民眾背景以及提供服務的類型。

服務中心的每位員工都能夠進入個案管理系統，查看一個名稱是「主管檢視」的頁面，上面顯示每位員工最新的績效紀錄以及每個服務中心的統計數據摘要。服務中心的員工和主管能據此追蹤他們的「績效」，並與其他同僚比較。NCDI沒有特別競爭的氛圍，但每位員工都深知自己的定位，也有追上他人績效表現的壓力，而對於表現落後的員工來說，這種壓力就更大了。雖然追求數字上的「績效」和使用「緊急－回應」方法某種程度上相互呼應，但兩者不完全相同。主管檢視頁面不是為了追蹤特定民眾的問題是否有得到解決，而是為了確保服務中心能夠達到總體目標。

也就是說，我們作為服務中心的一員，得應對至少四種不同的「世界」或觀點，對於基層工作應該是什麼樣貌，本質上都不相同。這些世界不僅呼應了公務機關設定的規範性目標，也有相對應的影響範圍，藉由不同的獎懲辦法，獎勵表現良好的公務員，或懲戒表現未達標準的公務員。約翰身為營運長，負責績效評估及升遷決定，也有權擴大或縮減員工的自主範圍（自主性是特別有價值的一種籌碼，員工能據此發揮自己的行事「風格」）。[21]伊莎貝拉掌控了辦公室每天的工作日常及任務的指派，能夠影響員工對工作的感受——感到有趣、有壓力或無聊。此外，民眾可以表達感謝或不滿，而這也會「影響」員工當天的心情好壞。上述的多重目標是績效評估唯一的客觀條件，達不到這些標準就可能會讓其處境岌岌可危。

在一個公務單位裡，每天得面對這麼多個世界的衝突，多數人大概都無所適從。可以想像這些公務員身陷相互拉扯的目標之間無所適從，長期而言無法發展出一致的道德傾向或角色概念。

但有趣的是，我在諾維爾拉美裔服務中心觀察到的多元觀點，雖然確實有相互拉扯的狀況，但並未導致該單位無法運作或公務員無法作為，反而是替公務員開創了空間，得以發展多元的個人工作風格（如我在第二章所述）。多元標準的存在不僅沒有限制公務員的道德主體，反而提供公務員一套行為動機及正當理由，能用來監督彼此，甚至相互結合形成不同觀點。每個世界都提供有一套資源，包括比喻、原因、先例、楷模和盟友，讓公務員能夠在特定情境下運用、鼓勵其採取行動，並能加以說明其行動。[22]或許更重要的是，長期來看，這些世界之間的差異，讓公務員有空間發展多元的道德傾向，各自貼近不同的生活世界。

當然，這種彈性的空間有限。公務員深知，自己若一直無法達成前述四個世界中（任何一組）條件就可能會陷入麻煩，就如同我稍早解釋，若考量受「懲戒」的可能性，公務員就得面臨實際的威脅。公務體系原本就具備某種彈性，公務員能在四個不同端點之間游移，但也不會過度偏離某個方向。這些多元且不一致的規範世界，不僅讓公務員有空間可以行使道德自主，更畫分了道德主體的範圍。

我在此觀察到的，對社會學者而言並不新奇：公務機關內的角色（公務員）得面對各種不同的規範世界，或所謂的「社會中價值觀的互動架構」（economies of worth），並對這些世界產生某種程度上的認同和擁護。而他們的道德主體性，部分是來自於他們有能力運用這些世界（觀點）與彼此對立，並發展出複雜的正當性論理方式。呂克・波彤斯基（Luc Boltanski）和羅宏・帖弗諾（Laurent Thévenot）也提出類似觀點，取代更為狹隘的道德主體觀點。[23]波彤斯基和帖弗諾費心說明，道德主體的行為無法簡單透過計算個人利益來解釋，也得考量他們如何藉由注重尊重的規範性原則解釋個人行為。不僅如此，道德主體的個人道德傾向與他們身處的社會或組織環境之間，也沒有直接的連結。雖然環境形塑了道德主體能夠達成的結果，但在選擇採納哪些世界（觀點）和建立道德傾向時，行動者自己也參與其中。

雖然以上對於道德主體的觀察並不是什麼新概念，但我之所以在此提出有兩個原因。首先是修正角色道德相關問題之間的不平衡，政治理論學者認為有必要探討這些問題。角色道德相關文獻大多聚焦兩類問題：角色需求與一般道德需求的衝突，以及一個人同時扮演兩個不同角色，必須面對不同角色需求之間的衝突。其中又以下類問題最受關注：在職業角色的要求下，如果得執行不符合自己道德觀的行動，該怎麼做？舉例來說，公務員在面對與個人宗教信仰衝突的命令時，究竟該聽命行事，還是跳脫職業角色、違令抗命？[24]或是個人扮演多重角色，面對互相衝突的需求時，又該怎麼辦？像是，軍人在工作上得置生死於度外，但家中也有高堂得盡孝。

這些問題固然很重要，但當我們執著於回答這些問題時，看起來會得運用一套清楚定義的標準才能「盡職扮演角色」。在上述的範例中，我們可以很明確地知道，身為一位軍人、兒子或公務員該如何扮演好自己的角色。唯一的問題在於，是否該在這些角色的需求當中找到平衡。然而截至目前，我們的討論在於強調扮演工作角色時，**即便是在單一角色的範疇內**，人們通常會發現自己面對許多不同的期望，分別對應不同的規範價值和行動依據。這某種程度上意味著，扮演職業角色等於得在不同的考量之間取得平衡，並建立可行的折衷方案，而這呼應了弗朗西斯・赫伯特・布拉德雷（F. H. Bradley）的知名著作，也就是從被要求扮演特定職業角色到完成角色職責，一點也不輕鬆。[25]

我們之所以要聚焦討論在同一個公務單位中不同規範世界之間的關係，以及道德主體個別的道德傾向，還有另一個原因——強調組織管理的重要性。管理階層和公務制度設計者做成的決定，形塑了公務員日常的道德生活環境。若我們將公務機關視為複雜的生態系統，其中包含許多不同的規範世界，而每個世界都有屬於自己的代表人員、獎懲制度和鮮活的形象，則對其管理階層和公共制度設計者而言，核心任務便是規畫這些世界之間的多元性、共通性以及各種衝突。

值得強調的是，如同前述，不同規範世界提供了一套依據，可用以說明個人決策背後的考量，也提供發展自我意識（即職業道德認同或角色概念）所需的各種資源。上級主管在公務機關內，透過安排這些規範世界，不僅能夠影響公務人員可能的決策，也會影響公務員可能發展出的道德傾向。也就是說，上級主管會影響公務員是否能輕鬆維持特定的道德傾向。舉例來說，公務單位若增加績效目標數字，並提高未能達成目標得付出的成本，會使更多公務員往冷漠型的道德傾向靠攏。而若選擇提供承辦人員更多自主權，招募具備社會服務背景的人才，公務機關內就會有更多呵護型公務員。

這樣一來，管理階層不再是單純透過金錢或地位，採取恩威並施的管理策略，而是嘗試在其服務單位內安排不同的規範世界，提供幾個公務員可以選擇的道德傾向。以這個視角出發，我們必然會關注公共服務上級主管能運用的一整套完整管理工具，採取軟硬兼施的不同手段。上級主管能夠運用這些工具，選擇代表其服務單位的規範世界，並調整不同規範世界之間的一致性以及相對作用的強度。

約翰和伊莎貝拉身為上級主管，可以利用這些管理組織的標準工具，推動他們對基層工作的特定觀點。他們能夠向公務員或專案提供所需的資訊，在檯面下稱讚或責備公務員，並能影響績效評估的流程設計。他們也能夠透過幾種方式形塑單位的組織文化，像是選擇特定用字遣詞描述服務單位的目標、運用特定暗喻進行內部溝通，抑或以自己的一作法替下屬樹立榜樣。

對於不在自己掌管範圍內的（即民眾的）規範世界，上級主管也能夠調整下屬與這些規範世界的接觸程度。舉例來說，約翰和伊莎貝拉無法掌控民眾會對基層公務員說些什麼，也無法決定民眾的情緒表現，但卻可以藉由建立互動的規則或改變公務機關的空間配置，影響民眾如何與公務員接觸，像是公務員與民眾應該面對面交談或透過電話聯繫？民眾可自行進入承辦人員的辦公室嗎？還是必須先到接待櫃檯報到？接待櫃檯長什麼樣子？透過這個櫃檯，接待人員與民眾之間能有多少接觸？同理，上級主管雖然無法直接掌控基層公務員同僚之間在檯面下的交談，但能夠影響公務員進行交流的地點、時間及對象，甚至能夠促進或中斷交流的進行，像是公務員的午休時間是否一致？公務單位內是否有公共空間或茶水間？檯面下對話會發生的地點，通常是辦公室的開放空間，還是較為隱密的空間？

上級主管也能夠調整不同規範世界的一致程度。與其著眼於專業性，約翰當下如果想要追求數字上的「績效表現」，大可以不斷強調達成績效數字的重要性，藉此呼應其服務單位採用的正式績效標準。不僅如此，他也可以選擇提拔同樣注重績效表現的中階主管，而不是像伊莎貝拉這樣很有個人主見的中階主管。更甚，他也可以要求不同辦公室執行特定政策，進一步拉開第一線公務員與民眾的距離。以上這些作法都能夠促成不同規範世界之間達成更高的一致性，並縮減可能發展出的道德傾向範圍。

如此一來，上級主管就能夠決定不同規範世界之間的相對作用力。這些規範世界提出的指示有多急迫？忽略這些指示的結果又會有多嚴重？約翰只會碎念芙洛拉（如同實際發生的情況）點到為止就好？還是他會採實際手段改變拉美裔服務中心的營運方式？伊莎貝拉是否會公開責備不如她貼心或溫暖的公務員？或是默默接受公務員不同的行事風格？

有些研究基層公務體系的學者近期指出，雖然公共管理一直以來都側重於處理規則和動機相關的「硬」問題，但應該是得由組織文化這種「軟」性層面著手，將焦點放在如何管理第一線公務員的行為[26]，而我也深表認同。不過我也想要論證，單一的「組織文化」有時反而會掩蓋掉管理手段介入能帶來的優勢。一般而言，公務單位不會只有單一的組織文化，而是由一系列不同的次文化組成，而這些次文化各自趨向不同的道德傾向或「規範世界」。一位深諳管理技巧的上級主管得刻意安排這種多元性，以鼓勵公務員在行使裁量權時，納入不同的規範考量。這種管理方式認同道德判斷的必要性，更重視道德判斷背後的考量。

仰賴這種管理方式的上級主管必須解決兩個問題。首先，他們必須決定應該以哪個規範世界代表該公務單位？再來，他們也必須了解，這些世界之間的衝突什麼時候會產生正向效果，能夠促進單位內健康的多元性？而什麼時候則會導致負面效果，造成某種形式的道德主體崩潰，像是發生上述不可能的情況？

要著手處理這些問題，我們可以借鏡前述諾維爾拉美裔服務中心的例子，該單位刻意規畫不同規範世界的衝突。首先，在拉美裔服務中心，有許多不同的規範性世界存在，包括專業度、協助與關懷、積極回應以及效率，而這些規範世界支持的規範性考量，都與單位內的工作息息相關。不過，實際上不見得總是如此。公務體系接納的一系列規範世界，其多元性如果過高或過低，可能會產生問題。若不納入某些相關的規範性考量，就會導致規範世界不夠多元——可以想像一下，如果約翰和伊莎貝拉各自放棄他們對專業度和關懷的堅持，選擇關注「績效數字」，會發生什麼事？反之，若納入某些和職業角色無關的規範性考量，就會使得規範世界過於多元——可以想像公務員基於個人的道德應得觀（moral desert），決定向特定民眾提供服務。

除此之外，拉美裔服務中心還有一大特色，提供了第二個問題的解答（即規範世界的衝突何時會強化或扼殺道德主體）。而這個特色與多元規範世界的相對作用力有關。公務員之所以無法靈活利用不同的正當性論述，運用一系列資源建立不同的道德傾向，是因為並沒有任何一個規範世界的重要性或影響力具有主導地位，遠遠高於其他規範世界。每個規範世界都具備一套規範考量，公務員必須將其納入考慮才能決定如何行動。根據實際情形，有些規範考量相對而言雖然更為關鍵，但每個規範考量其實都同等重要，得由第一線公務員就特定案例或情況，決定如何精準地平衡這些規範考量。

當然，上述畢竟是在理想情況下才會成立。有時候，公務員必須完全依循一個特定的規範世界，他們面對如此龐大的壓力，以及不服從背後的高成本，不再有各種規範考量作為決策參考，而是淪為聽命行事。這個特定的規範世界會占據主導地位，瓦解妥善執行公共政策所需的多元性，破壞公務員具備的決策和彈性空間。

藉此，我們能夠進一步理解不可能的情況。當公務機關鼓勵公務員參考不同規範世界建構自己的道德傾向，但實際上公務員的行為是受特定一個規範世界掌控時，就會導致不可能的情況出現。公務員會發現自己一而再、再而三地，被迫採取與自我意識不相符的行動。

不可能的情況：現象學層面的特性定義

在不可能的情況下，基層公務員會有一種衝突感，來自職業角色內在不同的正當要求。這種衝突會讓公務員陷入苦惱，開始重新評估自己對工作的投入程度，並難以找到出口或解方。這種衝突的本質究竟是什麼能夠讓公務員如此苦惱？道德和政治哲學家提供我們許多方法，可用以思考道德要求的衝突，包括**表面上存在的**（prima facie）義務的衝突、無法衡量或不可替代價值的衝突以及不幸的衝突（tragic conflict）。這幾種思考衝突的方式是否能夠說明本章開頭的三個故事呢？

首先，這種道德觀點（view of morality）時常與效益主義掛鉤，若以道德觀點的角度出發，不同道德要求之間的衝突最終都是**表面**義務的衝突。藉由適當的審視，當所有條件都納入考量時，總是會有一個特定的義務具備主導地位。此時，其他不占上風的義務就會失去重要性，變得不再那麼重要。即便如此，公務員或許還是難以決定該怎麼做，尤其是在不確定性的情況下，但此時，衝突的本質不再關乎道德，而是進入知識論探討的範疇。據此觀點，道德主體在做出行動決策前，可以推知勢必會經歷折磨和痛苦，但如果該決策是正確的，道德主體也很相信自己下的決定，這些痛苦的過程就會減緩。可是，任何持續的痛苦或後悔都是不合理的。

這種道德衝突的觀點在幾個面向上備受批評，像是該觀點不同於我們實際上會產生的道德反應，且無法解釋長期的原則性投入，以及仰賴不合理的信念，相信不同價值最終會取得平衡。[27]更重要的是，這種觀點無法說明本章開頭的前兩個故事。故事中的公務員都未提及不確定性，且他們經歷的痛苦並不是因為難以做出行動決策，而是來自於他們實際採取的行動，讓他們一直覺得為難。我們能如何解釋這種焦慮？

哲學家以撒・柏林、伯納德・威廉斯以及約瑟夫・拉茲（Joseph Raz）認為即道德衝突不僅是表面上存在，而是實際上可能會發生的。以此觀點出發，我們就能夠進一步理解上述公務員面對的痛苦。據此觀點，我們的價值會受歷史和社會上的偶發事件影響，而且無法預先假設（priori）這些價值和事件都能和平共處。[28]在兩種相互衝突的義務中，若其中一個具備主導地位，並不代表另一個義務就會消殞。當我們選擇某個特定價值，而屏棄另一個價值時，就會蒙受實際的損失，也就是實際的道德成本，會在做出決策和實際行動後，必須化為一種「後悔」的感受。

這種衝突的觀點或能解釋公務員體會到的痛苦，將這種痛苦描繪成一種後悔的感受，主要是因為他們處在一種無法避免道德衝突的情況。確實，在每一個故事中，公務員被迫在兩種選項或價值之間抉擇，而不管是哪一個選擇，對公務員都有道德重要性。無論公務員如何抉擇，都必定經歷失去的痛苦。舉例來說，若承辦人員決定以績效數字為導向，盡可能服務愈多民眾，就會因為無法專注於特定民眾的需求（像是潛在家暴受害者）而產生後悔的情緒；而若承辦人員選擇仔細評估民眾使否符合FVO的條件，也會因為無法在工作空檔提供更多民眾協助，而感受到後悔。[29]此時公務員會面對兩種角色義務的衝突，即善用有限公共資源的義務，以及積極回應特定民眾需求的義務。在這種情況下，公務員不論怎麼做都會感到後悔，也顯示出公務員能夠維持多元考量，並保持對「道德成本的感知」。對必須經常面對這些兩難情況的公務人員來說，是很重要的一種特質。[30]

這麼說來，不可能的情況是否只是一個簡稱，描述在這種情況下面對棘手的取捨？這種解讀方式的問題在於捨棄了所有實際上不可能的情況。該論點點出第一線公務員日常實際決策的困難，他們必須不斷在不同的規範考量之間做出困難的抉擇。如果單單只是因為如此，第一線公務員就會情緒崩潰、辭職或提出告訴，公務機關也老早沒辦法運作了。不可能的情況一定具備更高的風險。

風險會提升的情形有兩種：一是擴大道德主體具備的兩種選項之間的差異，二是提高這些選項對道德主體自我意識或身分的影響。這邊讓我依序說明。第一種作法會導致不幸的衝突。如同瑪莎．納思邦定義，如果提供的選項都不符合公務員的道德觀，不幸的衝突就會發生，也就是說這兩種選項得具備「嚴重的道德瑕疵」。[31]也就是說，不見得是因為難以做出抉擇，才會導致不幸的衝突。真正困難之處在於，如何與決策共處。納思邦指出：「這種注定不幸的衝突，指的並不是在處理顯而易見的問題時——像是採取什麼行動或該如何行動——所遇到的困難，而是一種棘手的情境，即在因應上述問題時，沒有任何一個好的答案，即便是其中最好的解法也很糟糕，也就是沒有所謂的『正確答案』。」[32]

不過，這種說法仍不足以說明本章開頭的故事。在所有故事中，沒有任何一位公務員被迫執行「嚴重不當的道德行為」。唯一可能的例外是移民故事中的警察，但故事中警察的作法也並未用「嚴重不當的道德行為」來形容。故事中的公務員確實身陷某種情況，被迫得以特定的方式行事，以威廉士的話來說，就是「道德上令人不快」的作法。但若相較於不幸衝突背後需要的決策（像是有兩個溺水的孩子，但只能救一個），故事中公務員必須做的抉擇，如果形容成「嚴重不當的道德行為」就有點太言過其實了。事實上，不可能的情況背後所需要的行動，從第三方角度來看，不見得是多重大的決策。

對於公務員在不可能的情況下經歷的折磨，還有另外一種方式可以解釋，不見得要發生「嚴重不當的道德行為」。也就是，針對公務員具備的選項，除了提高每個選項背後的風險，也能夠增加抉擇會對公務員造成的衝擊。這種形成衝突的方法在黑格爾的文獻中清楚載明，與我們理解的不幸衝突有些細微的差異。[33]

根據黑格爾對索福克里斯筆下悲劇《安蒂岡妮》的解讀，他強調故事中的主角，安蒂岡妮及她的舅舅克里昂，都各自身處在特定的生活領域中，並進而反映出他們的自我意識。安蒂岡妮的哥哥波利西斯在底比斯之戰喪生，身為妹妹的她決心要替哥哥安葬。但她的舅舅克里昂是國家的統治者，堅持遵循法令，必須懲處波利西斯在戰爭中的叛國行為，將波利西斯的屍身留在戰場上，「任由野狗或野鳥啃食」。安蒂岡妮得決定究竟該安葬哥哥，還是遵循統治者的法令。這並不是在兩種抽象的責任或義務之間抉擇，而是全然關乎自我意識的選擇。對克里昂而言也是如此，這件事讓他的王權變得岌岌可危。

有趣的是，安蒂岡妮和克里昂都毫不猶豫地做出選擇。面對克里昂下的禁令，安蒂岡妮仍決心要替哥哥安葬；克里昂則是絲毫沒有動搖，下令強制執行法律。針對安蒂岡妮和克里昂堅決的選擇，有兩種解讀方式。首先，可以說安蒂岡妮和克里昂都沒意識到互相衝突的道德面向，像是安蒂岡妮必須遵循法律，或是克里昂得實踐其家庭和信仰上的義務。這正是納思邦對黑格爾觀點所下的注解。以這種解讀角度出發，安蒂岡妮和克里昂都屬於「狹隘」的道德主體，只會考量一種價值範疇，而忽略其他道德面向。[34]在這種解讀之下，兩位主角都沒有經歷不幸的衝突；反之，只有從觀眾（或歌隊）的角度，與主角之間有一些距離，才能感受到那種衝突，也就是兩個規範世界之間的拉扯。但若要說明本篇開頭故事中，公務員（即我們的主角）經歷的焦慮，這種解讀方式基本上無濟於事。

不過，實際上還有另一種解讀方式。兩位主角之所以絲毫沒有任何猶疑，可能意味著他們已經經過深思熟慮並下定決心。但這並不是說他們沒有意識到另一個規範世界的拉力，意識到自己也屬於另一個規範世界（對克里昂來說是家庭；對安蒂岡妮來說是政治權威）。確實，黑格爾認為所謂如悲劇般的不幸衝突，若要達到最終極的不幸狀態，必須是：

當兩個個體陷入衝突時……且其所屬的規範世界互為表裡，也就是說兩者都身處對方權力底下，並互相抗衡……例如，安蒂岡妮身處克里昂的政治權威底下，她是前任國王伊底帕斯之女，所以有義務服從王權……克里昂也是如此，他是一位父親也是丈夫，有義務尊重神聖的家庭關係……兩位主角所處的生活進而產生了內在衝突，深陷其社會角色當中，甚至進而受到傷害。[35]

這種注定走向悲劇的觀點，某種程度上說明了本章開頭故事的癥結點，即公務員身處兩個規範世界之間，面對互相拉扯的需求。他們如果因此身陷折磨，並不是因為其行動導致「嚴重不當的道德行為」，而是因為發現自己被迫得依特定方式行事，違反或破壞他們道德認同的重要面向。此處的道德認同是公務員個人獨有的道德認同，意即他們對自己的認同。

不過，本章開頭的示例與安蒂岡妮的故事仍有一些差異。安蒂岡妮所面臨的不幸衝突，是來自於她扮演著兩個不同的角色——身為一國的公民，同時也是一位妹妹。但在本章開頭故事中，衝突發生在公務員被要求扮演的社會角色之間——**身為基層公務員**，究竟該如何行事？

更重要的是，不同於安蒂岡妮，開頭故事中的第一線公務員進行了審慎的考量，最後選擇違背其職業道德認同或角色概念。教師最終選擇依循職責標準的要求，而不再堅持自己認為身為教師的使命；個案承辦人員選擇專注於加速處理個案，忽略了自己本身以及FVO的宗旨在於協助民眾自立自強。

再來，第三個差異在於，安蒂岡妮經歷的衝突源於一個單一的重要決策（是否該替兄長安葬？），但在開頭兩個故事中，沒有這種「關鍵時刻」，故事中的公務員似乎都是在回顧他們過去採取的一系列行動。他們並不是在採取行動的當下經歷到這種痛苦，而是採取行動之後，也就是在回顧自己的決策時，才意識到他們當時行動造成的影響。

不可能的情況還有最後一個特點，而黑格爾在其文獻中提及另一種如悲劇般的不幸衝突，可以幫助我們進一步理解此特點。在索福克里斯的另外兩部底比斯悲劇《伊底帕斯王》以及《伊底帕斯王在科隆納斯》當中，能夠看到這種不幸的衝突。[36]根據黑格爾的論述，伊底帕斯不幸之處在於，他採取了一些不符合自我認同的行動，並須因此承擔個人責任，而他並未意識到自我認同的重要性。只有在他殺了自己的父親、迎娶自己的母親後，他才了解當初神諭（Oracle）想表達的意思，意識到自己犯下滔天大罪。同理，開頭故事中的教師威廉．強森，也是在回顧自己的作為之後，發現自己其實默默不斷違背身為教師的信念，想一想才意識到，他已經不再是自己心目中的好老師了。如果只有少數行動不符合自我意識可以視為例外。只有當個體偏離自我意識，逐漸形成一種明顯的模式，且衝突的規模已經無法忽略時，才會形成所謂不可能的情況。不可能的情況不見得是對道德主體產生直接的衝擊，也可以是悄悄對道德主體產生影響，回頭一看卻已經深陷其中。

接下來，我們就能夠定義不可能的情況具備哪些特性，以及不可能性的本質究竟指的是什麼。不可能性的本質實際上是一種演繹而來的自相矛盾。公務員如果具備特定的道德認同，在有意識地持續採取違背其道德認同的行為時，就不可能完全維持原有的道德認同。如果我的詮釋是正確的，那麼故事中教師的抱怨實際上會是：「身為一個老師，我如果只是繼續做我必須做的事情，就不可能達成職責要求（根據我對老師這個身分還有自己的了解）。當然，以個人身分來講，我還是可以做你要求我做的事，但在我自己的心目中，我就不再是位老師了。我沒辦法在做這些事情的同時，還保有老師的身分認同。」

這種自相矛盾對公務員有非常重大的影響，因為發展角色概念和職業道德身分的過程得經歷很大的轉變。[37]在組織社會化以及建立個人工作風格的過程中，公務員會逐漸（接受並）相信一套價值和成功的標準，與其職業角色息息相關，並發展出一系列情緒反應、解讀新現象的作法，以及價值排序的方式。[38]對大多數人而言，要扮演一個職業角色並不容易，因為會影響到一個人如何了解及看待自己。[39]在「不可能的情況」下，公務員被迫採取違背個人角色概念的行動，（此時，不可能的情況）等同於逼迫公務員破壞他們的**自我認知**，讓公務員陷入自我衝突。也就是說，不可能的情況威脅到了公務員的道德整體性。

不可能的情況：結構層面的特性定義

到目前為止，我提供的內容都是以第一人稱視角出發，透過現象的觀察定義不可能的情況具備哪些特徵。接下來我想要論證，雖然不可能的情況旨在說明個體經歷的一種困境，但其背後的原因主要是結構性的，並說明為何公務體系容易出現這種情況。

當公務員的自我理解及行動不一致時，不可能的情況就會發生。而公務體系容易出現這種問題，是因為公務體系能夠影響公務員的自我理解，並進而調整他們採取的行動。從制度設計的角度來看，公務體系是一種社會安排，用於觀察人們的行為模式。公務體系可以透過很多方式引導公務員採取特定行動，像是使用「硬」管理工具，包括規則、標準作業程序、獎懲辦法等。但對於形塑個別公務員的道德認同以及角色概念，公務體系也扮演著關鍵的角色，賦予公務員一種使命感、道德感知，以及一套可用以描述這個世界的暗喻。公務體系會使用「軟」管理工具，以及嘗試建立組織文化來達成這個目標。[40]

因此，公務體系在兩種不同的層次運作，一是採取行動的層次，二是道德傾向和道德認同的層次。前者可能會被視為公務員必須處理的「外部」義務，但不會直接影響到公務員的自我意識；後者則會對公務員的「內在」造成直接的影響。當這兩個層次相互衝突時，不可能的情況就會發生，也就是說，公務員必須採取的行動，以及其長期具備的自我意識無法相互調和。

這個時候，就可以適用我在第二節提出的架構。我認為一個公務單位中，有許多規範世界在運作，提供公務員資源以建立自己的道德傾向，並讓公務員有動力採取特定的行事作法。當多個規範世界涉及公務員道德傾向的形塑，且其中一個規範世界具備主導地位，能夠決定該採取哪些行動時，就會導致不可能的情況。在眾多考量面向當中，這個主導的規範世界不會賦予公務員特定一個考量面向，而是提供「必要面向」，其重要性遠高於其他考量。公務員會發現自己受其服務單位影響，而採取特定的道德傾向，但同時被迫以其他種方式行事，忽略甚至違背了他們的道德傾向。

接下來請讓我透過推測、延伸開頭的第一則故事嘗試說明這一點。威廉・強森身為一位教師，在他受教育訓練的期間，很有可能被鼓勵要拓展學生的世界觀，以及提供他們有用的技能。這種職業精神及其伴隨而來的使命感，隨後可能在教職員會議或內部溝通時，不斷有同僚和行政人員提及和強調。在正常情況下，強森個人的道德感知以及他對教學的看法會因此受到影響。

而當學校對教師祭出新的職責要求後，上述的職業精神和使命感強化原有的教學評鑑方法，但同時也讓評鑑方法變得更嚴格。標準化測驗變得非常重要，而教師不遵循職責要求的成本也變得很高，強森因此發現自己花愈來愈多時間在替學生準備考試。

強森第一次為了「針對備考範圍而教」，而得取消一堂重要的課程時，他安慰自己說這只是一次例外而已，但後續卻發生了好幾次同樣的情況。直到某個時間點，他回想之後才意識到發生了什麼事，意識到自己雖然堅守新的政策要求，但他的作為已經違背他原本具備的角色概念，不僅無法針對自己的行為提供道德上合理的解釋，甚至還得持續目前的行事方法。他發現自己陷入一種不可能的情況當中。從那時起，他必須教授的每一堂課程，都違背了他原有的職業認同，使他的道德整體性陷入危機——他得選擇停止目前的行事方法，或是必須放棄原有的職業認同。

如同我在這裡所呈現的，「不可能的情況」與「雙重束縛」理論非常類似。葛雷格里・貝特森（Gregory Bateson）於其思覺失調症的研究中，首次提出「雙重束縛」理論。[41]在日常情境中，「雙重束縛」指涉的是個體身處一個情況中，被迫面對互相衝突的要求，但對於貝特森而言，「雙重束縛」有個特定的含意，意指符合以下四種前提的情況：

㈠一個權威角色向道德主體祭出一個主要禁令，通常是以命令的形式做成，背後帶有實際的威脅（例：「不要做這個或那個，否則我就會懲罰你」）。

㈡相同的權威角色向道德主體祭出一個次要的禁令，背後也有威脅支撐，但比主要的禁令來得模糊，而且兩者相互衝突（例：「不要屈就於我提出的限制，否則別怪我不客氣」）。

㈢道德主體重複經歷這兩種相互衝突的禁令。

㈣有第三種禁令或實際的限制，讓道德主體無法逃脫前兩個禁令限縮的範圍。

於是，個體陷入困境，沒有可以解套的方法。貝特森提出了一個示例，是一位母親告訴孩子自己對他的愛，但當孩子碰觸她時，她卻一臉嫌惡地退縮。這位母親釋放出兩種相互衝突的訊號，在外顯的層面，她說：「我愛你，也希望你能夠回應我的母愛，否則我就會懲罰你。」然而，她的肢體語言卻釋放出相反的訊息：「我沒辦法忍受你愛的表現，如果你繼續這麼做，我就會懲罰你（疏離你）。」也就是說，依據其中一個訊號的指示因應，卻會導致無法達成另一種訊號的要求。如果孩子回應母親釋出的第一種訊號，也就是關於愛的訊號，就會引發母親的焦慮和嫌棄；如果孩子回應母親釋出的第二種訊號，選擇自我脫鉤，那麼他就會因為沒有表現足夠的愛而受到懲罰。據此，貝特森假設，由於孩子不管怎麼做都會受到懲處，他就無法發展出適度辨別不同訊號的能力，而這正是導致思覺失調症的關鍵。

不過，**思覺失調理論**中提及雙重束縛的優點對我們的討論並沒有幫助。[42]根據我們討論的目的，雙重束縛的重點在於，當道德主體必須不斷面對兩種不同的權威訊號，且這兩種訊號不僅互相衝突，抽象程度也不一時，一如不可能的情況，道德主體就會經歷心理創傷。有趣的是，在殖民主義和性別的情境下，貝特森的研究常用來討論心理疏離的條件，在這兩種情境底下，雙重束縛之所以會發生，不只是因為道德主體的父母有不尋常的慣習，而是涉及了更廣的結構性動能。

舉例來說，桑德拉・巴特基（Sandra Bartky）就用雙重束縛的概念，透過現象學角度解釋一種特定形式的「心理壓迫」，這種心理壓迫在女性和殖民對象身上很常見。[43]當個體不可能達成自我實現，但同時又被保證他們是確確實實的人類，與他人並無二致時（「女人**當然**也是人；黑人**當然**也是人」），就會出現這種形式的壓迫。[44]如同巴特基所述：「受到心理壓迫指的是在一個社會底下陷入雙重束縛的狀態。這個社會肯認了我身為人類的狀態，同時卻不讓我行使身為人類所能行使的作為。」[45]這種雙重束縛會導致一種精神疏離，意即個體面對直指他們劣勢的實際訊號，並且得應對更抽象的訊息，斷定他們的劣勢無關性別或種族等一般條件，受壓迫的群體因此無從選擇，只能接受他們自己就是問題的根源。也就是巴特基所說的：「我或許會完全拒絕相信我的劣勢是一種普遍的劣勢，但如果得說明為什麼，我或許只會在我自己身上找原因，可以說是我自己命不好，又或說是我有性格缺陷、『自卑感』或精神官能症。」[46]

貝特森提出的雙重束縛理論，以及巴特基雙重束縛理論的應用，都和我們探討的不可能的情況有關。兩者皆描述某種形式的個體崩潰，必須用現象學術語來定義，但同時有可溯源至結構性的原因。如同雙重束縛的情境，當道德主體陷入不可能的情況時，就得面臨兩種禁令，兩者都具有權威性，並在不同層面運作。道德主體必須採取特定的方式行事（「減少案件量」），同時也必須採取另一種更模稜兩可的作法，以符合道德主體長期的道德承諾（「持續以友善態度面對民眾，並致力達成民眾的福祉」）。這兩種禁令之間的衝突會不斷發生，且一如巴特基提出的示例，這種衝突不是源於單一個體的特質，而是來自於用以維持以及加強兩種類型訊號而做出的政策選擇或管理行為。

因應不可能的情況

不可能的情況就像雙重束縛一樣，會促使基層公務員採取一系列偏狹的因應方式。以下我會檢視這些因應方式，並解釋為何這些因應方式會導致規範性的擔憂。我這麼做是為了論證，在面對不可能的情況時，個體是沒有辦法妥善自行因應的。若個體要能自行應對，就得採取結構式的因應方法，也就是說，導致這種情況的管理行為和公共政策必須有所改變。

當我們在探討公務員如何因應不可能的情況時，得特別留意我在前兩節所提及，關於結構和現象層面分析的差異。這個差異之所以重要是因為，並非所有公務員在身處**不可能的情況**時，都會經歷**不可能因應**的情形。若要經歷不可能因應的情形，個體首先必須認同角色的某些面向，接著被迫違背這些角色認知。然而，若我們相信公務體系就是常見的那種形象，並非所有公務員對其職業角色都具備這樣的認同。有些公務員一直都抱持脫鉤的態度，對工作沒有榮譽感，並因此不會導致不可能的情況，也不會經歷自我背叛。

脫鉤可以透過兩種層面觀察，一種是心理上的，另一種則是規範上的。從心理層面上來看，脫鉤實際上很難以維持。組織行為研究指出，公務員對其服務單位通常會產生非常高度的認同[47]，會形成道德承諾，也會擴大自我意識，以涵蓋他們扮演的職業角色[48]，工作上的成功、失敗或困難都會變成自己的成就或責任。簡言之，我們可以懷疑，相較於常見的公務體系論述，實際上，脫鉤在公務員身上並沒有那麼常見。[49]

再來，規範層面上來看，即便公務員可以維持脫鉤的狀態，對第一線公務員來說，脫鉤並不是一個理想的道德傾向。公務員得建立自己對於職業角色的長期認同，而不是完全隨著科層指示的改變而變動。若要確保公務體系的管理，以及政治事務的優先排序，不要如此容易受影響，公務員就得認同特定的使命且願意為此奉獻。但這麼一來，公務員也會容易陷入不可能的情況。

當公務員發現自己身陷不可能的情況時，他們有一套因應方式可以運用，可以歸類為退出、呼籲和忠誠三類。[50]

退出：公務員身處不可能的情況時，有時候會選擇辭職，因為他們失去了工作的成就感，或是不願意違背自己的道德整體性。這就是故事中威廉·強森這位教師採取的因應方式，這樣的作法似乎在公共服務機構很常見。[51]

不過，「退出」這種作法有兩個問題。首先，這種作法的公務員似乎只想到自己。[52]當公務員愈投入他們的工作時，受到不可能的情況影響就會愈大，會更擔心取代自己職位的人，有可能不怎麼嚴謹或盡責。第二，這種作法更令人擔憂之處在於，對職業角色更投入的公務員，會因為不願意背棄自己的原則而選擇分道揚鑣。那些選擇離開的人，通常都有很強的工作熱忱和目標，而公務體系不該損失這樣的人才。

呼籲：面對不可能的情況帶來的壓力，那些不願選擇離開的公務員，可能會嘗試將他們的困境傳達給上級主管知道，希望主管能夠祭出適當的結構改革。但採取「呼籲」的方式，對於位於公務體系底層的公務員來說既困難又有風險。下屬提出的建言時常會被忽略，或是消失在主管必須過濾的所有資訊當中。想要以呼籲表態的公務員也會擔心與主管變得疏離，反而讓自己的工作處境岌岌可危。[53]

若要能採取「呼籲」的作法，公務體系首先必須建立適當的程序和保護機制，即鼓勵不同科層的公務員進行互信、開放的溝通，並保證低階公務員不會因為表達意見而受到責罰。[54]主管對下屬的要求某種程度上反映出他們承襲的政策，因此在高階公務員和政策制定者之間，必須要有溝通的管道。若要能「有效」呼籲，必須將政策執行視為對政策規畫有價值的回饋來源，而不再只是協助政策規畫的技術作業。

忠誠：選擇離開背後的苦楚，以及呼籲伴隨的風險，都會讓公務員傾向選擇忠誠，也就是繼續待在公務機關內，嘗試因應不可能的情況。忠誠有許多不同的樣貌。有些公務員會堅決拒絕背離自己的道德主體，不論面對多大的壓力，都繼續以自己原有的認知扮演其職業角色。在影劇當中，這種「頑強」的個體時常被描繪為特立獨行的獨行俠（通常是男性），像是《緊急追捕令》（*Dirty Harry*）中的哈利．卡拉漢（Harry Callahan）或《火線重案組》（*The Wire*）中的吉米．麥可納提（Jimmy McNulty）。儘管困難重重，這兩個角色都堅守自我認同，勇敢面對不願配合的同事以及咄咄逼人的上司，不斷讓自己的工作陷入危機。

不過，這樣頑強的作法並不是沒問題。首先，這種因應方式不是人人都做得到，只有特定性格特質的人才有辦法達成。再來，選擇頑強抵抗也有風險，採取這種道德傾向的公務員，可能會在某一天踩到底線，導致被解雇或被排擠。或許最重要的是，這種頑強的作法本身就有隱憂。為了與違背自己認知的大環境對抗，那些決定跟隨內心的公務員，必須讓自己的作法變得更偏激，才能與批評的聲音抗衡。骯髒哈利（Dirty Harry）和麥可納提的問題在於都具備高度簡化的道德傾向，無法辨認那些反對的聲音有時候是正確的，並且有時候得做出一定程度的妥協。

有些公務員在面對不可能的情況時採取更加堅定的立場，但有些公務員則是因為無法調和自己採取的行動選擇將其視為一種個人失敗，意即自己沒有能力達到工作的要求，將責任歸咎在自己身上，而不是自己身陷的情況。在不可能的情況背後，那些結構性因素對於牽涉其中的公務員來說，往往是非常不透明的。事實上，也正如巴特基提及的性別和殖民相關示例，自責是心理壓迫的核心元素。在開頭的故事中，威廉．強森的同事逐漸接受自己是個「糟糕的教師」。選擇自責的公務員，最終都會變得像那位教師一樣陷入職業倦怠，經歷難以承受的情緒疲勞以及無能為力，並產生想要選擇離開的念頭。[55]

還有一種作法，常見於因應不可能的情況，但與選擇自責一樣令人擔憂，這種作法就是自我欺騙。當公務員第一次認知到自己的行為和自我理解之間出現衝突時，可以騙自己這個衝突並沒有自己預期的明顯。公務員雖然可以一直選擇自我欺騙，但會導致扭曲的道德認知或自我理解。不僅如此，即便公務員選擇自我欺騙也沒辦法卸責，即便他們不會再**感受到**不同考量之間的拉扯，他們的作為也必定會影響到這些考量的優先排序。自我欺騙是一種沒有誠信的行為，甚至會導致推卸職責。

第一線公務員剩下的唯一一條路就是憤世嫉俗，認為公務機關不是一個能夠順從個人道德認同的地方，並選擇接受角色本身相互衝突的要求，不再嘗試取得平衡。一旦公務員採取憤世嫉俗的作法，其實就等同回到我們一開始的討論，公務員選擇對民眾脫鉤和冷漠是不討喜的公務人員特質。畢竟，公務員擁有裁量權，能夠影響社會上最弱勢的那些族群。

小結

政策改變和行政改革時常充滿劇變。[56]當然，會受到最多衝擊的，是那些取得公共服務和法律執行目標的民眾。然而，得進行政策改革的第一線公務員，也就是時常遭受批評的國家門面，不可能毫髮無傷。他們有時候會發現自己深陷不可能的情況當中，必須與自己的角色認同對立。我嘗試呈現的是，當我們審慎看待這些公務員經歷的痛苦，會發現一個令人不安的事實，也就是說，他們遭逢的困境並不是個人或職業上的不幸，而是大環境下必然導致的不幸。基層公務員不僅會出現職業倦怠，面對不斷改變或相互衝突的民主願景，甚至會導致精神崩潰。

在民主偏好改變的過程中，有時候會出現不可能的情況，這種伴隨而來的現象，著實令人無奈。當基層公務員依據原有的公共政策願景建構起其角色概念，但今日卻又被要求得改變時，不可能的情況就會產生。其中的關鍵在於時間上的不一致，意即角色概念改變的速度，遠遠低於要求採取行動的速度。事實上，這種要求的改變，可能是上級主管嘗試誘導公務員改變他們的角色概念，也就是一種對公務員的「再社會化」，而這麼做有時候是必須的。第一線公務員的角色概念和道德傾向，有時候會受某些原因影響變得不夠完善，或是不符合民主社會的價值和優先排序。

但即便在這種狀況底下，在面對不可能的情況時，我們得停下腳步，看見公務員面臨的心理壓力，應該促使我們認真思考，是否有其他更循序漸進的作法，能夠改變基層公務員扮演職業角色的方式。這某種程度上是承認社會必須為此當責，尤其是當我們要求第一線公務員捨棄過去他們原有的認同，而這份認同也是我們過去鼓勵他們採取的作法。探索不同的組織改變途徑，同時考量了實際層面，即如果對於採取行動的要求突然變動，不僅可能無法讓公務員改變或再社會化，甚至可能會導致公務員精神崩潰，讓他們無法達成政策目標，無論這些政策目標為何。

不過，並不是只有民主願景改變時，才會導致不可能的情況。當公務機關被要求同時執行太多任務，且沒有足夠的資源可用時，也會衍生出不可能的情況。公務員建立的角色概念或許涵括了社會對於公共政策的願景，但會與近期通過的政策作法產生衝突。透過了解這些公務員的痛苦，尤其是那些不斷陷入困境的公務員，會揭露不同公共政策願景之間的相互衝突，而也意味著這些拉扯必須得到妥善的處理。那些因此而崩潰的公務員，正反映出了一國民主的狀態。他們努力嘗試擔起責任，為了扮演好社會角色得面對不一致且互相抵觸的命令，而在這個不幸的情況下，許多作為最後手段的棘手政治問題，關於目標、優先排序以及資源分配等問題，會回到政府的手上。這些問題必須透過立法途徑妥善處理，而不是由公共服務的第一線來負責。這是因為這些問題或許會引起政治紛爭，因其經常受到忽略、推遲或掩蓋，而公共服務的第一線承襲這些模糊不清及不一致的命令，不僅必須做出棘手的取捨，還得承擔背後的責任，也沒有任何可以再委任的下級。

本章藉由嘗試理解不可能的情況，結合這份研究探討的許多主題。首先最重要的是，當我們在探討公務行為時，必須以公務員的道德傾向和角色概念為核心。公務員作為決策者，不單單只考量到策略運用和自我利益，他們也建立特殊的道德認同，以特定的方式扮演其職業角色，但其改變的速度遠遠不及政治優先次序的變化。

我嘗試透過規範「世界」的用詞描述組織環境和道德傾向之間的關係。在任何公務機關當中，通常都會有許多不同的規範世界，圍繞特定的核心價值與信念，並提供相應的方式讓公務員履行和理解其職責。在公務機關內，每個規範世界都有一組支持者（即上級主管），有權能獎懲公務員，而公務機關正是由數個這種規範世界組成，在不同的道德價值之間拉扯。這些規範世界的配置形塑了公務員能夠採取的道德傾向，其中又以三大因素為核心：這些規範世界是基於哪些價值觀？這些世界之間有多少異同之處？它們之間的相對作用力又是如何？取決於這三個因素，某些道德傾向會比較受公務員喜愛，有些傾向不好維持，其餘的傾向則是完全站不住腳。

上級主管具備一套工具調整這三大因素，並讓他們能夠進一步影響下屬的道德傾向。而主管要能影響基層公務員的道德傾向，則必須留心以下四個考量：確保公務單位內的規範世界確實涵括並反映基層工作的多元規範要求；這些規範世界彼此之間有一定的差異，讓公務員能夠建立多元的道德傾向；每個規範世界都有一定的作用力，使得公務員無法完全忽略任何一個面向；規範世界之間的相互作用力又不會過於強烈，致使公務員無法達成共同的要求。

不過要達成這個平衡並不容易，上級主管本身並沒有這麼多權力，通常受限於他們承襲的政策目標。在多元的規範世界之間取得平衡，即鼓勵公務員採取多元豐富的方式扮演其職業角色，需要有好的管理手段和穩定的政策雙管齊下。若無法維持這樣的平衡，必須承擔很高的成本。如果規範世界之間差異不夠大，又或其中一個規範世界占據了主導地位，基層公務員就更有可能會採取簡化的道德傾向，而我們在第四章提及，日常決疑論和非正式問責用以作為基礎的多元道德傾向就無法再支撐。不過，如果規範世界之間的拉扯過於強烈，公務員也可能會陷入「不可能的情況」之中，意即公務員因為無法調和其行為和自我理解，而無法作為一個完整的道德主體運作。

結論

大部分人對國家的了解是透過與公務體系和公務員的互動而來。像是我們申請駕照或社會救助時，或是我們被警察盤問，甚至是接受移民官安檢時，在那個當下，國家就不再是一個難以捉摸的抽象概念，而是在我們面前形成一個實體。在這樣的互動中，我們能清楚意識到我們不但受法律的約束，還會受到人員左右。

現代國家理論學者強調國家不近人情的特徵，意即將人與職位區分開來，但當我們與國家互動時，國家確實呈現一副面貌。[1]這副面貌非常具體，會隨著每個公務程序和公務機構而變化。我們可能會漸漸開始欣賞或害怕這副面貌；我們會仔細審視這副面貌的表情，並試著預測其反應；我們會努力取悅、影響或轉移這副面貌的注意力；我們會向這副面貌表達感激或宣洩挫折。[2]我們懷疑這副面貌具有某種影響力可能會影響個案的進展，但具體影響有多大，我們並不清楚。如果我們有幸屬於社會上那類不用直接依靠國家過活的人，這副面貌只會影響我們一天心情的好壞；但如果我們屬於社會上的弱勢，這副面貌就可能就會決定我們的生活能否存續。

這份研究讓我們看見那些作為「國家面貌」的工作者，一探他們跌宕起伏的日常。這些作為「國家面貌」工作者就是所謂的第一線公務員，或稱基層公務員，他們負責執行公共政策和法令。這些公務員每天做的決定都會對市井小民帶來很大的影響，他們的行為舉止也形塑了公民對國家以及自身地位的想法。在前面幾章，我想闡明基層公務員如何看待他們遇到的情況和民眾，以及他們如何理解自己的道德主體。我也試圖評估他們的行為和道德傾向，以檢視我們民主政治文化的核心規範。

我們觀察到，基層公務員不僅僅是聽命行事的作業人員，執行從上級傳達下來的明確指令，也不只是技術專家，尋找有效手段達到預定的目標。他們在各自的公務單位工作，身為單位中的規範和政治主體，必須將常模糊、模稜兩可和矛盾的上級指示轉化為具體內容，並在眾多互相牴觸的規範性考量間找到合理的折衷辦法。

在任何情況下，這樣的任務都極具挑戰，但基層公務員甚至必須在負擔特別重的工作條件下執行這些任務。每一天，他們不僅必須應對資源的嚴重匱乏和長期人手不足，還要應付相互扞格且不切實際的目標，以及不斷應付民眾帶來的情緒。日復一日，工作環境產生的心理壓力會逐漸侵蝕他們的道德感知，並限縮他們對職業角色與職責的理解。

從中我們看到了基層公務員所面臨的困境，而本研究致力於探究和解決這個困境：公務機關非常依賴基層公務員的道德主體，卻又將其置於容易削弱他們道德主體的工作條件之下。就國家第一線而言，這是個相當嚴重的問題。如果基層公務確實是由普通人（即基層公務員）行使裁量權來執行，我們就必須留心並確保他們在適當條件下履行職責，否則後果就得由民眾買單。

道德主體與其身處的環境

為探討這個困境的發生、原因以及對策，我提出了一系列環環相扣的主張。我首先在第一章論證，基層公務員擁有相當大的行政裁量權，這種裁量權不僅僅是技術性的，還涉及規範性價值判斷，即使制度改革可行，這類裁量權仍應該保留。公共政策要能執行得當，絕不只是遵從上級指示就行，而是需要基層公務員將模糊的命令轉化為合理且具體的內容，在相互扞格的需求間找到適當的妥協，並能對突如其來的困境做出恰當的因應。公務員須能作為完整的道德主體履行上述職責。

在公務機關第一線的行政裁量權能讓基層公務員以多元的方式履行職責。無論他們採取哪種行事風格，這些公務員都必須對多元的規範性考量保持敏銳。公共政策的執行不僅涉及提供服務和執行法令，也觸及了一個問題，即國家及其公務員應**如何**與公民互動。第一線基層公務員必須致力以高效方式履行職責，同時在運用裁量權時也必須保持公平、尊重並盡可能積極因案制宜。在評估公務員的執行成效時，我們必須將上述要求納入考量。雖然對效率的要求是公、私部門共同的準則，但上述標準（公平、尊重、因案制宜）在公共領域中特別受關注，因為民主國家的公民對其政府有特殊的道德和政治要求。

要能正確理解基層公務員在完成這四大要求時面臨的挑戰，我們必須放大視野，超越道德決策的時刻，考慮公務員在工作中採取的道德傾向。這些道德傾向伴隨一種詮釋架構、情感調節模式、對規範的感知，以及對其職業角色和職責的理解方式。我們之所以得從研究公務員的決策轉向研究其道德傾向有兩個原因：首先，道德傾向的形成早於決策，並且會形塑公務員看待道德問題及權衡各種規範性考量的方式，對其決策產生影響。其次，道德傾向能夠說明公務員的舉措或作為，而這在規範層面上具有重要意義。重申早前提到的一點，一個人**如何**被國家對待和他從國家得到**什麼**一樣重要。

我們將研究焦點從決策轉移到道德傾向，可以進一步了解日常工作壓力如何限縮基層公務員的道德傾向。問題不在於公務員會失去道德推理的能力，而是這種推理所需的道德認知和角色概念會變得更狹隘及過於專一。這也讓我們看見了一系列偏狹的道德傾向——例如冷漠、正義和呵護，這類道德傾向令人擔憂，因其簡化了公務員對自身職業角色的認知。相較於公務體系眾所周知的問題，包括腐敗、違法、濫權和無能等，這些簡化的道德傾向則是默默對公務體系造成危害。即便公務員戮力從公，在其權限內有為有守、提供專業服務，都仍可能落入這種道德傾向。簡化的道德傾向應視為公務員對日常工作壓力的適性反應，公部門運作的環境並不會直接腐蝕或限縮公務員的道德性格，反之，公部門使公務員暴露在各種心理壓力下，威脅到心理學家所謂的「自我完整性」——亦即公務員良善、有道德的自我認知。在試圖應付這些壓力的同時，公務員為了維持一定程度的自我價值，有時會有意識地去簡化道德傾向，但通常不是刻意這麼做。公務員之所以選擇簡化其道德傾向，是因為他們在面對日常的工作壓力時，這種道德傾向能提供某種心理上的舒緩。因為公務員無法滿足職業角色的所有要求，所以他們限縮了自己對這些要求的理解，藉此達成工作要求。

然而，此處得特別留意的是，公務員所處的環境固然會使某些道德傾向難以維持，也會使某些道德傾向更容易出現，但並不是說環境單方面就能夠決定公務員最終採取的道德傾向。公務員可以藉由各種方式回應那些施加在他們身上的壓力，而公務員若選擇簡化其道德傾向，會朝幾個不同方向靠攏：冷漠、正義或呵護。誠然，並非所有公務員都會選擇簡化其道德傾向，有些更能夠因應情境壓力的公務員就不會這麼做。如果要了解在公共服務的第一線出現的道德傾向，我們必須同時檢視公務員承受的結構壓力，以及他們會採取哪些日常行動，來調適環境對他們的影響。

欲防止公務員道德傾向的簡化，需要個人和團體的道德自主實踐相互結合，管理階層也必須建構出一個適當的制度環境。在個人層面上，基層公務員面對失調的影響而必須做出改變。公務工作本身就存在各種相互矛盾的要求，再加上公務員認定的分內之事與實際上力所能及之事，兩者之間有所差距，才會使得公務員陷入左右為難。為了保持道德傾向的平衡，這些公務員必須找到一種方式調節自己面對的失調情況，以減輕失調造成的認知扭曲。我已嘗試在第三章中闡明，公務員可以透過日常實踐進行這種調節。

基層公務員自己必須努力抵抗，避免道德傾向過度專業化，但如同我在第四章中提及，在團體層面上，他們也得維持足夠多元的道德傾向。如果道德專業化是個人層面的問題，那團體層面的問題則會是道德傾向變得過度單一。公務體系具備多元道德傾向能發揮兩項功能：第一項與道德認知有關。同僚之間的道德感知如果相互矛盾，可敦促彼此留意他們原本可能會忽略的各種道德提示或規範性考量。第二項則涉及非正式問責制。當同僚之間擁有不同道德承諾時，對彼此就會有證成責任：他們觀察、探求和質疑彼此的工作方式，防止恣意或系統性偏差的行為。

而上級主管的任務就是在道德過度專業化和過度單一化這兩個險坑間開拓出一條道路，創造一個環境，讓基層公務員可以發展並維持多元平衡的道德傾向。為了做到這點，上級主管可以善用各項工具，剛柔並濟、恩威並施。他們可以建構公務員必須依循的獎懲制度，以及各種規範性證成和言論，為公務員所用。而上級主管為了達成平衡，也得採取一個微妙的作法。也就是為了敦促公務員留心多元的規範性考量，主管必須精心規畫一系列相互衝突的管理指示。若安排不當就會導致不可能的狀況——即公務員身處過度對立的要求之間，無法以一個完整的道德主體履行其職責。

前述先前提及的觀點互相結合：若公共政策的執行是為了因應多元的規範性要求，一如我認定的那樣，那麼公共政策就必須交由公務員來執行，因為他們對這類規範性要求具備足夠的敏感度。而為了讓公務員能夠妥善執行公共政策，我們必須將理想的多元性反映在公務員所處的組織環境中。正如我在第五章的論述，基層公務員是否能作為穩健的道德主體履行其職責，取決於公務機關內是否有多個規範世界共存。正是這些規範世界之間的不一致，提供公務員所需的空間和資源，能形塑他們自己的道德傾向，也正是這些道德傾向的相互競合，決定了哪些道德傾向能夠長久維持。

基層公務員是否能恰如其分履行職責，也取決於他們在檯面下的一系列慣常作法。我在第三章描述的自我實踐和第四章中檢視的日常決疑，在公務機關中都沒有正式的民主程序背書，但在協助基層公務員履行其職責上，扮演著關鍵的角色。

我之所以強調檯面下的慣常作法和多元性，以及其扮演的關鍵角色，是因為我們若進行制度改革，就可能使其陷入險境。如果這兩者沒有獲得適當的重視，則我在第三章中描述的自我實踐，就可能被視為浪費時間和資源而遭到排除。同理，其他類似的作法，像是我在第四章描述的決疑論也可能會被視為威脅，衝擊「公開透明」和「問責」的價值。不過，多元性本身也有風險。新公共管理的核心概念是在公部門內採取市場導向的方法，替政策執行帶來更高的成本效益，並能一定程度上解決公共行政的沉痾（例如，繁文縟節、缺乏靈活度、不夠公開透明）。正如新公共管理的批評者指出，為了追求效率而向私部門看齊的改革舉措，可能會以犧牲其他規範性考量為代價，但這些考量應作為提供公共服務的條件基礎，如公平、積極度和尊重。

我在這研究中要再補充的另一個擔憂是，這種改革可能會對基層公務員的道德傾向產生負面效果。如果公務機關內存在的規範世界中，由其中一個世界逐漸取得主導地位，基層公務員就會被推往那個世界的方向。如果基層公務員無法利用相互衝突的規範證成、沒有志同道合的同僚以及其他動機來源，那他們就不太可能抗拒這股拉力。這會是個嚴重的問題，如果我們確實受具備裁量權的普通人（即基層公務員）管理統治，就得確保他們道德品格是我們作為一個民主政體能共同認可的，而不只是我們所具備的道德價值中的其中一個示例。

透過提出這些警語，我並不是要暗指公共服務機關無可指摘——實際上正好相反。我想強調的是，若要能提供適當的公共服務，公務體系內就必須存在一個脆弱的道德生態系統，在一系列相互衝突的規範拉扯之間維持著一個微妙平衡。在思考制度改革時，我們必須留意這個生態系統，並嘗試預測新政策可能對其產生什麼影響，以及這個生態系可能如何反過來影響公務員的道德傾向。從特定規範標準的角度來看，某些改革或許很具吸引力，但在其他層面上，也可能會帶來意料之外的成本，因此我們必須對此保持警覺。從道德傾向的角度來看待制度改革，我們可以透過一種獨特的方式評估政策提案的成本和好處。這也有助於我們重新思考制度設計的目標：不是以正式結構取代行政裁量權，而是妥善安排一個環境，讓公務員能自我理解並行使裁量權。

從基層公務體系退一步，站在更抽象的層次來看，我提出的所有主張，都強調思考道德主體及其身處環境的重要性。而我希望透過這份研究呈現出這是一個雙向的探討。我們一方面得梳理出環境如何影響、維持但有時也會侵蝕基層公務員的道德傾向；另一方面，也研究這些公務員如何變通，藉由發掘、「控制」或利用其環境，支持他們認為適當的道德傾向。一如我嘗試在此替特定類型的社會行為者（即基層公務員）在特定的組織背景下（即公務體系）做的探討，我們透過更精確地闡述道德主體與其環境之間的連結，開創一個廣博且值得研究的新領域，讓政治理論和道德哲學得以與心理學、社會學和人類學展開對話。[3]

再探行政理性

我們有多了解基層公務的本質，以及基層在處理重要規範性問題時涉及多少裁量判斷，於我們對行政國的理解有著深遠的影響。（讓我們更認識行政國？）第一，當公共政策在執行時，其他公共政策的規畫也同步在進行。更確切地說，公共政策執行的過程中，充滿著許多政策規畫的機會。當第一線公務員接獲上級政策指示和標準作業程序時，工作內容往往都尚未成形，得由公務員填補其中的空白，解決任何模稜兩可之處和相互扞格的衝突，並將抽象的上級指令和程序具體化。如此，基層公務員實際上可說是形塑公共政策的推手。

政策執行與政策規畫無法清楚切割，這對政治學者（political scientists）而言並不是什麼新鮮事，但就政治理論的面向來看，由於政策執行的相關研究較少，政治理論學者（political theorists）確實較晚理解到這個事實。然而，這個事實顯然很重要。如果公務體系的所有層級，由上而下到公共行政的第一線都涉及政策規畫，我們就得關注政策執行過程的細節，以及負責政策執行的代理人，否則國家的規範性理論就不會完整。我們需要一個更全面的政策執行理論，因此我期盼以此研究拋磚引玉，作為先驅並提供初探的貢獻。

藉由深入探討基層公務員日常的道德生活，理應讓我們對行政國的獨特理性觀點有更全面的了解。正如我在第一章所指出，在普遍的認知下，公務體系是技術理性的展現，而民眾與公務體系的互動則是指公務員針對特定個案，應用一套具有明確架構的法律。然而，這頂多只描述國家在基層施政時的部分樣貌。

由於基層公務員承襲的法律和政策通常相對籠統，會有不同解釋和執行的可能性，因此只有當這些法令應用在個案上時，法令才會真正成形。這個不只是法令應用的過程，更是其具體化的關鍵，也就是說法令得透過在特定案例上應用，才會在不同的可能性之間確定其走向。

公務基層並不單單只是被動的法令目標或法律的載體，同時也對形塑法律有所貢獻。公務基層與法令兩者之間有辯證關係，而必須執行這種辯證的行動者，即為必須「以法令審酌案情」（think the case with the law）的基層公務員，他們不僅僅得行使技術判斷，也需要運用實務上的知識。公務員必須奉公守法，對特定個案做出審慎的判斷。正是因為有這些公務員的介入，現行法律中既有且作為法律應用指引的抽象規範性標準都得以具體化，如尊重、公平、積極和效率等規範性考量，而這些考量之間的衝突，在實際狀況的要求下也得以化解。基層公務體系是一個**制度化實踐智慧**（institutionalized phronesis）的場域，透過在特定案例上的應用，使普遍規範變得更具體。[4]

如果我的觀點正確，即公務體系既是實踐智慧的場域，也能夠讓技術和理性關連充分運作，那麼若有觀點指出國家對公務體系的看法和思維，與大眾的認知相距甚遠，我們就得特別留意。以詹姆斯・斯科特（James Scott）《國家的視角》（*Seeing Like a State*，麥田，二〇二三）為例，該書是行政（非）理性運作的最經典的論述之一。[5] 斯科特將高度現代主義的理論與古希臘的「明智」（mētis）概念進行對比。高度現代主義理論支持國家由上而下的運作，強調國家須有正式規則和井然有序的行政分類，並試圖掌握各種偶發情況。而明智則是一種實務知識或智慧，適用範圍通常有限，且往往是在檯面下運用，能靈活應對不斷變化的情況。斯科特主張，若國家忽略明智就會落入險境，並以具說服力的個案研究加以證明。

然而，國家介入公務體系的各種行動之所以會失敗，確實可以歸咎於國家明確區別了高度現代化理性和明智，但我們得留意的是，這並不代表國家如何「理解」及「思考」其行動都與此有關。透過我們對基層公務體系的探究，我們知道在政策規畫階段，無論政策的設計有多麼正式和嚴謹，過程中都沒有考量到基層公務的實際面向。不僅如此，這些政策在執行的階段，會由不同階層的公務員層層經手，過程中多少都會染上一點個人色彩。因此，當我們探究政府如何看待或思考政策執行時，也必須得將這些中間的執行者納入考量。我們得特別留意公務員的行為也可能受其他因素影響，是當初政策規畫者未曾考慮過的面向，但這些考量或許也與政策規畫者的初衷相去甚遠。

正如本研究所見，公務員不是標準作業程序其中一環而已，而是作為道德主體並擁有自己獨特的道德傾向。公務員透過這些道德傾向的觀點評估他們承襲的政策，決定要賦予政策什麼意義，以及如何解決其中必然存在的模糊和闕漏。公務員的道德傾向是由其工作環境和必須履行的職業角色形塑而成。

對於基層公務員而言，其工作環境與職業角色非常貼近民眾，必須實際與人打交道，這些人有著自己的故事、性情、志向與憂慮。儘管公務科層上級能利用簡易分類、正式規則落實管理，但基層公務員每天要處理的是複雜且充滿變化的社會問題，也需要克服現有分類以及正式作法的局限。隨著我們愈接近基層，公共行政的正規邏輯和日常現實之間的落差會變得更為明顯，兩者之間的落差也迫切需要彌補。隨著我們愈接近基層，公務員的價值感、成就感和誠信正直，就更是取決於他們是否能妥善因應基層的複雜現實。

一邊是要效忠一個不近人情、充斥著規矩的世界，另一邊則是面對一個人性化、多變且需要特別關注的社會場域，基層公務員身處兩者之間，得盡其所能地因應各種要求。為此，他們發展出一套適用不同情境背景的實務作法，讓他們能夠因應上級和民眾的雙重要求；他們透過微調既定規則、以不同的方式解釋這些規則，並讓不同的規則之間產生撞擊，藉此得以積極回應民眾的需求；他們建立非正規的分類方式以彙整實踐知識；他們跳脫既定框架以不同的方式區分案例，較正式規則來得更為精細。簡而言之，他們藉由訴諸於明智，在法律中普遍、正式的規範，與社會生活裡多變現實之間，緩解了彼此的衝突。

儘管這些反思似乎與斯科特的論點相悖，但我相信這更符合他宏觀的論點。可能是因為形式主義和明智之間的區別並不能清楚刻畫出國家和社會之間的分隔；又或是因為由下往上看，國家確實給予了一些空間，讓實務知識和非正式程序得以存在；也可能是因為國家賦予其代理人（即基層公務員）一定程度的裁量權，用以應對其身處環境的複雜和變化——正是因為上述原因，國家變得更有彈性也可以更長久地運作，相較之下，國家雖然有時試圖採取高度現代化主義的作法，但往往會以失敗告終。更準確地說，國家不僅僅是規則和程序而已，當國家不再局限於其自我描述和說明的樣貌時就能夠變得如此有彈性。

由下而上的政治理論

政治理論學者研究民主國家時，通常聚焦於民主制度的設計和特定政策的價值。本書中我採取的方法是從政治過程的另一端著手，探討國家在面對一般民眾提供公共服務或執法的時候，如何呈現自己的樣貌。這種研究視角的轉變，對我們解釋、批評和評估民主國家的運作有何助益？又為政治理論帶來了哪些新的視野？

由下而上觀察國家，讓我們得以聚焦檢視政治理論學者感興趣的一些抽象概念。正如湯姆·泰勒（Tom Tyler）等其他心理學家所表明，公民主要是透過與國家的日常互動，決定是否形成或削弱他們對公務機關正當性的認同，或他們對政治平等的信念。藉由近距離觀察這樣的互動，我們可以更清楚理解民眾對政府正當性和平等公民權的認知取決於哪些考量，也更了解他們對於哪些公務體系的問題感到特別不滿。以基層的角度來研究國家，能讓我們見微（日常互動）知著（正當性、公民權），並且有助於讓往往極為抽象的討論變得更為具體。

當然，這並不是說政治哲學特有的抽象性得為詮釋性的社會科學讓步，我認為也不應該如此。了解民眾和公務員認為什麼是正當的，而什麼又不具正當性，並用以說明正當性理論，並不足以令人信服。規範性論點無法透過從眾決定，也不能單單透過田野調查或訪談取得。人們或許會弄錯、遭欺騙或不講理，但通常不是如此。透過檢視民眾的觀點，觀察他們與國家互動的本質，或許能夠作為一個提醒，讓我們看見原本可能忽略的重要考量和細微差異。

而我們之所以要透過民眾與公務員互動的角度仔細觀察國家，還有另一個原因，也就是在一定程度上，公共政策的內容是在這個過程中確定的，取決於公務員和民眾如何賦予其意涵。[6] 公務法規保留了裁量空間，公務員如何行使他們的裁量權，則取決於他們如何理解自己的角色和職責。換句話說，這些意涵是連結政策制定與實際執行之間的重要橋梁。

從民眾的角度而言，關注公共政策的意涵也是至關重要的。無論政策對民眾而言是否足夠尊重，或讓民眾感到冒犯；無論民眾視政策為培力還是約束，這些想法對我們理解和評估該政策來說都是關鍵。由下而上觀察國家，讓我們在評估政策成敗時，也能同時思考政策的寓意和執行面向。

從基層角度研究國家，也可以揭露政治企圖或政治衝突的面向，否則這些方面可能很少人會注意到。[7]而公共政策在執行過程中必然會有所轉變。雖然有些變化無傷大雅，有些卻反映了政治偏見。然而，這些偏見往往難以察覺，因為這些偏見通常是管理階層作成的「技術」決策造成。透過揭露這些決策的政治意涵，我們可以讓在我們背後發生，不論是無意或刻意為之的政治形式（forms of politics）都浮上檯面，接受公眾的檢視和評論。

舉例來說，美國在一九九六年實施的《貧困家庭臨時補助計畫》（TANF，又俗稱「以工代賑計畫」）就值得探討。[8]在政策層面上，這項改革體現出社福兩大論派之間的政治妥協：一種是輔導式的，著重於提供民眾個別化的協助，幫助他們重返勞動市場；一種則是規訓式的，力求藉由懲罰未就業者和扣除補助達成相同的目標。儘管該政策處於這兩種方向之間而有所矛盾，但政策本身也因為受到新公共管理的影響，而自有一套管理規定，包括權力下放、承包和績效管理。正如伊芙琳．布拉德琴和弗萊明．拉森（Flemming Larsen）指出，這些規定改變了基層公務員的實務作法，最終倒向了規訓式。這樣的結果是由許多原因造成，而其中一個原因是，相較於能夠追蹤輔導式作法成效的指標（例如：民眾是否接受適當的訓練？他們是否被安排到適合的工作？），藉由績效指標檢視規訓式作法（例如：個案的結案數量）相對更容易。《貧困家庭臨時補助計畫》的案例告訴我們，藉由調整基層工作的條件，政策執行過程中的決策就可能會改變公共政策的本質。

到目前為止，我已強調由下而上研究國家的途徑，對詮釋性和批判性政治理論帶來的貢獻：針對我們使用的政治概念闡明其背後的意涵，以及揭示隱藏在不同表象下的政治企圖。我接下來想提出的是，從由下而上的角度來研究國家，也能夠提供一個獨特的切入點，讓我們探討**規範政治理論**。

在民主制度中，國家及其政策旨在體現公民普遍選擇用以規範其生活的價值觀和原則。由下而上研究國家，讓我們可以透過觀察實際的結果重新評估這些價值觀和原則。眾所周知，表達我們集體政治企圖的法令通常都含糊不清、模稜兩可且經常相互牴觸，像是法規、規章、條例甚至憲法。這同時是法令的一種優勢，也是一種劣勢。從優勢的角度來看，法令掩蓋了各種政治派系之間的分歧以及民眾價值觀之間的衝突，藉此創造可能的妥協，讓公務機構不用清楚明確的價值排序也能運作。而從劣勢的角度來看，法令會讓我們產生了錯覺，讓我們誤認某些衝突或爭議已經解決，但事實上只是用言辭將其掩蓋了起來。

然而，身處在公共服務的第一線，法令中蘊含的模糊和衝突已經無法再透過巧妙的措辭掩蓋，必須化為實際的行動。因此，藉由觀察基層公務員的作法，我們可以揭示價值觀和期望之間那些被掩蓋起來的衝突。有時候，這會迫使我們意識到政治文化中固有的多元性，以及因此而產生的不幸衝突；也有時候，這可能促使我們面對自己的偽善和疏忽，讓我們不得不做出曾以為可以避免、艱難的權衡。在這方面，研究基層公務體系等同於一面鏡子，映照出我們作為政體的樣貌——這面鏡子反映的是行動而非言語，因此在此所看見的，通常比法律更為真實。

除此之外，研究基層公務員的**經驗**，而不只是他們的行為，其實類似於觀察一個「生活實驗」（experiment in living）[9]，讓我們看見公務員如果依循法律中相互衝突的價值觀和原則，實際上會遭遇些什麼。這可以作為一種試驗，看看這些價值觀，以及其所體現的社會理念，是否真的適切。這就是我在第五章描述「不可能的狀況」的意義。看到基層公務員因為試圖履行他們承襲的法令而崩潰，表明了我們可能必須正視法令中潛在的衝突和緊張。

從基層公務員的角度研究國家，最終開啟一個不同的規範性研究起點。與其從政策規畫和制度設計出發，並將政策執行視為可以往後再討論的次要問題，這個新的研究角度讓我們能夠從反過來探討——也就是從我們希望國家如何與其公民互動開始，並將此作為準則，用以指導或約束制度的設計，以及政府應推行哪些政策。

這就是我在本書採用的研究方式，首先主張基層公務員在執行公共政策時，應該對多重規範性考量保持敏銳，並接著嘗試敘明公務員需要哪種組織環境才能維持這種敏銳度。這也是基本收入的倡導者常使用的方法，首先，他們認為若把補助資格的認定交給基層公務員，則民眾在與公務員互動時，無疑會感到受侵擾、貶低或公務員過於武斷的情況。接著，他們再從評估提供服務的條件出發，進一步主張改變政策：採用無條件基本收入，原則上就能去除這種不討喜的裁量權行使方式。[10]

上述的作法意味著，如果我們能更具體地闡明「由下而上的國家規範性理論」或許更為可行、有用——從提供公共服務的那一刻開始，一路向上到政策規畫和制度設計的問題。當然，思考國家在提供服務時應如何與公民互動，並無法告訴我們國家得要追求哪些實質政策，但卻能夠排除某些政策選項，更重要的是，或許能調整民眾願意接受的政策範圍。

有民族誌感知的政治理論

我想以我對方法論的心得為全書做總結，在這個研究中，我嘗試結合民族誌對一般道德主體經驗的感知探討規範性政治理論的問題。採用「民族誌感知」意味著不僅對人們的行為感興趣，還對他們為什麼這樣做感興趣[11]，也就是關於他們如何認知、思考並替其身處的背景脈絡賦予意涵。這是一個描述和詮釋雙管齊下的大工程：既涉及觀察人們如何對特定情況做出反應，又試圖理解這些情況對他們來說是什麼樣子——解釋他們對社會百態的認知。[12]

這促使我在研究中廣泛運用實證研究，尤其是採用組織的民族誌，以及與基層公務員進行開放式訪談。這些資料有部分是自己收集的一手資料，其餘的則是來自人類學、社會學和政治學的二手資料。在各章節開頭，我盡可能提供基層工作的詳細描述作為開端。我試圖在這些敘事中，找出基層公務員面臨的規範性挑戰，以及他們針對這些規範性挑戰提出了什麼樣的解答。接著我才彙整這些答案，以一個較為客觀角度來進行規範性的檢視。

當然，我並非第一個嘗試將道德和政治理論進一步與民族誌結合的人。民族誌一直以來對政治理論詮釋、批判和概念貢獻良多。藉由關注一般人的經驗，民族誌揭示了主流論述，並披露概念上的盲點，也指出隱藏在制度裡的政治偏見。[13] 民族誌迫使我們理解與我們不同的文化和制度，也提供我們一個外部的觀點得以批評我們社會的運作，並質疑我們社會對普世性的於理無據。[14]

我也相信民族誌對政治理論的**規範**層面貢獻甚鉅[15]，至少有四點足茲證明：民族誌可以幫助我們：(一)替個體在特定情況或社會角色中所面對的規範要求分門別類；(二)判斷個體在試圖應對這些要求時遇到的阻礙；(三)評估個體採取的作為和他們所處的制度是否有利於推動我們的價值；(四)質疑和反思這些價值本身。換言之，這些貢獻同時是知識論式的（epistemic）、可判斷、可測量和可評價的[16]，以下將依序介紹這些貢獻。

首先，針對個體所處的道德和政治情況，民族誌感知能夠幫助我們解析其中的複雜性，使我們能更準確地描述道德事實和要求，並用以進行規範性論證。透過仔細觀察公務員與民眾的交流，我們注意到這種互動不僅僅是公務員提供服務，在雙方眼裡，也涉及了民眾決定是否給予公務員認可。這不僅代表公務員的決策因此具有更多道德和政治上的重要性，他們與民眾互動時的舉止、措辭和肢體語言也都同等重要。藉由觀察現實中國家代理人的經驗，能夠幫助我們進一步理解，公務員在面臨資源稀缺以及有限的認知與情緒能力時，會做出怎麼樣的權衡。最終我們得以看見，在特定的社會和文化環境中，「尊重」或「公平」等抽象規範價值具備哪些多元的意涵。

透過這些方式，民族誌的感知更精準描繪出履行一個社會角色時必須要具備哪些規範性考量，這些考量之間會出現哪些拉扯，以及能夠如何詮釋這些考量。如果我們要從規範角度出發，評估個別主體履行其社會角色的表現，以及實際上制度如何給予他們協助，就會發現民族誌的探究非常珍貴。

民族誌的感知除了幫助我們更準確地掌握個體所處的道德情境，也能揭示個體在這些情境下的經驗。民族誌學者強調個別行為者觀點的體現、日常經驗的現象學，以及長期感知形塑的模式，這讓我們得以重新關注許多道德任務。這些任務雖然會影響道德推理的過程，但與道德推理並不同，涉及了個體如何去感知何看待道德問題，會對這些問題做出哪些情感上的回應，以及他們如何看待自己的角色和責任。這些都是我在整個研究過程中關注的道德任務。回頭看看採取冷漠型、呵護型和正義型的公務員，問題不在於他們道德推理的方式不恰當，而是因為他們對要推理的事實有所偏見，而且對於道德推理所需的規範考量，他們的理解也受到限縮。藉由引導我們超越道德推理，讓我們對道德生活有更廣泛的理解，民族誌的感知轉移了我們的注意力，聚焦於公務員必須克服的一系列挑戰，才能妥善因應其遇到的規範性要求。

由於民族誌涉及詳細的觀察，也讓我們開始關注社會制度實際運作的方式，而非這些制度應該如何運作。民族誌研究特別傾向關注那些圍繞、促進或破壞制度的非正式過程，而這些過程通常在描述和正當化制度時遭到忽略。藉由觀察這些非正式過程的出現，我們得以在第四章揭示一種同僚的日常問責機制，與較正式的監督系統並行。通過研究這種非正式的作法，我們也可以更深入地認知到這些實務作法的影響力，以及對所有牽涉其中的個體意味著什麼。舉例而言，儘管第一線公務員偏好與民眾閒談，看起來可能是浪費時間且必須加以限制，但仔細觀察後會發現，這其實這是建立基本信任的必要步驟，有助於民眾分享敏感的個人資訊。

就像文學一樣，民族誌也可以激發我們的在規範層面的想像。如果我們把這些角色視為道德主體，我們不僅可以從他們的錯誤中學習，還可以借鑑他們的應對方式。例如，我在第三章提到的道德形成方法，強調自我實踐的重要性，是來自於觀察個案承辦人員面對日常工作中的挑戰時，會採取何種策略維持其道德傾向的平衡。民族誌呈現的是一群個體在實驗各種作法、自我認知和應對機制，且經過反思後會發現，其中一些作法的效果比其他作法更好。

最後，民族誌表明這些價值觀和原則會形成的生活形式，藉此驗證我們對自己既有價值觀和原則的信念。這就是我先前提到的概念，即民族誌研究提供了「生活實驗」的窗口。

如果民族誌的感知能夠擴展政治理論的邊界，回過頭來，政治理論也會提供一些重要的貢獻。當代政治理論和道德政治思想史蘊含豐富的詮釋架構，能從乍看之下或許不重要的日常實踐中，進一步理解並發掘其中涵義。舉例來說，我們可以利用自我關懷的慣常作法，讓種種不同舉措更為協調，且能進一步構成一套道德演練，讓公務員得以藉此調整其道德傾向。另一個例子是，我們可以透過反思決疑推理的本質，理解常被忽略的檯面下互惠交流，並顯示出這些交流最終會構成一個複雜的道德推理模式。來自政治理論的概念和觀點因此可以作為一契機，讓我們得以與現行觀點逆向而行，在既有的民族誌當中發掘重要的新領域。

人類學者、社會學者和政治學者（political scientist）多年來出版眾多的民族誌研究，當中有許多豐富的材料可為政治理論學者（political theorist）所用。這些材料可以幫助我們更仔細思考不同社會角色固有的規範要求，以及擔任這些角色的個體面對的限制和可使用的資源，更重要的是，這或許可以幫助我們洞察個體會運用哪些方式經驗、詮釋並反思這些要求、限制和資源。這也能讓我們了解個體如何逐漸接受其承襲或擔綱的角色和職責。

這不只是一個描述性的嘗試。不只有道德哲學和政治理論學者在處理規範性問題，一般人也會認真思考自己該重視什麼、自己對彼此有何責任，以及自己應該成為怎麼樣的人，他們也是在頗具挑戰的情況下努力遵循道德標準。採取民族誌的感知代表我們願意敞開心扉，看看是否能夠從中有一些新的學習，而不只是了解民族誌如何提供上述問題的答案。

不可否認地，目前民族誌在這面向有所局限，因為民族誌本身的目的和關注的事物並不同。如果政治理論學者要援引這些研究，最終可能會遇到限制。就像我一樣，其他學者可能會暗自希望民族誌學者最初關注的是其他面向或提出不同的詮釋；他們也可能希望自己當初有進一步深究、加強探索或更仔細地傾聽。或許本書能作為一個敲門磚，為後續研究開啟一扇契機之門，讓我們踏出現有的研究框架，親自走進田野一探究竟。

謝辭

為了寫這本書，我欠下了許多人情債。首先我想感謝NCDI所有的成員，歡迎我加入他們，也讓我了解到基層工作的複雜性。書中的許多故事都是從他們那裡聽到的，但願我有如實呈現他們的這些工作經驗談。

我也要由衷感謝哈佛大學政府系的博士論文口試委員Nancy Rosenblum、Michael Rosen、Peter Hall和Michael Frazer。感謝他們耐心、寶貴的建議，以及對我研究的長期支持和信心。我也感謝Eric Beerbohm、Michael Piore和Dennis Thompson，他們慨然相助，讀了幾章的原稿並給我建議，還有Kathryn Edin，是她帶我進入了這個研究領域。

這份研究承載了我與許多友人還有同事的交流，他們分別在哈佛、劍橋、史丹佛等許多學術單位。我在哈佛就讀期間，獲得許多人鼎力相助構思這份研究，特別感謝Jonathan Bruno、Steven Caton、Josh Cherniss、Prithvi Datta、Bradley Holland、Sean Ingham、Matthew Landauer、Yascha

Mounk、Oded Na'aman、Bhavin Patel、Sabeel Rahman、James Reich、Emma Saunders-Hastings、Lucas Stanczyk、Andrea Tivig和Don Tontiplaphol。我也想感謝Adriana Alfaro、Johann Frick、Tae-Yeoun Keum、Charles Lesch、Russell Muirhead、Eric Nelson、Jennifer Page和Richard Tuck。

身為劍橋大學基督學院的新進研究員，我非常有榮幸能定期與Duncan Bell、Joel Isaac、Sam James和Paul Sagar討論我的研究，感謝他們讓我在劍橋和英國度過了非常享受且備受鼓舞的時光。同時也感謝Gábor Betegh、David Runciman、Waseem Yaqoob以及所有基督學院的成員，特別是Lene Shepherd。

我也有幸能在史丹佛大學倫理學中心，以博士後研究員的身分深入修訂書稿，並與優秀的同事共事。還要感謝Joanie Berry、Juliana Bidadanure、Eamonn Callan、Lindsey Chambers、Emilee Chapman、Brian Coyne、Prithvi Datta、Amit Goldenberg、Ulf Hlobil、Lily Lamboy、Ted Lechterman、Desiree Lim、Alison McQueen、Anne Newman、Katharina Nieswandt、Josh Ober、Rob Reich、Debra Satz，尤其是Oded Na'aman多次協助我思考論述的重點，在此特別致謝。

我也感謝倫理學中心替本書舉辦書稿工作坊，也感謝史丹佛政治理論學社群參與這場工作坊。特別感謝Arash Abizadeh、Joe Heath與Andy Sabl慨然受邀，不遠前來。也特別感謝Alison McQueen和Oded Na'aman替各章節提供意見，以及Alex Gourevitch和Leif Wenar與我們一起共度時光。他們或許對最終結果沒有非常滿意，但因為有他們詳盡的評論和受用的建議，這份書稿做了大幅調整。

多年來我在會議、工作坊和座談會發表本書的觀點，有幸遇見Evelyn Brodkin和Steven Maynard-Moody，他們對此研究非常感興趣，並引薦我進入基層公務體系的研究社群。對於各章節的修正意見，我也要感謝Loubna El-Amine、Carly Knight、Meira Levinson、Alisa Rosenthal、Celeste Watkins-Hayes和Lena Zuckerwise。

由衷感激薩夫拉倫理學中心、哈佛大學美國政治研究中心、馬辛德拉人文中心、美國文理科學院、史丹佛大學倫理與社會中心，以及劍橋大學基督學院在不同階段提供此研究豐厚的資助。感謝哈佛大學研究倫理委員會的Rachel Krebs和John Ennever在IRB審查的過程中給予指導。

另外，我要特別感謝哈佛大學出版社的兩位匿名審查人給予寶貴且鼓勵的意見，以及我的編輯Michael Aronson接下了本書計畫，還有John Kulka從開始到結束協助我完成。

在波士頓生活的這些年，因為有Michel Rbeiz和Ziad Sultan相伴，讓我的生活變得無比美好。我與Michel Dahan常一起度過許多難忘的夜晚，是他讓我感覺這個城市像家。在貝魯特，我有幸與Samer Ghamroun、Ramzi Mabsout、Rabih Daher和Abdallah Daher有過無數次熱烈的交流。身為我的好友，他們用意想不到的方式擴展了我的視野。

在我為出版進行修訂時，認識了Valentina Pugliano。我非常幸運，她從那時候開始進入了我的生命。她除了協助我解決無數棘手的論述和文句，在我陷入困境時，讓我保持微笑，感覺踏實和滿懷希望，我只希望有朝一日能夠回報她的善良和慷慨。

沒有我父母Marc、Yolande以及我妹妹布魯娜Bruna無私的愛與支持，我是不可能完成這研究，大恩我難以言謝。

我最誠摯的感謝要獻給Melodie Chika Ogawa，是她讓我更了解政治以及如何研究政治。她幽默、博學、真知灼見又無所畏懼的態度，在我寫書的過程中給我非常大的支持，也讓我有值得仰望的目標。為此，以及我們一起共享的快樂時光，我無比感激。

注釋

緒論

1 參見《新牛津英語辭典》對「公務員（bureaucrat）」一字的定義。
2 《新韋氏第三版國際英語辭典》對「公務員（bureaucrat）」一字的定義。
3 《線上辭典.com》（Dictionary.com）對「公務員（bureaucrat）」一字的定義。http://dictionary.reference.com/（取自2017年3月15日）。
4 David Foster Wallace, The Pale King (New York: Little, Brown and Co., 2011), 262.
5 Sergei Eisenstein, Risunki, Drawings (Moscow: Iskusstvo, 1961), 60.
6 關於公務體系與文書業務的關係，請見Matthew S. Hull, Government of Paper: The Materiality of Bureaucracy in Urban Pakistan (Berkeley: University of California Press, 2012); Ben Kafka, The Demon of Writing: Powers and Failures of Paperwork (New York: Zone Books, 2012)。
7 Ludwig Von Mises, Bureaucracy (New Haven: Yale University Press, 1944); James M. Buchanan and Gordon Tullock, The Calculus of Consent: Logical Foundations of Constitutional Democracy (Ann Arbor: University of Michigan Press, 1965); Anthony Downs, Inside Bureaucracy (Boston: Little, Brown and Co., 1967); William A. Niskanen, Bureaucracy and Representative Government (Chicago: Aldine, Atherton, 1971)。
8 關於公務體系的寡頭傾向，請見Robert Michels, *Political Parties: A Sociological Study of the Oligarchical Tendencies of Modern Democracy* (Glencoe, IL: Free Press 1949)。有關「權力菁英」如何攏絡公務體系的研究，請見米爾斯《權力菁英》（桂冠，1994）（*The Power Elite*, New York: Oxford University Press, 1956）。關於特殊利益或其他組織掌控公務體系的傾向，請見Philip Selznick, *TVA and the Grass Roots: A Study in the Sociology of Formal Organization* (Berkeley: University of California Press, 1949)。關於政治學研究中有關公務體系與民主政治之間的緊張關係，請見以下評論：Beverly A. Cigler and Heidi L. Neiswender, "'Bureaucracy' in The Introductory American Government Textbook,"*Public Administration Review* 51, no. 5 (1991)。
9 舉例請見Robert K. Merton, "Bureaucratic Structure and Personality," *Social*

Forces 18, no. 4 (1940); Frances Fox Piven and Richard A. Cloward, *Regulating the Poor: The Functions of Public Welfare* (New York: Pantheon Books, 1971); Jeffrey Prottas, *People Processing: The Street-Level Bureaucrat in Public Service Bureaucracies* (Lexington, MA: Lexington Books, 1979); 赫梅爾《官僚經驗：對現代組織方式之批》（五南，1997）（*The Bureaucratic Experience: A Critique of Life in the Modern Organization*, 4th ed., New York: St. Martin's Press, 1994）。

10 其他文獻見Sandra Morgen, "The Agency of Welfare Workers: Negotiating Devolution, Privatization, and the Meaning of Self Sufficiency, "*American Anthropologist* 103, no. 3 (2001); Suzanne Mettler and Joe Soss, "The Consequences of Public Policy for Democratic Citizenship: Bridging Policy Studies and Mass Politics," *Perspectives on Politics* 2, no. 1 (2004); Joe Soss, Richard C. Fording, and Sanford Schram, *Disciplining the Poor: Neoliberal Paternalism and the Persistent Power of Race* (Chicago: University of Chicago Press, 2011); Didier Fassin, *La Force de l'Ordre: Une Anthropologie de la Police des Quartiers* (Paris: Seuil,2011); David Graeber, "Dead Zones of the Imagination: On Violence, Bureaucracy, and Interpretive Labor," *HAU: Journal of Ethnographic Theory* 2, no. 2 (2012)。

11 Charles T. Goodsell, *The Case for Bureaucracy: A Public Administration Polemic*, 4th ed. (Washington, DC: CQ Press, 2004), 17.

12 Peter M. Blau, *Bureaucracy in Modern Society* (New York: Random House, 1956)，也可見以下此書開頭：Paul Du Gay, *In Praise of Bureaucracy: Weber, Organization and Ethics* (London: Sage Publications, 2000)。

13 見麥可・李普斯基《基層官僚：公職人員的困境》（學富文化，2010）（*Street-Level Bureaucracy: Dilemmas of the Individual in Public Services*, 30th anniversary expanded ed., New York: Russell Sage Foundation, 2010）。

14 當然，基層公務員不只與公民互動，他們也會與永久居民、移工、無證移民與難民互動。在本書中，我的探討主要聚焦於公民，因為從規範性的角度而言，民主國家通常對其公民負有特殊義務，而公民也知道自己有特殊的權利和權力能反對國家。至於非公民擁有多少這些類似公民的義務與權利，迄今民主理論尚未有定論，也不在本書探討範圍內。關於國家對非公民能擁有的權利與義務，見Joseph H. Carens, *The Ethics of Immigration* (Oxford: Oxford University Press, 2013)。

15 請特別參閱Tom Tyler and Bo Rothstein: Tom R. Tyler, *Why People Obey the Law* (Princeton, NJ: Princeton University Press, 2006); Jason Sunshine and Tom R. Tyler, "The Role of Procedural Justice and Legitimacy in Shaping Public Support for Policing," *Law & Society Review* 37, no. 3 (2003); Tom R. Tyler,

"Enhancing Police Legitimacy," *The Annals of the American Academy of Political and Social Science* 593, no. 1 (2004); Bo Rothstein, *The Quality of Government: Corruption, Social Trust, and Inequality in International Perspective* (Chicago: University of Chicago Press, 2011)。泰勒的研究發現也有助於以下的研究探討：Pierre Rosanvallon, *Democratic Legitimacy: Impartiality, Reflexivity, Proximity*, trans. Arthur Goldhammer (Princeton, NJ: Princeton University Press, 2011), 171–177。

16 Bo Rothstein, "Creating Political Legitimacy: Electoral Democracy versus Quality of Government," *American Behavioral Scientist* 53, no. 3 (2009): 313.

17 在人類學領域，與我採取類似方法，同樣關注第一線公務員道德主體空間的研究，可參考這本論文集：Didier Fassin, ed., *At the Heart of the State: The Moral World of Institutions* (London: Pluto Press, 2015)。

18 我引用了政治倫理學者的主題，延伸運用到公務機關領域，將我的研究目的從「做什麼」轉移至「怎麼做」。「怎麼做」探問一個重要的問題：我們不能只討論政治人物應該做什麼，而是要思考我們希望政治人物是怎麼樣的人。例如請見Bernard Williams, "Politics and Moral Character," in *Public and Private Morality*, ed. Stuart Hampshire (Cambridge: Cambridge University Press, 1978); Andrew Sabl, *Ruling Passions: Political Offices and Democratic Ethics* (Princeton, NJ: Princeton University Press, 2002)。

19 組織理論研究長久以來都試圖探討在公務機關內工作的個體如何受到公務機關的影響，而這些問題正是受此研究面向啟發。例如請見Chris Argyris, *Personality and Organization: The Conflict between System and the Individual* (New York: Harper &Row, 1957)；羅莎貝・摩絲・肯特《公司男女》（群學，2008）（*Men and Women of the Corporation*, New York: Basic Books, 1977）；Robert Jackall, *Moral Mazes: The World of Corporate Managers* (New York: Oxford University Press, 1989)。

20 Philip Pettit, Republicanism: *A Theory of Freedom and Government* (Oxford: Oxford University Press, 1997), 57–58.

21 關於不同的制度作法，以及為何這些作法雖然必要但效果卻有限，請見Kenneth Culp Davis, *Discretionary Justice: A Preliminary Inquiry* (Urbana, IL: University of Illinois Press, 1971), and Pettit, *Republicanism*, 63–73, 241–246。

22 舉例可見David M. Messick and Max H. Bazerman, "Ethical Leadership and the Psychology of Decision Making," *Sloan Management Review* 37, no. 2(1996)；麥斯・貝澤曼、安・E・坦柏倫塞《盲點：哈佛、華頓商學院課程選讀・為什麼傳統決策會失敗，而我們可以怎麼做？》（先覺，2021）（*Blind Spots: Why We Fail to Do What's Right and What to Do About It*, Princeton, NJ: Princeton University Press, 2011）。

23 經典研究請見Jeffrey L. Pressman and Aaron Wildavsky, *Implementation: How Great Expectations in Washington Are Dashed in Oakland*, 2nd ed. (Berkeley: University of California Press, 1979)。

24 見馬基維利《君主論》（五南，2021）（*The Prince*, trans. Harvey C. Mansfield, Chicago: University of Chicago Press, 1998）；《論李維羅馬史》（五南，2019）（*Discourses on Livy*, trans. Harvey C. Mansfield and Nathan Tarcov, Chicago: University of Chicago Press, 1995）。其他有關政治倫理學的經典之作，請參閱馬克斯．韋伯《以政治為志業》（暖暖書屋，2018）（"Politics as Vocation," in From *Max Weber: Essays in Sociology*, ed. Hans Heinrich Gerth and C. Wright Mills., New York: Oxford University Press, 1979）; Michael Walzer, "Political Action: The Problem of Dirty Hands," *Philosophy & Public Affairs 2*, no. 2 (1973); Dennis F. Thompson, *Political Ethics and Public Office* (Cambridge, MA: Harvard University Press, 1987)。

25 如同政治學者約翰．布雷姆與史考特．蓋茲所說，問題在於認真工作、偷懶或蓄意搞砸公務。請見John Brehm and Scott Gates, *Working, Shirking, and Sabotage: Bureaucratic Response to a Democratic Public* (Ann Arbor: University of Michigan Press, 1997)。

26 見Michael C. Jensen and William H. Meckling, "Theory of the Firm: Managerial Behavior, Agency Costs and Ownership Structure," *Journal of Financial Economics* 3, no. 4 (1976)。關於公務體系的個案，請見Terry M. Moe, "The New Economics of Organization," *American Journal of Political Science* 28, no. 4 (1984)。有關公務體系正式模式的概述，請見Jonathan Bendor, "Formal Models of Bureaucracy," *British Journal of Political Science* 18, no. 3 (1988); Sean Gailmard and John W. Patty, "Formal Models of Bureaucracy," *Annual Review of Political Science* 15 (2012)。

27 實際上，公務體系的正式研究普遍假設認為，當委託人與代理人的意識型態如出一轍時，授權的風險將會大幅降低。此即強納生．班鐸（Jonathan Bendor）與亞當．維洛維茲（Adam Meirowitz）所說的「同盟原則」（ally principle），研究這種原則在何種情境下適用。見Jonathan Bendor and Adam Meirowitz, "Spatial Models of Delegation, "*American Political Science Review* 98, no. 2 (2004)。

28 Joseph Heath, "A General Framework for the Ethics of Public Administration," unpublished manuscript (2014): 30. 此觀點認為公共行政之所以具備正當性，並不是因其受具備正當性的民選政府指導，而是公共行政本身就具備民主正當性。若不是因為其解決的困難或看重的價值，就是公共行政本身就具備某種民主性，這種民主性不同於與透過選舉所能獲得的，抑或是因為公共行政行使特定的憲政功能。許多持不同理論傾向的學者都各自提出這類觀點，可參考黑堡宣言（the Blacksburg Manifesto）連署學者的相關著作，特別是John A. Rohr, *To Run a Constitution: The Legitimacy of the Administrative State* (Lawrence: University Press of Kansas, 1986); Gary L. Wamsley et al., eds., *Refounding Public Administration* (Newbury Park, CA: Sage Publications, 1990)。也可見Rosanvallon, *Democratic Legitimacy*。

29 例如可參考James Q. Wilson, "The Bureaucracy Problem," *The Public Interest*, no. 6 (1967)。威爾遜在「平等」、「效率」、「積極度」等問題上增加了「問責制」與「財務完整性」，並提出「上述任一項問題的解方一定程度上相互扞格」。

30 這想法反映近期法學界轉向「公行憲政主義」研究，在這新興研究背後的主要論述認為，公共行政機關不只是落實固有的憲政要求，在闡述新的憲政理解以及建構行政國方面，也扮演著關鍵角色。請見Jerry L. Mashaw, *Creating the Administrative Constitution: The Lost One Hundred Years of American Administrative Law* (New Haven, CT: Yale University Press, 2012); William N. Eskridge and John A. Ferejohn, *A Republic of Statutes: The New American Constitution* (New Haven, CT: Yale University Press,2010); Sophia Z. Lee, *The Workplace Constitution from the New Deal to the New Right* (New York: Cambridge University Press, 2014)。相關概述，請見Gillian E. Metzger, "Administrative Constitutionalism," *Texas Law Review* 91 (2013)。

31 Pierre Bourdieu, *La Misère du Monde* (Paris: Seuil, 1993). 布赫迪厄起初用此差異來區分管理社會功能的部會（健康、住宅、社福、教育）以及主責執行經濟紀律的部會。近期，勞利・華夸特（Loïc Wacquant）則指出，警政與司法也是「國家的右手」的重要組成。請見Loïc Wacquant, *Punishing the Poor: The Neoliberal Government of Social Insecurity* (Durham, NC: Duke University Press, 2009)。

32 實際上，這些國家具有不同的公共行政傳統、行政法體系以及不同的政策氛圍，因此我必須再次強調，我將聚焦探討的是其中的共通性而非差異。關於不同公共行政傳統的差異，請見Fabio Rugge, "Administrative Traditions in Western Europe," in *The Handbook of Public Administration*, ed. B. Guy Peters and Jon Pierre (London: Sage Publications, 2003)。關注國情差異的基層公務體系比較研究，請參閱Mark Considine et al., eds., *Getting Welfare to Work: Street-Level Governance in Australia, the UK, and the Netherlands* (Oxford: Oxford University Press, 2015); Evelyn Z. Brodkin and Gregory Marston, eds., *Work and the Welfare State: Street-Level Organizations and Workfare Politics* (Washington, DC: Georgetown University Press, 2013)，以上兩份研究都聚焦探討以工代賑（workfare）改革。

33 關於如何畫定基層公務體系界線以及公務工作特質，請見Steven Maynard-

Moody and Shannon Portillo, "Street-Level Bureaucracy Theory," in *The Oxford Handbook of American Bureaucracy*, ed. Robert F. Durant (Oxford: Oxford University Press, 2010), 254–264; Peter Hupe, Michael Hill, and Aurélien Buffat, eds. , *Understanding Street-Level Bureaucracy* (Bristol, UK: Policy Press, 2016), 3–24。

34 就算是一個道路收費站，其實際運作並不如想像中固定制式，反而留有相當的裁量空間。請見Marie Szaniszlo, "Mass. Pike Toll Collector Reflects on His Last Shift," *Boston Herald*, October 30, 2016。關於911接線員的研究，請見Maynard-Moodyand Portillo, "Street-Level Bureaucracy Theory," 263; Mary E. Guy, Meredith A. Newman, and Sharon H. Mastracci, *Emotional Labor: Putting the Service in Public Service* (Armonk, NY: M. E. Sharpe, 2008)。

35 文森・杜波伊斯（Vincent Dubois）描述基層公務員的「雙主體」（two bodies）理論，援引自恩斯特・康托洛維茨（Ernst Kantorowicz）探討中世紀政治神學的知名研究。請見Vincent Dubois, *The Bureaucrat and the Poor: Encounters in French Welfare Offices*, trans. Jean-YvesBart (Burlington, VT: Ashgate, 2010), 73; Ernst H. Kantorowicz, *The King's Two Bodies: A Study in Mediaeval Political Theology* (Princeton, NJ: Princeton University Press, 1997)。請見本書作者對杜波伊斯著作的評析：Bernardo Zacka, "The Two Bodies of the Bureaucrat, "*Public Administration Review* 72, no. 2 (2012)。

36 Rosabeth Moss Kanter and Barry Stein, eds., *Life in Organizations: Workplaces as People Experience Them* (New York: Basic Books, 1979), 176. 援引自Maynard-Moody and Portillo, "Street-Level Bureaucracy Theory," 255。

37 關於理據如何作為公共行政正當性的關鍵成分，請見John W. Patty and Elizabeth Maggie Penn, *Social Choice, and legitimacy: The Possibilities of Impossibility* (New York: Cambridge University, 2014), 162–188。

38 關於政府業務外包的發展、面向與風險的討論，請見Jocelyn M. Johnston and Barbara S. Romzek, "The Promises, Performance, and Pitfalls of Government Contracting," in *The Oxford Handbook of American Bureaucracy*, ed. Robert F. Durant (Oxford: Oxford University Press, 2010)。

39 公共服務的提供者從政府轉向倚賴公共補助的非營利組織，其衍生的相關問題請見Steven Rathgeb Smith and Michael Lipsky, *Nonprofits for Hire: The Welfare State in the age of Contracting* (Cambridge, MA: Harvard University Press, 1993)。關於非營利組織提供公共服務的特性，請參考Lester M. Salamon, *Partners in Public Service: Government–Nonprofit Relations in the modern Welfare State* (Baltimore, MD: Johns Hopkins University Press, 1995); Rachel Fyall, "Nonprofits as Advocates and Providers: A Conceptual Framework," *Policy Studies Journal* (2016)。

40 Lipsky《基層官僚：公職人員的困境》（學富文化，2010）（*Street-Level Bureaucracy*）, 216。李普斯基補充：「在許多基層公務體系中，公務員的個人觀點比行政規範更能反映他們的專業。因此，在政府業務承包機構服務的社工，在服務民眾方面，作法基本上非常接近在公部門任職的社工。」

41 Ibid., note 6.

42 舉例請見Janice Johnson Dias and Steven Maynard-Moody, "For-Profit Welfare: Contracts, Conflicts, and the Performance Paradox, "*Journal of Public Administration Research and Theory* 17, no. 2 (2007)。作者對以工代賑計畫的總結如下：「不能著眼於民眾與公務員，還得要關注到其他利害關係人。這些計畫的動機還是將本求利的財政考量，所以即使提供民眾補助，對於民眾的種種不利條件，例如教育程度低或心理健康問題，這些計畫並不會提供任何協助。事實上，這些以工代賑計畫可能會選擇完全忽略這些不利條件，特別是處理這些不利條件的背後有相當高的成本。」

43 Mark Bovens and Stavros Zouridis, "From Street-Level to System-Level Bureaucracies: How Information and Communication Technology Is Transforming Administrative Discretion and Constitutional Control,"*Public Administration Review* 62, no. 2 (2002). 關於電子化政府對基層公務體系影響的評析，請見Aurélien Buffat, "Street-Level Bureaucracy and E-Government," *Public Management Review* 17, no. 1 (2015)。

44 我在此指涉的特別是美國的福利改革，請見Celeste Watkins-Hayes, *The New Welfare Bureaucrats: Entanglements of Race, Class, and Policy Reform* (Chicago: University of Chicago Press, 2009)。馬克・康斯汀（Mark Considine）與其共同作者發現，在一九九八年到二〇一二年間，英國的社福工作者提及他們感受到其裁量權逐漸擴大，而澳洲則呈現相反的趨勢。請見Considine et al., *Getting Welfare to Work*。

45 關於現實主義學者的批評，請見Raymond Geuss, *Philosophy and Real Politics* (Princeton, NJ: Princeton University Press, 2008); William Galston, "Realism in Political Theory," *European Journal of Political Theory* 9, no. 4 (2010); David Runciman, "What Is Realistic Political Philosophy," *Metaphilosophy* 43, no. 1–2 (2012)。關於支持非理想理論的論述，請見阿馬蒂亞・庫馬爾・沈恩《正義的理念》（商周，2013）(*The Idea of Justice*, Cambridge, MA: Harvard University Press, 2009)；Elizabeth Anderson, The Imperative of Integration (Princeton, NJ: Princeton University Press, 2010)。有關政治現實主義與非理想理論的區別，請見Matt Sleat, "Realism, Liberalism and Non-Ideal Theory or, Are There Two Ways to Do Realistic Political Theory?," *Political Studies* 64, no. 1 (2016)。

46 Yeheskel Hasenfeld, "People Processing Organizations: An Exchange Approach,"

American Sociological Review 37, no. 3 (1972).

第一章　行政裁量權

1 見李普斯基《基層官僚：公職人員的困境》(學富文化，2010)(Street-Level Bureaucracy)，3；Aradhana Sharma and Akhil Gupta, "Introduction: Rethinking Theories of the State in an Age of Globalization," in The Anthropology of the State: A Reader, ed. Aradhana Sharma and Akhil Gupta (Oxford: Blackwell, 2006), 11。

2 見Herman Finer, "Administrative Responsibility in Democratic Government," *Public Administration Review* 1, no. 4 (1941); Carl Friedrich, "Public Policy and the Nature of Administrative Responsibility," in *Public Policy*, ed. C. J. Friedrich and E. S. Mason (Cambridge, MA: Harvard University Press, 1940)。

3 《線上韋氏字典》系列中的《韋氏法律辭典》參見「行政裁量權」(discretion)一詞定義：http://www.merriam-webster.com/dictionary/discretion (取自2017年3月17日)。行政裁量權的另一個定義為決策的權威，能夠做出無法複審或撤銷的決定。例如，當我們說陪審團具有行政裁量權時，意思是他們有「最終決定權」。但此定義不在本書討論範疇，因為基層公務員屬於低階官員，他們的決定通常可由上級審查。他們可能因判斷錯誤而受譴責，而在某些情況下，他們的決定也可能會被推翻。

4 見Lawrence Meir Friedman, *The Legal System: A Social Science Perspective* (New York: Russell Sage Foundation, 1975), 37.。

5 舉例，可見Herbert Kaufman, *The Forest Ranger: A Study in Administrative Behavior* (Baltimore: Resources for the Future, 1960), xiii–xiv, 161–200；更正式的研究，可參考Brehm and Gates, *Working, Shirking, and Sabotage*, 47–75。

6 「正式」裁量權與「實際」裁量權的分野，表明組織的正式結構與其實際功能之間可能存在更大的差距。正式結構不僅用以指導行為，鑑於更廣泛的社會規範角度，其也用以賦予組織合法地位。即使正式結構與實務情形脫鉤，但仍應獲得尊重——因其在某種程度上組織為其公眾所建立起的「門面」或「表象」。見John W. Meyer and Brian Rowan, "Institutionalized Organizations: Formal Structure as Myth and Ceremony," *The American Journal of Sociology* 83, no. 2 (1977)。

7 正如史蒂芬·麥納德－穆迪和邁可·慕紳諾所述：「規則和程序是基層公務員日常的一重要面向，但對基層公務員的決策判斷，卻只能提供微弱的約束。諷刺的是，基層工作充斥著規則，但卻沒有受到規則約束。」引自Steven Maynard-Moody and Michael Musheno, *Cops, Teachers, Counselors: Stories from the Front Lines of Public Service* (Ann Arbor: University of Michigan Press, 2003), 10。

8 然而一個主要區別是，基層公務員並不受先例約束，因此他們的決定可能會隨著時間而變得不那麼一致，而且根據特定情況的細節也可能會出現更多變數。見Richard A. Posner, *How Judges Think* (Cambridge, MA: Harvard University Press, 2008), 4。

誠然，法官「制定法律」的論點是有爭議的，點出法律詮釋派和實證主義派之間的長期爭論。為了理解此爭論的重點，按照羅納德・德沃金的觀點，我們可以先區分弱裁量權與強裁量權。弱裁量權指涉裁量權的行使必須符合當局制定的標準（依德沃金舉的例子：一名巡佐獲令得『選出**他認為五位最有能力的下屬**』」）；而強行政裁量權指的是，裁量權在行使時不受任何此類標準約束（請巡佐「選出五位下屬」）。

法律詮釋派的主要擁護者德沃金認為，當法律實證主義派擁護者如赫伯特・哈特提到法律的公開性質時——即法律有時無法適用——，他們只能說公務員肯定具有裁量權。可是，按照德沃金的看法，法律中包含一些「原則」，而這些原則支配著裁量權的行使，這些原則的作用與上述給予巡佐的「外部標準」雷同。

德沃金與實證主義派之間的爭論點在於，法律是否真有無法適用之處，而必須由法官重新制定，或說法律是否仍能基於原則運作，並必須根據原則「有憑有據解釋」（而不是重新制定法律）。見Ronald Dworkin, *Taking Rights Seriously* (Cambridge, MA: Harvard University Press, 1978), 31–34; H. L. A. Hart, *The Concept of Law*, 2nd ed. (Oxford: Oxford University Press, 1994), 123–136; Brian Bix, *Jurisprudence: Theory and Context*, 5th ed. (London: Sweet & Maxwell, 2009), 45–47, 91–98。這個爭論在法律理論上占有一席之地，但與我在本書提出的論點基本上不太相關。無論公務員是「制定法律」還是「有憑有據解釋法律」，他們在行使行政裁量權時，都得進行耗神費力的道德鍛鍊。在本章，我的目的在於表明這種裁量權與其所要求的道德鍛鍊不僅是法官和高階公務員的特權，也是基層公務必要且可取的特徵。為求行文簡潔，我將繼續採用實證主義派的用詞（即「制定法律」、「制定政策」）來描述法官及基層公務員有時獲令得執行的任務。就本研究目的而言，這個用詞的選擇並不會造成任何重大影響。

9 針對裁量權風險的相關討論，可見Robert E. Goodin, *Reasons for Welfare: The Political Theory of the Welfare State* (Princeton, NJ: Princeton University Press, 1988), 193–204.他指出與裁量權相關的四種風險類型：對民眾的操縱和剝削、專斷、不可預測的公務員行為以及侵害。

10 引用同上，某種程度上，基本收入的擁護人士呼籲徹底簡化公共政策計畫，就是為了減少這種個人主導的風險。如果得以簡化資格標準，就不太需要公務員進行裁量判斷，從而降低公務員專斷的風險。見Daniel Raventós, *Basic Income: The Material Conditions of Freedom* (London. Pluto Press, 2007), 127; Frank Lovett, *A General Theory of Domination and Justice*

(New York: Oxford University Press, 2010), 199。

11 Evelyn Z. Brodkin, "Investigating Policy's Practical Meaning: Street-Level Re- search on Welfare Policy" (Center for Poverty Research Working Paper Series, Northwestern University, 2000), http://www.ipr.northwestern.edu/jcpr/workingpapers/wpfiles/brodkin3.PDF.

12 Dennis F. Thompson, *Restoring Responsibility: Ethics in Government, Business, and Healthcare* (Cambridge: Cambridge University Press, 2005), 52.

13 Woodrow Wilson, "The Study of Administration," *Political Science Quarterly* 2, no. 2 (1887): 209–210.

14 Frank J. Goodnow, *Politics and Administration* (New York: Macmillan, 1900), 22.

15 以下討論內容感謝W.A Richard A Scott, *Organizations: Rational, Natural, and Open Systems*, 5th ed.(Upper Saddle River, NJ: Prentice Hall, 2003), 33–55。提出「理性系統觀點」一詞。

16 此處的理性概念是以狹義的功能層面來看。無論目標從本質上來看有多不合理，公務機關都能理性地追求這些目標。

17 舉例來說，艾瑞克・魏爾（Eric Weil）寫道：「行政是一種工具、一種思考工具，也是一種全然理性、深慮的思想工具。」出自Eric Weil, *Philosophie Politique* (Paris: Vrin, 1956), 152（譯注：此句英文版由本書作者親譯）。

18 Scott, *Organizations,* 34–37.

19 Max Weber, "Bureaucracy," in *From Max Weber: Essays in Sociology,* ed. Hans Heinrich Gerth and C. Wright Mills (New York: Oxford University Press, 1979), 196–198.

20 Ibid., 208.

21 此公務體系面向可見於Pressman and Wildavsky, *Implementation*, 132–133。交易成本概念應用於組織研究可參考Oliver E. Williamson, "The Economics of Organization: The Transaction Cost Approach," *American Journal of Sociology* 87, no. 3 (1981)。

22 在理解韋伯的觀點時，關於科層體制中兼具理性與法律的結構與其工具效率之間的關係，學者之間存有歧見。按彼得・布勞等早期學者的詮釋，韋伯想宣稱公務體系中的理性兼法律的特徵（形式理性）對其手段目的的效率（實質理性）有直接的影響。在很多面向上，這是對組織理論最有影響力的一種解讀方式。見Peter M. Blau and Marshall W. Meyer, *Bureaucracy in Modern Society*, 3rd ed. (New York: Random House, 1987), 22; Scott, *Organizations*, 48。可是後期學者認為，此種解讀方式淪於簡化。根據史蒂芬・卡爾伯格（Stephen Kalberg）的說法，韋伯非常清楚理性化的過程發生在不同層面，而彼此之間不見得都相互關聯。形式理性並非總會帶來更高的效率。實際上，形式理性反而是對效率的一種約束。見Stephen Kalberg, "Max Weber's Types of Rationality," *American Journal of Sociology* 85, no. 5 (1980)。

23 Weber, "Bureaucracy," 215–216.

24 Ibid., 228. 其對「人性遭抹除」（dehumanization）的討論可見於pp. 215–216。

25 Scott, *Organizations,* 47.

26 Herbert Simon, *Administrative Behavior,* 3rd ed. (New York: Free Press, 1976), 45–60.

27 此論點通常被認為是維根斯坦後期提出的觀點。關於維根斯坦的論點如何形塑我們對規則的理解，請參考Charles Taylor, "To Follow a Rule," in *Bourdieu: Critical Perspectives*, ed. Craig Calhoun, Edward LiPuma, and Moishe Postone (Cambridge, UK: Polity Press, 1993)。

28 此例引自Janet Vinzant Denhardt and Lane Crothers, *Street-Level Leadership: Discretion and Legitimacy in Front-Line Public Service* (Washington, DC: Georgetown University Press, 1998), 41。

29 按哈特的說法：「特定事實情況本身並沒有明確的區分，也不會被標記為一般規則的案例。關於一般規則的應用有許多質疑，規則本身也無法自行主張符合規則的案例。」出自Hart, *The Concept of Law*, 126。

30 本示例來自Friedman, *The Legal System*, 31。

31 Ibid.

32 我曾於其他研究中考察過，這種邏輯會如何在我們思考責任問題時誤使我們偏離方向。可參見本人兩篇發表期刊："Adhocracy, Security and Responsibility: Revisiting Abu Ghraib a Decade Later," *Contemporary Political Theory* 15, no. 1 (2016); Steven C. Caton 和"Abu Ghraib, the Security Apparatus, and the Performativity of Power," *American Ethnologist* 37, no. 2 (2010)（後篇與Steven C. Caton合著）。

33 Daniel P. Carpenter, *The Forging of Bureaucratic Autonomy: Reputations, Networks, and Policy Innovation in Executive Agencies*, 1862–1928 (Princeton, NJ: Princeton University Press, 2001), 4.

34 Epstein和O'Halloran將立法機關授予權力的決策與民營公司「自製或外購」的決策進行比較。立法人員可仰賴其內部職員撰寫極為詳盡的政策，也可透過賦予相關公務機關裁量權，自行補充政策細節，藉此來「外購」政策。見David Epstein and Sharyn O'Halloran, *Delegating Powers: A Transaction Cost Politics Approach to Policy Making under Separate Powers* (Cambridge: Cambridge University Press, 1999)。

35 Hugh Heclo, "Issue Networks and the Executive Establishment," in *The New*

American Political System, ed. Anthony King (Washington, DC: American Enterprise Institute, 1978), esp. 98–105。儘管這種網絡行之有年，但隨著治理制度愈趨仰賴各機關之間的連結，如今已成規範。請見R. A. W. Rhodes, "The New Governance: Governing without Government," *Political Studies* 44, no. 4 (1996); Kenneth J. Meier and Laurence J. O'Toole, *Bureaucracy in a Democratic State: A Governance Perspective* (Baltimore: Johns Hopkins University Press, 2006), 1–20。

36 透過建立程序來決定磋商的進行方式，特別是誰能具有實際席次，國會才能在將大量權力下放給公務機關的同時，保留一定程度的控制權來管控公務機關的行為。欲了解這些「事前」控制形式有多重要，可參考Mathew D. McCubbins, Roger G. Noll, and Barry R. Weingast, "Administrative Procedures as Instruments of Political Control," *Journal of Law, Economics, and Organization* 3, no. 2 (1987); and Terry M. Moe, "Delegation, Control, and the Study of Public Bureaucracy," *The Forum* 10, no. 2 (2012): 8–10。

37 見Peter H. Aranson, Ernest Gellhorn, and Glen O. Robinson, "A Theory of Legislative Delegation," *Cornell Law Review* 68, no. 1 (1982–1983); John D. Huber and Charles R. Shipan, *Deliberate Discretion? The Institutional Foundations of Bureaucratic Autonomy* (New York: Cambridge University Press, 2002)。

38 見Kenneth A. Shepsle, "The Strategy of Ambiguity: Uncertainty and Electoral Competition," *The American Political Science Review* 66, no. 2 (1972)。

39 見Morris P. Fiorina, *Congress: Keystone of the Washington Establishment* (New Haven, CT: Yale University Press, 1977)。

40 這些因素讓西奧多・羅威（Theodore Lowi）觀察到「典型的美國政治人物會盡其可能地代換、推諉衝突，或委託他人處理，只有在必要的時候才會直面衝突」。見Theodore J. Lowi, *The End of Liberalism: The Second Republic of the United States*, 2nd ed. (New York: Norton, 1979), 55。

41 公務體系受到箝制的風險是羅威對「利益集團自由主義」批判的核心。他擔心國會違背自身職責，把太多權力下放給行政機關，而成了特殊利益集團的俘虜。透過直接在公務機關進行決策，這些利益團體能繞過國會應進行的那些更公開、更普遍的立法程序。引用來源同上。

42 見Jerry L. Mashaw, *Bureaucratic Justice: Managing Social Security Disability Claims* (New Haven, CT: Yale University Press, 1983), 20。

43 網際網路也會改變公民與基層公務員互動的性質。在某些業務上，即時通訊已取代面對面交流。電子化政府與公共服務方式的改變，請見Andrew Chadwick and Christopher May, "Interaction between States and Citizens in the Age of the Internet: 'E-Government' in the United States, Britain, and the

European Union," *Governance* 16, no. 2 (2003); John Clayton Thomas and Gregory Streib, "The New Face of Government: Citizen- Initiated Contacts in the Era of E-Government," *Journal of Public Administration Research and Theory* 13, no. 1 (2003); and Darrell M. West, "E-Government and the Transformation of Service Delivery and Citizen Attitudes," *Public Administration Review* 64, no. 1 (2004)。

44 有幾個障礙讓民眾無法向公共服務機關提出法律求償。首先，民眾必須先意識到他們的權利受侵犯，還必須知道有明訂的補救辦法，接著得具備執行這些辦法所需的資源，並要能預期補救措施的（潛在）益處會超過（一定的）成本。見Joel F. Handler, *Protecting the Social Service Client: Legal and Structural Controls on Official Discretion* (New York: Academic Press, 1979), 48。

45 我在此使用**直接**控管一詞是因為，接受基層裁量權作為值得存在於公務機關的特性，並不等同於賦予第一線公務員無限的裁量空間。反之，這迫使我們尋找其他方式來檢視基層公務員是如何行使其裁量權。我會在接下來的章節闡明，這麼做涉及關注公務員的道德傾向，以及觀察公務員形成其道德傾向的組織文化。

46 James Q. Wilson, *Varieties of Police Behavior: The Management of Law and Order in Eight Communities* (Cambridge, MA: Harvard University Press, 1968), 16–22.

47 Ibid., 22.

48 *Bureaucracy: What Government Agencies Do and Why They Do It* (New York: Basic Books, 1989), 170.

49 Ibid.

50 見ibid.; George L. Kelling and James Q. Wilson, "Broken Windows: The Police and Neighborhood Safety," *The Atlantic Monthly,* March 1982; Samuel Walker and Charles M. Katz, *The Police in America,* 4th ed. (New York: McGraw-Hill, 2002), chap.7。

51 李普斯基《基層官僚：公職人員的困境》（學富文化，2010）（*Street-Level Bureaucracy*），165。

52 關於模糊不清的目標為何可能無法讓基層公務員達成預期的政策目標，另一案例可見於 Michael J. Piore and Andrew Schrank, "Toward Managed Flexibility: The Revival of Labour Inspection in the Latin World," *International Labour Review* 147, no. 1–23 (2008)。

53 對於以撒・柏林提出的價值衝突，學者就衝突程度的孰強孰弱，看法有所分歧。見Joshua Cherniss and Henry Hardy, "Isaiah Berlin," in *The Stanford Encyclopedia of Philosophy*, Winter 2016 ed., ed. Edward N. Zalta, https://plato.

stanford.edu/archives/win2016/entries/berlin/（取自2017年3月15日）。

54 一詞取自 Mashaw, *Bureaucratic Justice*, 88–97。

55 例如可見李普斯基《基層官僚：公職人員的困境》（學富文化，2010）（*Street-Level Bureaucracy*），27–39。

56 見研究論文"The Institutional Turn in Professional Ethics" and "Hospital Ethics" in Thompson, *Restoring Responsibility,* 267–289。

57 關於此觀點的早期論述，可見Charles Fried, "Rights and Health Care: Beyond Equity and Efficiency," *The New England Journal of Medicine* 293, no. 5 (1975): 244。

58 Mashaw, *Bureaucratic Justice,* 52.

59 Ibid.

60 Ibid., 53.

61 "Compliance Manual," ed. The U.S. Equal Employment Opportunity Commission (1995), Section 902: 對「失能」（disability）一詞的定義。

62 此處討論內容感謝 *Bureaucratic Justice*, 61–64。

63 李普斯基《基層官僚：公職人員的困境》（*Street-Level Bureaucracy*），15；Denhardt and Crothers, *Street-Level Leadership,* 41。

64 此示例改編自 *Street-Level Leadership*, 39–40。

65 見Henry Mintzberg and Alexandra McHugh, "Strategy Formation in an Adhocracy," *Administrative Science Quarterly* 30, no. 2 (1985)。

66 個別公務員也能夠以符合自身利益的方式來「形構」環境，藉此形塑公務因應方式的本質。米歇爾・夸齊耶（Michel Crozier）指出，控制組織內部對於不確定性的關注，並進而能夠控制「裁量權」的使用——就等同於是一種權力。裁量空間之所以必須存在，不僅僅是來自於組織環境對組織的要求，低階公務員也能夠奪取裁量空間，藉此擴張他們的影響力。見Michel Crozier, *Le Phénomène Bureaucratique* (Paris: Seuil, 1963), 176–214。

67 見Hart, *The Concept of Law,* 129–130。

68 見Oded Na'aman, "The Checkpoint: Terror, Power, and Cruelty," *Boston Review*, 37, no. 4 (2012); Zacka, "Adhocracy, Security and Responsibility"。

69 Sean Gailmard and John W. Patty, *Learning While Governing: Expertise and Accountability in the Executive Branch* (Chicago: University of Chicago Press, 2013).

70 見William G. Ouchi, "Markets, Bureaucracies, and Clans," *Administrative Science Quarterly* 25, no. 1 (1980).

71 Thompson, *Restoring Responsibility,* 56.

72 Ibid.

第二章　三種偏狹的道德傾向

1　組織理論中最常見的決策模式都是以理性選擇為基礎。這些模式將決策視為在一系列的選項之中做出選擇，假設道德主體會選擇最符合其固有偏好的選項，同時也承認道德主體的理性和注意力可能有限。其概述可見 James G. March, *A Primer on Decision Making: How Decisions Happen* (New York: Free Press, 1994), 1–55。許多現代道德哲學文獻都同樣關注決策的當下以及決策前的道德推理過程，試圖提供個體可用的規範原則，讓個體得以透過這些原則，在不同的行動之間做出抉擇。其中最為顯著的探討，或許就是關於「電車難題」的大量文獻，道德主體只具備有限的選項。哲學家藉由這種固定情境的思想實驗，抽絲剝繭出我們的道德直覺，並發展出道德原則，能在其他情境中作為行為指導。例如可見 Judith Jarvis Thomson, "The Trolley Problem," *The Yale Law Journal* 94, no. 6 (1985)。關於電車難題是如何成為道德哲學的重要問題，可見 David Edmonds, *Would You Kill the Fat Man? The Trolley Problem and What Your Answer Tells Us about Right and Wrong* (Princeton, NJ: Princeton University Press, 2014)。

2　藉由改變研究的焦點，從決策轉向道德傾向，我以詹姆士．馬其（James March）的研究為基礎。相較於理性選擇理論，馬其指出，組織內的決策往往會依循一套「適當性的邏輯」（logic of appropriateness），而決策者會提出三個問題：（一）我面對的是什麼樣的情況？（二）我是怎麼樣的人？（三）在這樣的情況下，像我一樣的人應該怎麼做？見 March, *A Primer on Decision Making,* 57–102; James G. March and Johan P. Olsen, "The Logic of Appropriateness," in *The Oxford Handbook of Public Policy,* ed. Michael Moran, Martin Rein, and Robert E. Goodin (Oxford: Oxford University Press, 2006)。與理性選擇模式相較，「適當性的邏輯」更強調決策者如何理解他們所面對的情況，以及他們的認同和態度如何影響決策過程。組織倫理學家更是藉由這個架構，提出決策的本質部分是取決於個體是否認為自己面臨著道德上的兩難。若決策者認為決策屬於「道德的」範疇，那麼他們就很有可能行使道德推理；若決策者不這麼認為（或許是將其認定為「法律」或「個人」範疇），他們就可會採取其他的推理模式。見 Ann E. Tenbrunsel and Kristin Smith-Crowe, "Ethical Decision Making: Where We've Been and Where We're Going," *The Academy of Management Annals* 2, no. 1 (2008)。我提出以上論述是為了將這些觀點往兩個方向發展。首先，我們得跨越二分法的概念，不再只是區分「道德決策框架」和「非道德決策框架」，或是區別「道德覺察」以及「缺乏道德覺察」。我們不能只是將道德與非道德做對比，而是得理解有一系列不同的「道德觀」存在。我在本章描述的道德傾向，是為了指出「覺察道德」的方式有很多，而且會對道德主體如何行使其裁量權產生不同的影響。此外我也意圖說明，不只是在理解情況之後（意即回答了

「我是怎麼樣的人？」這個問題），道德傾向才會產生影響。實際上，道德傾向也形塑了道德主體會如何理解其所面對情況。

3 Maynard-Moody and Musheno, *Cops, Teachers, Counselors.*

4 就值得敘述的故事而言，其中通常必定會有偏離常規的部分。請見ibid., 32.

5 Ibid., 97.

6 Ibid.

7 見Michael Herzfeld, The *Social Production of Indifference: Exploring the Symbolic Roots of Western Bureaucracy* (Chicago: University of Chicago Press, 1992), 162–167。面對民眾需要協助的緊急情形，公務員提供服務所需的時間並無法符合民眾的需求。如同埃弗里特・休斯（Everett Hughes）所觀察的，「一個人工作排程是由其他人的緊急事態構成。」見Everett C. Hughes, "Mistakes at Work," *The Canadian Journal of Economics and Political Science* 17, no. 3 (1951): 320。對於那些尋求社會服務的民眾花了比預期長的時間等待，哈維爾・奧韋羅（Javier Auyero）進一步將其定義為一種「再現了政治從屬關係」的時間過程。見Javier Auyero, *Patients of the State: The Politics of Waiting in Argentina* (Durham, NC: Duke University Press, 2012), 2。

8 隱性知識無法輕易形式化或透過口述表達。見Michael Polanyi, *Personal Knowledge: Towards a Post-Critical Philosophy* (London: Routledge, 1958)。

9 Dubois, *The* Bureaucrat and the Poor, 98–100.

10 Maynard-Moody and Musheno, *Cops, Teachers, Counselors,* 98.

11 傑佛瑞・普羅塔斯（Jeffrey Prottas）將此分類過程稱作「強制安排」（slotting）。見Jeffrey Prottas, "The Power of the Street-Level Bureaucrat in Public Service Agencies," *Urban Affairs Quarterly* 13, no. 3 (1978)。

12 Bernard Williams, *Ethics and the Limits of Philosophy* (Cambridge, MA: Harvard University Press, 1985), 140.

13 這樣架構身分也能夠合理化公務員的行為，為其提供正向的解讀。

14 Maynard-Moody and Musheno, *Cops, Teachers, Counselors,* 98–99.

15 Ibid., 99.

16 對於回顧理解組織行為的重要性，見Karl E. Weick, *Sensemaking in Organizations* (Thousand Oaks, CA: Sage Publi- cations, 1995)。

17 見Brehm and Gates, *Working, Shirking, and Sabotage,* 47–75。

18 Pierre Lascoumes, "Normes Juridiques et Mise en Oeuvre des Politiques Publiques," *L'Année Sociologique* 40, no. 3 (1990).

19 涉及這些問題的基層公務體系研究，見Watkins-Hayes, *The New Welfare Bureaucrats;* and Dubois, *The Bureaucrat and the Poor*。代表性官僚體系的支持者相信，如果公務員與民眾的人口特徵相符，就會更有利於追蹤公務互動的結果及民眾的利益。例如可見Sally Coleman Selden, *The Promise*

of Representative Bureaucracy: Diversity and Responsiveness in a Government Agency (Armonk, NY: M. E. Sharpe, 1997); Lael R. Keiser et al., "Lipstick and Logarithms: Gender, Institutional Context, and Representative Bureaucracy," *American Political Science Review* 96, no. 03 (2002); Kenneth J. Meier, Robert D. Wrinkle, and J. L. Polinard, "Representative Bureaucracy and Distributional Equity: Addressing the Hard Question," *The Journal of Politics* 61, no. 04 (1999)。

20 舉例可見Lauren J. Silver, "Spaces of Encounter: Public Bureaucracy and the Making of Client Identities," *Ethos* 38, no. 3 (2010)。

21 舉例可見Tristan Loo, "How to Make an Inflexible Bureaucrat See You as a Person," http://www.technoworldinc.com/negotiation/how-to-make-an-inflexible-bureaucrat-see-you-as-a-person-t20919.0.html（取自2017年3月15日）。

22 Maynard-Moody and Musheno, *Cops, Teachers, Counselors,* 139.

23 輔導員以第三人稱自稱。Ibid.

24 Ibid.

25 Ibid., 139–140.

26 Ibid., 141.

27 Ibid., 142.

28 見注解1、2。我在第三章中提及研究德性倫理學傳統的學者，就是很明顯的例外。

29 也就是說，道德傾向是以公務員會進行道德推理和道德決策為基礎。還有一個更極端的說法是，道德傾向透過形塑公務員快速評估的直覺，實際上決定了公務員的決策。這種直覺指涉公務員在與民眾互動時，會立即出現肯認或否定的感受，接著才會行使道德推理，藉此事後合理化已經做出的決策。見Jonathan Haidt, "The Emotional Dog and Its Rational Tail: A Social Intuitionist Approach to Moral Judgment," *Psychological Review* 108, no. 4 (2001)。

30 尤其是自從資產審查福利愈來愈盛行，替昔日主要提供服務和受理民眾業務的公務工作，增添了監管成分。感謝約瑟夫·希斯（Joe Heath）提出這個觀點。

31 在詹姆斯·奎恩·威爾遜經典的警察研究中，將警政分為三類：執法型（legalistic）、守衛型（watchman）及服務型（service），分別與我提出的「冷漠」、「正義」和「呵護」三個分類異曲同工。我在同一個分類框架內結合了伊芙琳·布拉德琴和塞萊斯特·沃特金斯—海斯提出的兩組社福工作者分類。布拉德琴提出了「助人型」（對應我提出的「呵護型」）以及「正義型」，而沃特金斯—海斯提則區分了「社會工作者」（即「呵護型」）以及「效率推動者」（「冷漠型」和「正義型」的混合體）。見 Wilson, *Varieties of Police Behavior;* Evelyn Z. Brodkin, "Inside the Welfare Contract:

Discretion and Accountability in State Welfare Administration," *Social Service Review* 71, no. 1 (1997); Watkins- Hayes, *The New Welfare Bureaucrats*。
當然，有許多方式可以區分基層公務員，選擇哪種分類法大多取決於關注的議題和問題。舉例來說，尚恩・蓋馬德和約翰・帕蒂是根據公務員有多在乎他們必須執行的政策來進行分類，將公務員區分為「偷懶」（對政策毫不關心）以及「狂熱」（對政秉持熱忱）兩類。約翰・布雷姆和史考特・蓋茲則聚焦於公務員對公共政策執行的投入程度，將其區分為「認真工作」、「偷懶」或「蓄意搞砸公務」。至於更近期的研究，扎哈里・歐伯菲爾德（Zachary Oberfield）則依據公務員對規則的態度（是否「依照規則」行事），以及他們對於民眾的態度（將民眾的問題歸咎於結構性因素或民眾的個人性格）來進行分類。與上述兩份研究不同的是，歐伯菲爾德使用縱貫性研究（longitudinal study），追蹤道德傾向在一段時間內的發展。見Gailmard and Patty, *Learning While Governing;* Brehm and Gates, *Working, Shirking, and Sabotage;* Zachary W. Oberfield, *Becoming Bureaucrats: Socialization at the Front Lines of Government Service* (Philadelphia: University of Pennsylvania Press, 2014)。

32 這就是心理學家所說的「驗證性偏誤」。關於此實證研究的進一步探討，請見 Raymond S. Nickerson, "Confirmation Bias: A Ubiquitous Phenomenon in Many Guises," *Review of General Psychology* 2, no. 2 (1998)。

33 關於此論點，請見Oberfield, *Becoming Bureaucrats*, 9。

34 從單一公務機關內的公務員，也可能蒐集到類似的自述，但這並不是要否定在特定的公務機關、特定角色概念及道德傾向之間，可能會出現選擇性雷同的情況（例如：警察對應「正義型」或是輔導員對應「呵護型」），而是這種雷同意味著，在這類公務機關內的公務員，**普遍來說**都向三個極端中的其中一個方向靠攏。不過，在單一公務機關內，往往都有採取不同方式履行其職業角色的個體或團體。關於單一機構內變化的例子，可見Wilson, *Varieties of Police Behavior;* Watkins-Hayes, *The New Welfare Bureaucrats;* Dubois, *The Bureaucrat and the Poor*。

35 Alexis Spire, *Accueillir ou Reconduire: Enquête sur les Guichets de l'Immigration* (Paris: Raisons d'Agir, 2008), 77（譯注：此句英文版由本書作者親譯）。

36 Maynard-Moody and Musheno, *Cops, Teachers, Counselors,* 61–62.

37 William Ker Muir, *Police: Streetcorner Politicians* (Chicago: University of Chicago Press, 1977), 69–70.

38 關於透過細部觀察負面的道德經驗，以及與這些經驗相關的道德心理，能為政治理論帶來些什麼，更廣泛的討論可見Jonathan Allen, "The Place of Negative Morality in Political Theory," *Political Theory* 29, no. 3 (2001)。

39 感謝喬舒亞・查尼斯（Josh Cherniss）提出這個觀點。

40 相關組織，如國際透明組織（Transparency International），通常是這樣使用這個詞。請見http://www.transparency.org/what-is-corruption/#define,（取自2015年11月24日）。關於貪腐的研究近期轉向了制度層面。請見Dennis F. Thompson, *Ethics in Congress: From Individual to Institutional Corruption* (Washington, DC: Brookings Institutions, 1995); Lawrence Lessig, "'Institutional Corruption' Defined," *The Journal of Law, Medicine G Ethics* 41, no. 3 (2013)。

41 文森・杜波伊斯觀察到個體化（以及職責化）過去幾十年間，已經成為了社會政策的關鍵詞，在歐洲尤其顯著。請見Vincent Dubois, "Towards a Critical Policy Ethnography: Lessons from Fieldwork on Welfare Control in France," *Critical Policy Studies* 3, no. 2 (2009): 224–225。女性主義理論家於其「關懷倫理學」（Ethics of Care）的論述中，論證了公務員在提供公共服務的積極度、同理和同情，寫得鏗鏘有力、鞭辟入裡。這些理論家也指出了這種道德觀的風險，即恐導致涉及對象萌生依賴。關於公共行政中積極度的概念，以公務員主動傾聽的能力為核心，更為溫和的觀點請見Camilla Stivers, "The Listening Bureaucrat: Responsiveness in Public Administration," *Public Administration Review* 54, no. 4 (1994)。

42 近期一份政治科學的相關研究，將能夠不偏不倚行使公權力的能力，視為評估「政府品質」的典型標準，請見Bo Rothstein and Jan Teorell, "What Is Quality of Government? A Theory of Impartial Government Institutions," *Governance* 21, no. 2 (2008)。公務機關與私部門的差異之一在於，公務機關提供服務時，是基於公平適用於所有人的「普遍」規則。請見Michael J. Piore, "Beyond Markets: Sociology, Street-Level Bureaucracy, and the Management of the Public Sector," *Regulation G Governance* 5, no. 1 (2011): 152–153。

43 舉例來說，湯姆・泰勒及其共同作者發現，程序正義是形塑公眾對警察支持的主要因素之一。程序正義包含了適用法律時一視同仁，以及在提供服務時給予尊重。請見Tyler, *Why People Obey the Law*; Sunshine and Tyler, "The Role of Procedural Justice and Legitimacy in Shaping Public Support for Policing"。平等尊重和關懷的重要性是關係平等主義相關文獻回顧的關鍵議題。請見Elizabeth Anderson, "What Is the Point of Equality?," *Ethics* 109, no. 2 (1999); Jonathan Wolff, "Fairness, Respect, and the Egalitarian Ethos," *Philosophy G Public Affairs* 27, no. 2 (1998); Samuel Scheffler, "What Is Egalitarianism?," *Philosophy G Public Affairs* 31, no. 1 (2003); Timothy Hinton, "Must Egalitarians Choose between Fairness and Respect?," *Philosophy G Public Affairs* 30, no. 1 (2001)。

44 關於羞辱和貶低對待的區別，請見Wolff, "Fairness, Respect, and the Egalitarian Ethos," 107。

45 Ibid., 108.

46 Ibid., 109. 有些學者指出，公開揭露的羞恥感某種程度上是公共服務未能充分利用的原因。請見Yeheskel Hasenfeld, Jane A. Rafferty, and Mayer N. Zald, "The Welfare State, Citizenship, and Bureaucratic Encounters," *Annual Review of Sociology* 13 (1987): 401。

47 沃爾夫稱之為「羞恥的揭露」(shameful revelation)。

48 近幾十年來，培養民眾「自立自強」已經成為美國社福改革的公共論述口號。關於「自立自強」如何作為解決「依賴」問題，以及第一線公務員如何透過民族誌的探索來支持這個概念，其相關批評請見Morgen, "The Agency of Welfare Workers"。不只美國，法國也有相同的現象，稱作「強調責任」。請見Dubois, "Towards a Critical Policy Ethnography"。

49 見Arthur Applbaum, *Ethics for Adversaries* (Princeton, NJ: Princeton University Press, 1999), 64; Robert E. Goodin, *Utilitarianism as a Public Philosophy* (Cambridge: Cambridge University Press, 1995), 8–9。

50 基層公務員可能有道德義務必須排除行動的原因，因為若不排除這些原因，他們就得將其納入分析其行動背後的考量。而這樣的觀點，我們可以說公務員有時會提供「排除的原因」，或提出「次要原因，好讓自己不需要依據原本的原因，履行原本得採取的行動」。請見Joseph Raz, "Reasons for Action, Decisions and Norms," *Mind* 84, no. 336 (1975): 487。

51 相較於其他提供社會福利的系統（例如：私人慈善事業、公共慈善單位），這是社福國家最顯著的特點。私人慈善家的行動為自願性質，同理，根據（舊制與新制）濟貧法，社會救助的分配仍然得仰賴相關公務員的裁量判斷。反之，在社福國家，公務員的行動為「義務性質」，得依循**既有規定**，提供服務給任何**具有權利**的民眾。而制定規則與提供服務之間有一段安全距離，能夠避免民眾受第一線公務員的專斷決策影響。可見Goodin, *Reasons for Welfare: The Political Theory of the Welfare State,* 11–12。

52 韋伯《以政治為志業》（暖暖書屋，2018）(*Politics as Vocation*)，95。

53 Applbaum, *Ethics for Adversaries,* 64.

54 Weber, "Bureaucracy," 215–216.

55 Dubois, *The Bureaucrat and the Poor,* 123–131。針對服務性質職業的心理勵志教材，經常推薦抽離作為一種應對策略。例如可見Thomas M. Skovholt and Michelle Trotter-Mathison, *The Resilient Practitioner: Burnout Prevention and Self-Care Strategies for Counselors, Therapists, Teachers, and Health Professionals* (New York: Routledge, 2010)。

56 見羅伊・鮑梅斯特、約翰・堤爾尼《增強你的意志力：教你實現目標、抗拒誘惑的成功心理學》（經濟新潮社，2020）(*Willpower: Rediscovering the Greatest Kuman Strength*, New York: Penguin Press, 2011)，88–107。

57 韋伯《以政治為志業》（暖暖書屋，2018）（*Politics as Vocation*），115。

58 安東尼奧・達馬西奧（Antonio Damasio）指出，類似同理的情緒能夠讓我們關注道德議題；如果沒有這些情緒，我們就只剩下「極度單調的決策視野」。可見Antonio R. Damasio, *Descartes' Error: Emotion, Reason, and the Human Brain* (New York: G. P. Putnam, 1994)。

59 關於縱橫社會服務的世界有多麼棘手、令人抓狂，相關描述可見Andrea Campbell, *Trapped in America's Safety Net: One Family's Struggle* (Chicago: University of Chicago Press, 2014)。

60 伊麗莎白・安德森（Elizabeth Anderson）在批評機運平等主義時，提出了相似的論點。請見Anderson, "What Is the Point of Equality?," 305。

61 批評國家作為「父親角色」，且因此讓女性處於依賴的狀態，是女權理論常見的探討主題。而提供關懷和照顧則會加強依賴性。關於此論述的批評論點，請見Lynne Haney, "Homeboys, Babies, Men in Suits: The State and the Reproduction of Male Dominance," *American Sociological Review* 61, no. 5 (1996): 760–761。

62 傅柯形容以「教牧權力」（pastoral power）準確地形容了這種家父長式的權力，提供個人化的應對方式，並可能因此形成個人的依賴。請見Michel Foucault, *Security, Territory, Population: Lectures at the Collège de France, 1977–78,* trans.Graham Burchell (New York: Palgrave Macmillan, 2007), 115–165。

63 公務員採取的特定道德傾向，以及民眾如何回應該道德傾向，並不是影響潛在依賴性的唯一因素。公務員握有的裁量權範圍，以及民眾是否具有能夠輕易「退出」的選項，也會影響潛在的依賴性。請見Hasenfeld, Rafferty, and Zald, "The Welfare State, Citizenship, and Bureaucratic Encounters"。

64 麥可・李普斯基也提出相似的論點。請見《基層官僚：公職人員的困境》（*Street-Level Bureaucracy*），151。

65 這個擔憂可見於Friedrich A. von Hayek, *The Constitution of Liberty* (Chicago: University of Chicago Press, 1960), 95–97. 相關討論可見Anderson, "What Is the Point of Equality?," 310。

66 Applbaum, *Ethics for Adversaries,* 63.

67 這是克爾・謬爾（Ker Muir）筆下「專業」警察的主要特色之一。請見Ker Muir, *Police: Streetcorner Politicians*。

68 Wolff, "Fairness, Respect, and the Egalitarian Ethos."

69 Ibid. 擇善固執的相關論述可見Goodin, *Reasons for Welfare: The Political Theory of the Welfare State*, 220–221。

70 這是為何少數族裔特別容易受到警察攔檢的原因。近期一份研究指出，警察執行調查性攔檢（像是攔檢與搜身）時「盡可能攔檢愈多人愈好，才能對更多人進行調查。但因為警察不可能攔檢所有駕駛或行人，也不可能盤查所有社區，因此他們只能專注在某些人身上。而種族刻板印象深化了黑人與犯罪和暴力之間的連結，也因此讓警察會傾向針對少數族裔和該族裔的社區進行攔檢和調查。」請見Charles R. Epp, Steven Maynard-Moody, and Donald P. Haider-Markel, *Pulled Over: How Police Stops Define Race and Citizenship* (Chicago: University of Chicago Press, 2014), 8–9。

第三章　公務員的自我鍛鍊

1 George Konrád, *The Case Worker*, trans. Paul Aston (New York: Penguin, 1987), 92.

2 自我呈現的技巧是厄文．高夫曼（Erving Goffman）互動社會學的核心論述，請見《日常生活中的自我呈現》（商周，2023）(*Erving Goffman, Presentation Self in Everyday Life*, Garden City, NY: Doubleday, 1959)。許多針對公務員與助人工作者如何自立的研究，都會討論到減輕痛苦的「因應」對策。相關文獻見Skovholt and Trotter-Mathison, *The Resilient Practitioner;* Françoise Mathieu, *The Compassion Fatigue Workbook* (New York: Routledge, 2011)。

3 見Pierre Hadot, *Qu'est-CeQue la Philosophie Antique?* (Paris: Gallimard, 1995); *Exercices Spirituels et Philosophie Antique* (Paris: Etudes Augustiniennes, 1981); *La Philosophie Comme Manière de Vivre*, ed. Jeannie Carlier and Arnold Ira Davidson (Paris: Albin Michel, 2001); Michel Foucault, *Technologies of the Self: A Seminar with Michel Foucault* (Amherst: University of Massachusetts Press,1988); *The Hermeneutics of the Subject: Lectures at the Collège de France*, 1981–82, ed. Francois Ewald and Alessandro Fontana (New York: Palgrave Macmillan, 2005)。

4 見Evelyn Z. Brodkin, "Reflections on Street-Level Bureaucracy: Past, Present, and Future," *Public Administration Review* 72, no. 6 (2012): 945。

5 漢娜．鄂蘭《平凡的邪惡：艾希曼耶路撒冷大審紀實》（玉山社，2013）（*Eichmann in Jerusalem: A Report on the Banality of Evil*, New York: Penguin Books, 2006），26。

6 見Raul Hilberg, *The Destruction of the European Jews* (Chicago: Quadrangle Books, 1961), 639–662; Zygmunt Bauman, *Modernity and the Holocaust* (Ithaca, NY: Cornell University Press, 1989)。近年的相關探討，請見Jonathan Glover, *Humanity: A Moral History of the Twentieth Century* (New Haven, CT: Yale University Press, 2000), 328–354。對此研究的批判，請見克里斯多福．布朗寧《普通人：第一〇一後備警察營與納粹在波蘭的最終解決方案》（春山出版，2022）（*Ordinary Men: Reserve Police Battalion 101 and the Final Solution in Poland,* New York: Harper Perennial, 1998），159–190。

7 Merton, "Bureaucratic Structure and Personality."

8 見William Whyte, *The Organization Man* (New York: Simon & Schuster, 1956)。

9 見Albert Bandura, "Moral Disengagement in the Perpetration of Inhumanities," *Personality and Social Psychology Review* 3, no. 3 (1999): 198。

10 見Dennis F. Thompson, "Moral Responsibility of Public Officials: The Problem of Many Hands, "*The American Political Science Review* 74, no. 4 (1980)。

11 Glover, *Humanity*, 22–25.

12 見Herbert C. Kelman, "Violence without Moral Restraint: Reflections on the Dehumanization of Victims and Victimizers, "*Journal of Social Issues* 29, no. 4 (1973)。

13 Charles R. Figley, "Compassion Fatigue as Secondary Traumatic Stress Disorder: An Overview," in *Compassion Fatigue*, ed. Charles R. Figley (New York: Routledge, 1995).

14 米爾格倫實驗（the Milgram experiments）顯示，當受試者移至另一個房間，而不再與其實驗夥伴身處於同一空間，就更有可能會聽從實驗者的指示，加強對其實驗伙伴電擊的強度。出自史丹利・米爾格蘭《服從權威：有多少罪惡，假服從之名而行？》（經濟新潮社，2015）（*Obedience to Authority: An Experimental View*, New York: Harper Perennial, 2004）。

15 舉例請見Browning, *Ordinary Men*; Ingo Müller, *Hitler's Justice: The Courts of the Third Reich* (Cambridge, MA: Harvard University Press, 1991)。

16 艾柏特・本多拉（Albert Bandura）對米爾格倫實驗提出一個很少人提及但犀利的觀點：「如果實驗情境改成面對面互動，受試者直接動手施暴，而非隔著房間遙控，那麼縱使權威指令再怎麼無情，多數人還是會拒絕施暴。」出自Bandura, "Moral Disengagement in the Perpetration of Inhumanities," 202。

17 Leon Festinger, *A Theory of Cognitive Dissonance* (Evanston, IL: Row, Peterson, 1957)。近年來重新建構與支持認知失調論的研究，整合了多種創新理論，並呈現理論是如何轉變，以因應過去好幾波的批評。請見Joel Cooper, *Cognitive Dissonance: Fifty Years of a Classic Theory* (Thousand Oaks, CA: Sage Publications, 2007)。

18 Elliot Aronson, "The Theory of Cognitive Dissonance: A Current Perspective," in *Advances in Experimental Social Psychology*, ed. Leonard Berkowitz (New York: Academic Press, 1969), 2–3.

19 菲利普・金巴多《路西法效應：在善惡的邊緣了解人性》（商周，2022）（*The Lucifer Effect: Understanding How Good People Turn Evil*, New York: Random House, 2007），220。

20 Aronson, "The Theory of Cognitive Dissonance."

21 Claude M. Steele and Thomas J. Liu, "Dissonance Processes as Self-Affirmation,"

Journal of Personality and Social Psychology 45, no. 1 (1983); Claude Steele, "The Psychology of Self-Affirmation: Sustaining the Integrity of the Self," in *Advances in Experimental Social Psychology*, ed. Leonard Berkowitz (San Diego, CA: Academic Press, 1988)。關於自我肯定理論最新的概述，請見David K. Sherman and Geoffrey L. Cohen, "The Psychology of Self-Defense: Self-Affirmation Theory," in *Advances in Experimental Social Psychology*, Vol. 38, ed. Mark Zanna (San Diego, CA: Academic Press, 2006)。

22 見Sherman and Cohen, "The Psychology of Self-Defense,"186。

23 Zimbardo, *The Lucifer Effect*, 220.

24 Darwyn E. Linder, Joel Cooper, and Edward E. Jones, "Decision Freedom as a Determinant of the Role of Incentive Magnitude in Attitude Change," *Journal of Personality and Social Psychology* 6, no. 3 (1967).

25 關於此觀點在組織理論中的重要應用，請見Karl E. Weick, *The Social Psychology of Organizing* (Reading, MA: Addison-Wesley, 1969)。

26 李普斯基《基層官僚：公職人員的困境》（學富文化，2010）（*Street-Level Bureaucracy*），140–156。

27 Ibid., 144–146。

28 關於職業倦怠研究的概述，多數都著重於公共服務人員的經驗，請見Wilmar B. Schaufeli, Michael P. Leiter, and Christina Maslach, "Burnout: 35 Years of Research and Practice," *Career Development International* 14, no. 3 (2009)。針對社會工作、教學和警政的職業倦怠研究，可分別參考Chris Lloyd, Robert King, and Lesley Chenoweth, "Social Work, Stress and Burnout: A Review," *Journal of Mental Health* 11, no. 3 (2002); Mei-Lin Chang, "An Appraisal Perspective of Teacher Burnout: Examining the Emotional Work of Teachers," *Educational Psychology Review* 21, no. 3 (2009); Cedric Alexander, "Police Psychological Burnout and Trauma," in *Police Trauma: Psychological Aftermath of Civilian Combat*, ed. John M. Violanti and Douglas Paton (Springfield, IL: Charles C Thomas, 1999)。關於職業倦怠與流動率或離職意願的關係，請見Michàl E. Mor Barak, Jan A. Nissly, and Amy Levin, "Antecedents to Retention and Turnover among Child Welfare, Social Work, and Other Human Service Employees: What Can We Learn from Past Research? A Review and Metanalysis," *Social Service Review* 75, no. 4 (2001)。

29 關於「二分化」的概念，請見Robert Jay Lifton, *The Nazi Doctors: Medical Killing and the Psychology of Genocide* (New York: Basic Books, 1986)。

30 簡化傾向為「建構適應性偏好」（雖然稱之為「適應性角色概念」會比較適當）的例子——也稱之為酸葡萄現象。請見Jon Elster, *Sour Grapes: Studies in the Subversion of Rationality* (Cambridge: Cambridge University Press, 1983)。

31 關於動機推理，請見Ziva Kunda, "The Case for Motivated Reasoning," *Psychological Bulletin* 108, no. 3 (1990)。關於驗證性偏誤，請見Nickerson, "Confirmation Bias: A Ubiquitous Phenomenon in Many Guises."

32 我當然不否認有些人的冷漠、呵護與正義傾向是天性使然，或者說有些人之所以會進入公部門，是因為公部門環境讓他們能夠履行呵護型與正義型的傾向。但我認為，即便人一開始沒有特別的傾向，他們也會因為工作帶來的壓力而產生這種傾向。

33《平凡的邪惡：艾希曼耶路撒冷大審紀實》（玉山社，2013）（*Eichmann in Jerusalem: A Report on the Banality of Evil*），26。

34 Ibid., 48–49.

35 Ibid., 49.

36 很多學者認為鄂蘭筆下的艾希曼很有爭議。在最近一波批判鄂蘭的論述中，理查・沃林（Richard Wolin）是其中的核心主導，他引用了貝蒂娜・史坦涅斯（Bettina Stangneth）的研究，認為艾希曼受到反猶主義的影響遠大於鄂蘭的看法。根據沃林的研究，艾希曼的「沒在思考」更類似庭審中常見用來規避責任的策略，而不像公務員心態的反映。見 Richard Wolin, "The Banality of Evil: The Demise of a Legend," *Jewish Review of Books*, Fall 2014。

37 Hannah Arendt, "Some Questions of Moral Philosophy," in R*esponsibility and Judgment*, ed. Jerome Kohn (New York: Schocken Books, 2003).

38 Ibid., 92.

39 Ibid., 93.

40 Ibid., 90.

41 Ibid., 97.

42 鄂蘭之所以僅描述冷漠衍生出的問題，如疏離、失去主體性以及個人責任感的降低，是因為她假定艾希曼所處的公務環境，多少類似我在第一章基於理性系統觀點所提出的公務環境。若公務體系真如她所說，技術裁量的空間如此狹隘，那麼對公務員而言，冷漠就會是唯一可行的適性反應，其他兩種傾向根本不會存在。而我再三強調的則是，基層公務體系有著相當大的裁量空間，因此也會有更多偏狹的傾向類型存在。

43 關於政治倫理作為道德多元主義的下位概念，有個長期的爭論。在這種情況下，性格特質會顯得非常重要。誠如安德魯・賽博（Andrew Sabl）所言：「能短暫見識到世界的複雜，總比看不到來得好。」我接下來會提出的「自我實踐」方法，會討論如何延長這種短暫性。請參考Andrew Sabl, "When Bad Things Happen from Good People (and Vice-Versa): Hume's Political Ethics of Revolution," *Polity* 35, no. 1 (2002): 92。

44 Arendt, "Some Questions of Moral Philosophy," 105.

45 若用更專業的表達來描述，他們必須確保其第一優先期盼與其較高層次的偏好相同。見Harry G. Frankfurt, "Freedom of the Will and the Concept of a Person," *The Journal of Philosophy* 68, no. 1 (1971)。對於該如何區分第一優先的期盼與較高層次的偏好，以及高層次偏好如何具備權威性（會不會只是期盼？又或者只是長期的價值判斷？），哲學家一直以來都議論紛紛。總而言之，至少到近期為止，這些討論基本上還是認為，情緒與情感屬於第一優先期盼的範疇，並且必須藉由理性的能力自我合理化，也就是得透過真實、自主的自我來合理解釋這些期盼。請見Michael L. Frazer, *The Enlightenment of Sympathy: Justice and the Moral Sentiments in the Eighteenth Century and Today* (Oxford: Oxford University Press, 2010), 7; and Michael Stocker, "How Emotions Reveal Value and Help Cure the Schizophrenia of Modern Ethical Theory," in *How Should One Live? Essays on the Virtues*, ed. Roger Crisp (Oxford: Oxford University Press, 1998)。

46 關於情緒對於道德思辨以及理解他人的影響，請見Martha Nussbaum, "The Discernment of Perception: An Aristotelian Conception of Private and Public Rationality," in *Love's Knowledge: Essays on Philosophy and Literature* (New York: Oxford University Press, 1990)。

47 亞里斯多德《尼各馬可倫理學》（五南，2021）（"Nicomachean Ethics," in *Introduction to Aristotle*, ed. Richard McKeon, New York: Random House, 1947），331。

48 Martha C. Nussbaum, "Virtue Ethics: A Misleading Category?," *The Journal of Ethics* 3, no. 3 (1999): 170.

49 見John McDowell, "Virtue and Reason," *The Monist* 62, no. 3 (1979)。

50 見Gilbert Harman, "Moral Philosophy Meets Social Psychology: Virtue Ethics and the Fundamental Attribution Error," *Proceedings of the Aristotelian Society* 99 (1999); John M. Doris and Stephen P. Stich, "As a Matter of Fact: Empirical Perspectices on Ethics," in *The Oxford Handbook of Contemporary Philosophy*, ed. Frank Jackson and Michael Smith (New York: Oxford University Press, 2005)。

51 相關實證研究的概述，請見Lee Ross and Richard E. Nisbett, *The Person and the Situation: Perspectives of Social Psychology* (New York: McGraw-Hill, 1991)。

52 即便是德性倫理者似乎也承認，認知上較輕鬆的適性策略有其必要。請見Rachana Kamtekar, "Situationism and Virtue Ethics on the Content of Our Character," *Ethics* 114, no. 3 (2004)。

53 關於亞里斯多德的德性論中「天賦能力」（natural abilities）與「實踐智慧」（practical wisdom）兩者的區分，請見Susan Wolf, "Moral Psychology and the

Unity of the Virtues," *Ratio*, no. 20 (2007): 152。

54 Maria Merritt, "Virtue Ethics and Situationist Personality Psychology," *Ethical Theory and Moral Practice* 3, no. 4 (2000): 372–375.

55 關於此區別，請見Lawrence Blum, "Community and Virtue," in *How Should One Live? Essays on the Virtues,* ed. Roger Crisp (Oxford: Oxford University Press, 1998)。

56 Merritt, "Virtue Ethics and Situationist Personality Psychology," 374–375. 相較其他類型（休謨式）概念，馬瑞特（Merritts）認為「動機性的自足」的理想對某些德性（亞里斯多德式概念）來說比較重要。並非所有德性倫理學論者都認為，擁有德性的人一定具備自足的動機，並不受環境所影響。阿拉斯達爾．馬奇塔爾就不這麼認為，而他的觀點也很普遍。如勞倫斯．布魯姆（Lawrence Blum）所言：「很多德性研究會讓人覺得，德性的社會面向並不重要——包括表達支持、提供內容或確認價值。這些社會面向或許並沒有被否定，甚至或許是朝向這些社會面向前進。然而這與馬奇塔爾的研究有著強烈對比——馬奇塔爾的理論讓人認為，德性和德性生活可以脫離特定形式的社會生活。」Blum, "Community and Virtue," 235–236。

57 Merritt, "Virtue Ethics and Situationist Personality Psychology," 375–382; Kamtekar, "Situationism and Virtue Ethics on the Content of Our Character," 490。這反映了近期實證道德心理學的研究主流，從「個人」轉向「社會心理」來探討道德自我。請見Benoit Monin and Alexander H. Jordan, "The Dynamic Moral Self: A Social Psychological Perspective," in *Moral Self, Identity and Character: Explorations in Moral Psychology*, ed. Darcia Narvaez and Daniel K. Lapsley (Cambridge: Cambridge University Press, 2009)。

58 例如，學者發現沉思可以增進同理的反應（Condon et al.）；專注則有助於專業人員更能應付有壓力的工作環境（Irving et al.）；以及專注可以加強我們應對周遭狀況的能力（Baer）。研究還表明，選擇性回憶可以促進更多利他行為（Grant et al.; Gino et al.）；設身處地可以促進道德行為（Batson et al.）；而寫下自己的情緒經歷，例如寫日記，有宣泄的效果並能幫助人應對創傷（Pennebaker）。上述文獻參考依序為Paul Condon et al., "Meditation Increases Compassionate Responses to Suffering," *Psychological Science* 24, no. 10(2013); Julie Anne Irving, Patricia L. Dobkin, and Jeeseon Park, "Cultivating Mindfulness in Health Care Professionals: A Review of Empirical Studies of Mindfulness-Based Stress Reduction (MBSR)," *Complementary Therapies in Clinical Practice* 15, no. 2 (2009); Ruth A. Baer, "Self-Focused Attention and Mechanisms of Change in Mindfulness-Based Treatment," *Cognitive Behaviour Therapy* 38, no. sup1 (2009); Adam Grant and Jane Dutton, "Beneficiary or Benefactor: Are People Prosocial When They Reflect on Receiving or Giving?,"

Psychological Science 23, no. 9 (2012); Francesca Gino and Sreedhari D. Desai, "Memory Lane and Morality: How Childhood Memories Promote Prosocial Behavior, "*Journal of Personality and Social Psychology* 102,no. 4 (2012); C. Daniel Batson et al., "'...As You Would Have Them Do unto You'": Does Imagining Yourself in the Other's Place Stimulate Moral Action? ," *Personality and Social Psychology Bulletin* 29, no. 9 (2003); James W. Pennebaker, "Writing about Emotional Experiences as a Therapeutic Process," *Psychological Science* 8, no. 3 (1997)。關於正向心理學的發展，請見Martin E. P. Seligman and Mihaly Csikszentmihalyi, "Positive Psychology: An Introduction," *American Psychologist* 55, no. 1 (2000); Shelly L. Gable and Jonathan Haidt, "What (and Why) Is Positive Psychology?," *Review of General Psychology* 9, no. 2 (2005)。

59 見Ronald M. Epstein, "Mindful Practice," *The Journal of the American Medical Association* 282, no. 9 (1999): 835。

60 這些鍛鍊出自於Hadot, *Qu'est-Ce Quela Philosophie Antique?*, 276–334。

61 關於「裝備（paraskeuê）」的討論，見Michel Foucault, *L'herméneutique du Sujet: Cours au Collège de France* (1981–1982), ed. Frédéric Gros (Paris: Gallimard, 2001), 301–314。

62 Alasdair MacIntyre, *After Virtue*, 2nd ed. (Notre Dame, IN: University of Notre Dame Press, 1984), 191。馬奇塔爾用「實踐」指稱具有一定目標的社會制度。而我此處所援引的詞，則是社會學裡更常見的用法，指涉一種不斷重複的行動。

63 請參閱Blum, "Community and Virtue"。

64 這是一個被強納生・艾倫（Jonathan Allen）稱之為「負面道德」的例子，請見Allen, "The Place of Negative Morality in Political Theory"。

65 關於日記的用途，請見Kaufman, *The Forest Ranger*; Piore, "Beyond Markets," 158–159。

66 Dubois, *The Bureaucrat and the Poor*, 132.

67 Ibid., 93.

68 見Piore, "Beyond Markets."

69 Dubois, *The Bureaucrat and the Poor*, 131.

70 Konrád, *The Case Worker*, 63。

71 Vincent Dubois, *La Vie au Guichet: Relation Administrative et Traitement de la Misère* (Paris: Economica, 1999), 141–142（譯注：此句英文版由本書作者親譯）。

72 關於自我約束（self-binding）或預先自我約束（precommitment）的多種理性形式，請見Jon Elster, *Ulysses and the Sirens: Studies in Rationality and Irrationality* (Cambridge: Cambridge University Press, 1979)。

73 我認為能夠理解日常打破或扭曲規則的重要性，就等同於協助提高個人在工作中的存在感。詹姆斯．斯科特於其「無政府主義暖身操」（anarchist calisthenics）研究中提出，對那些已經超越眼下實際目標的實踐者而言，這類做法會帶來影響：亦即實踐者於其所屬的制度環境中，能藉此覺察自己的個人主體性與獨立性。在許多人傾向脫鉤與抽離的公務環境中，這種做法可能會很受用。請見詹姆斯．斯科特《人類學家的無政府主義觀察：從生活中的不服從論自主、尊嚴、有義的工作及遊戲》（麥田，2021）（*Two Cheers for Anarchism: Six Easy Pieces on Autonomy, Dignity, and Meaningful Work and Play*, Princeton, NJ: Princeton University Press, 2012）。

74 Dubois, *The Bureaucrat and the Poor*, 128。許多社工、警察和教師提出自己也有類似問題，無法實際切分個人生活和職業生活。請分別參考Lloyd, King, and Chenoweth, "Social Work, Stress and Burnout: A Review"; Robyn R. M. Gershon et al., "Mental, Physical, and Behavioral Outcomes Associated with Perceived Work Stress in Police Officers," *Criminal Justice and Behavior* 36, no. 3 (2009); Lora Bartlett, "Expanding Teacher Work Roles: A Resource for Retention or a Recipe for Overwork?," *Journal of Education Policy* 19, no. 5 (2004)。

75 Konrád, *The Case Worker*, 7–11.

76 Michael Walzer, *Spheres of Justice: A Defense of Pluralism and Equality* (New York: Basic Books, 1983).

77 Konrád, *The Case Worker*, 168.

第四章　當公務規則不敷使用

1 「組織內的異質性」一詞引自Susan Silbey, Ruthanne Huising, and Salo Vinocur Coslovsky, "The 'Sociological Citizen': Relational Interdependence in Law and Organizations," *L'Année Sociologique* 59, no. 1 (2009)。

2 關於詮釋社群的重要性，請見Stanley Fish, *Is There a Text in This Class? The Authority of Interpretive Communities* (Cambridge, MA: Harvard University Press, 1980); Ronald Dworkin, Law's Empire (Cambridge, MA: Harvard University Press, 1986)。史丹利．費許和德沃金都不同意詮釋社群所扮演的角色，也不認同法律條文及法律史能夠限制詮釋的過程。關於費許和德沃金的辯論，請見Stanley Fish, "Working on the Chain Gang: Interpretation in the Law and in Literary Criticism," *Critical Inquiry* 9, no. 1 (1982); Ronald Dworkin, "Law as Interpretation," *Critical Inquiry* 9, no. 1 (1982)。

3 舉例請見Blum, "Community and Virtue"。

4 見Amy Gutmann and Dennis F. Thompson, *Democracy and Disagreement* (Cambridge, MA: Harvard University Press, 1996)。

5 Brehm and Gates, Working, *Shirking, and Sabotage*.

6 見切斯特・巴納德《經理人員的職能》(五南，2018)(*The Functions of the Executive*, Cambridge, MA: Harvard University Press, 1938);Elton Mayo, T*he Human Problems of an Industrial Civilization* (New York: Macmillan, 1933); Fritz Roethlisberger and William Dickson, *Management and the Worker: An Account of a Research Program Conducted by the Western Electric Company, Hawthorne Works, Chicago* (Cambridge, MA: Harvard University Press, 1939)。

7 Kaufman, *The Forest Ranger*.

8 舉例請見John Van Maanen and Edgar H. Schein, "Toward a Theory of Organizational Socialization," in *Research in Organizational Behavior*, Vol. 1 ed. Barry M. Staw and Larry L. Cummings (Greenwich, CT: JAI Press, 1979)。

9 Piore, "Beyond Markets"。皮歐爾寫道:「文獻指出基層公務體系的決策……似乎是在一套隱性規則和程序的框架下做成，至少在原則上，能夠評估特定公務員的決策是否具備不尋常的元素或非常自我利益導向的計算。這些規則在組織文化中根深蒂固，隨著組織文化改變，並在新進人員進入單位的社會化過程，由資深公務員進行傳承。同時，隨著公務員與彼此互動，評論和討論檯面上或檯面下公務互動中，經手特定案例的道德傾向，也會強化這些規則。」

10 關於豐田生產系統，請見 William G. Ouchi, *Theory Z: How American Business Can Meet the Japanese Challenge* (Reading, MA: Addison-Wesley,1981); James P. Womack, Daniel T. Jones, and Daniel Roos, *The Machine That Changed the World*。關於公開透明以及公開性的近似概念，請見 Adrian Vermeule, *Mechanisms of Democracy: Institutional Design Writ Small* (New York: Oxford University Press, 2007), 177–216。關於表達的一致性，請見 Ronald Dworkin, "The Original Position," *University of Chicago Law Review* 40, no. 3 (1973): 512–513。我會在本章小節論述，我認為這兩個概念時常被放在「公共性」底下合併討論。關於公共性，請見David Luban, "The Publicity Principle," in *The Theory of Institutional Design*, ed .Robert E. Goodin (Cambridge: Cambridge University Press, 1996)。

12 馬其和約翰・歐森提出相似的觀點:「將規則應用於特定情況是一種建立適當性的行為，透過比喻或暗喻的推理，找出相似或差異條件，讓規則和情況有所關聯。這個過程是以語言為中介，參與者藉此能逐漸談論兩個情況之間究竟是相似或相異……過程中透過建立相似性的分類來維持行為的一致性。」請見March and Olsen, "The Logic of Appropriateness"。

13 舉例可見John Van Maanen, "The Asshole," in Policing: A View from the Street, ed. Peter K. Manning and John Van Maanen (New York: Random House, 1978); Marie Østergaard Møller and Deborah Stone, "Disciplining Disability under Danish Active Labour Market Policy," *Social Policy & Administration* 47, no.

5 (2013); Patrice Rosenthal and Riccardo Peccei, "The Social Construction of Clients by Service Agents in Reformed Welfare Administration," *Human Relations* 59, no. 12 (2006)。

14 Van Maanen, "The Asshole."

15 見Fassin, *La Force de l'Ordre*, 116–117, 143。

16 關於這點，見Ludwig Wittgenstein, *Philosophical Investigations*, trans. G. E. M. Anscombe, 3rd ed. (Oxford: Blackwell, 2001). 基於維根斯坦觀點的分類討論，請見喬志・萊科夫《女人、火與危險事物》（桂冠，1994）（*Women, Fire, and Dangerous Things: What Categories Reveal about the Mind*, Chicago: University of Chicago Press, 1987）。

17 據此，情緒勞動是公共服務基層公務很重要的一部分。關於情緒勞動，請見Arlie Russell Hochschild, *The Managed Heart: Commercialization of Human Feeling* (Berkeley: University of California Press, 1983)。

18 汲取私人資訊的困難程度，解釋了為何公務員和民眾建立長期關係有時候是有益的。這種關係雖然可能會導致個人依賴，但同時也隨著時間建立起信任，讓個案承辦人員熟悉個案的個人情況，而不會顯得過問太多或不貼心。

19 以下關於決疑論的討論，感謝 Cass R. Sunstein, *Legal Reasoning and Political Conflict* (New York: Oxford University Press, 1996); and Albert R. Jonsen and Stephen E. Toulmin, T*he Abuse of Casuistry* (Berkeley: University of California Press, 1988)。

20 *The Abuse of Casuistry*, 47–74, 137–151。有趣的是，最常使用決疑論的耶穌會人士，若以組織環境的角度來看，在很多層面上都與基層公務員相似。耶穌會人士被派到遠方傳教，無法經常向上層尋求指導，他們的行為也沒辦法直接監管，並且他們得在權威頒布新教義的情況下，解決實際的問題。決疑論可以視為一種推理形式，用以因應上述限制。感謝理查德・塔克（Richard Tuck）提出此觀點。

21 Sunstein, *Legal Reasoning and Political Conflict*, vii–viii.

22 Jonsen and Toulmin, *The Abuse of Casuistry*, 18.

23 Sunstein, *Legal Reasoning and Political Conflict*, 68.

24 Ibid., 69.

25 Jonsen and Toulmin, *The Abuse of Casuistry*, 10.

26 關於道德認知的重要性以及其與實務智慧的關係，請見Nussbaum, "The Discernment of Perception: An Aristotelian Conception of Private and Public Rationality"。

27 Lawrence Blum, "Moral Perception and Particularity," *Ethics* 101, no. 4 (1991).

28 見Douglas R. Hofstadter, *Fluid Concepts & Creative Analogies: Computer*

Models of the Fundamental Mechanisms of Thought (New York: Basic Books, 1995); "Analogy as the Core of Cognition" (Stanford Presidential Lectures in Humanities and Arts, Palo Alto, CA, 2006), https://prelectur.stanford.edu/lecturers/hofstadter/analogy.html（取自2017年3月15日）。

29 瑪麗・道格拉斯指出「相同性」並不存在於「外在」事物，而是來自於我們帶入特定情境的制度化認知架構。請見Mary Douglas, *How Institutions Think* (Syracuse, NY: Syracuse University Press, 1986), 59–60, 67。也可見Blum, "Moral Perception and Particularity," 707。

30 制度實驗主義的擁護者發現了這種時間差，他們認為組織應該建立正式程序，用來評估和整合非正式的慣常作法。請見Michael C. Dorf and Charles F. Sabel, "A Constitution of Democratic Experimentalism," *Columbia Law Review* 98, no. 2 (1998); Charles Sabel, "Rethinking the Street-Level Bureaucrat: Tacit and Deliberate Ways Organizations Can Learn," in *Economy in Society: Essays in Honor of Michael J. Piore*, ed. Paul Osterman (Cambridge, MA: MIT Press, 2013)。

31 舉例來說，羅伯特・格里高利（Robert Gregory）觀察到「行程裁量權範圍和公務運作規則之間屬於正相關」。請見Robert Gregory, "Accountability in Modern Government," in *The Handbook of Public Administration*, ed. B. Guy Peters and Jon Pierre (London: Sage Publications, 2003), 345。

32 Joseph Raz, "Legal Principles and the Limits of Law," *The Yale Law Journal* 81, no.5 (1972): 847–848.

33 Dworkin, *Taking Rights Seriously*. 參閱"The Model of Rules I"。

34 Scott J. Shapiro, "The 'Hart-Dworkin' Debate: A Short Guide for the Perplexed," in *Ronald Dworkin*, ed. Arthur Ripstein (Cambridge: Cambridge University Press, 2007).

35 Sunstein, *Legal Reasoning and Political Conflict*, 35–61.

36 Blaise Pascal, *The Provincial Letters* (Harmondsworth, UK: Penguin, 1967).

37 基層公務員必須因應不同的問責形式，相關討論請見Peter Hupe and Michael Hill, "Street-Level Bureaucracy and Public Accountability," *Public Administration* 85, no. 2 (2007)。

38 對於未來問責制的預期會讓公務員傾向做出更客觀的決策。請見Philip E. Tetlock, "Accountability and the Perseverance of First Impressions," *Social Psychology Quarterly* 46, no. 4 (1983).關於問責制對一系列判斷和選擇的影響，文獻概述請見 Jennifer S. Lerner and Philip E. Tetlock, "Accounting for the Effects of Accountability," *Psychological Bulletin* 125, no. 2 (1999)。

39 關於警察巡邏監管及警鈴監管的差異，請見Mathew D. McCubbins and Thomas Schwartz, "Congressional Oversight Overlooked: Police Patrols versus

Fire Alarms," *American Journal of Political Science* 28, no. 1 (1984)。

40 在新公共管理的改革下，公共服務機關也得面對一種市場問責，因為民眾有權能夠自由選擇服務提供單位。請見Gregory, "Accountability in modern Government," 346.

41 見Mark S. Frankel, "Professional Codes: Why, How, and with What Impact?," *Journal of Business Ethics* 8, no. 2/3 (1989): 113.

42 羅伯特・古丁（Robert Goodin）強調同僚問責的重要性與獨特性，同時也論及一種相互合作、以網絡為基礎的參考團體，是從非營利組織之中興起的團體。我欲呈現同僚問責制在單一機構中也扮演著重要的角色。請見Robert E. Goodin, Innovating Democracy (Oxford: Oxford University Press, 2008), 155–185。

43 見Van Maanen and Schein, "Toward a Theory of Organizational Socialization"。

44 Blum, "Moral Perception and Particularity," 715.

45 認知、想像及情緒之間的關係，請見Nussbaum, "The Discernment of Perception: An Aristotelian Conception of Private and Public Rationality," 78–81.

46 感謝唐・唐堤普拉弗（Don Tontiplaphol）提出這個比喻。

47 見Mark Philp, "Delimiting Democratic Accountability," *Political Studies* 57, no. 1 (2009): 32. 亦見Mark Bovens, "Two Concepts of Accountability: Accountability as a Virtue and as a Mechanism," *West European Politics* 33, no. 5 (2010)。博文斯將問責制描述為「一種制度關係或安排，讓行為者受一個論壇問責」。

48 這意味著對於同僚團體的最佳大小，界線條件可能有些寬鬆。同僚團體必須夠大，才能容納不同道德傾向的集合，但也得夠精巧，才能使不同道德傾向的成員，必須經常與彼此互動。

49 社會心理學家指出，團體往往鼓勵一致性及凝聚力，過度聚焦於共同資訊，採取比個體成員傾向更為極端的決策，並深化成員之中固有的偏見。維持意見的多元性有助緩解上述團體的偏狹傾向。關於團體動態的社會心理學文獻概述，請見Tali Mendelberg, "The Deliberative Citizen: Theory and Evidence," in *Political Decision Making, Deliberation and Participation: Research in Micropolitics*, Vol. 6, ed. Michael X. Dellini Carpini, Leonie Huddy, and Robert Y. Shapiro (Greenwich, CT: JAI Press, 2002)。關於團體一致性和凝聚力，請見Solomon E. Asch, "Effects of Group Pressure upon the Modification and Distortion of Judgments," in *Organizational Influence Processes*, ed. Lyman W. Porter, Harold L. Angle, and Robert W. Allen (London: M. E. Sharpe, 2003); Irving L. Janis, *Groupthink: Psychological Studies of Policy Decisions and Fiascoes*, 2nd ed. (Boston: Houghton Mifflin, 1982). 關於共同資訊偏誤，請見Garold Stasser and William Titus, "Pooling of Unshared Information in Group

Decision Making: Biased Information Sampling during Discussion," *Journal of Personality and Social Psychology* 48, no. 6 (1985)。關於團體觀念激進，請見Serge Moscovici and Marisa Zavalloni, "The Group as a Polarizer of Attitudes," *Journal of Personality and Social Psychology* 12,no. 2 (1969)。關於深化現有偏見，請見Stefan Schulz-Hardt et al. , "Biased Information Search in Group Decision Making," *Journal of Personality and Social Psychology* 78, no. 4 (2000)。關於團體少數抵抗受到侵蝕的能力，請見Bibb Latané and Martin J. Bourgeois, "Dynamic Social Impact and the Consolidation, Clustering, Correlation, and Continuing Diversity of Culture," in *Blackwell Handbook of Social Psychology: Group Processes*, ed. Michael A. Hoggand R. Scott Tindale (Malden, MA: Blackwell Publishers, 2003)。關於少數團體對團體多數的影響，請見Serge Moscovici, *Social Influence and Social Change* (New York: Academic Press, 1976); Moscovici, "Toward a Theory of Conversion Behavior," *Advances in Experimental Social Psychology*13 (1980)。

50 雖說同僚能夠挑戰和修改現有分類法，但這當然並不是分類法最初建立的方式。我們知道分類法通常是由執行者一代代傳承，但分類法一開始究竟是怎麼出現在公務機關中？特定分類法又是如何取得主導地位？是在危急之時應運而生嗎？還是由外部引進公務機關內？或是由內部發展出來？若要探究這些問題，就得透過縱貫性研究進行探討。

51 我援引羅伯特．古丁所提出的「制度刺激」（institutional irritant）概念，出自："Institutions and Their Design," in *The Theory of Institutional Design*, ed. Robert E. Goodin (Cambridge: Cambridge University Press, 1996), 38–39。

52 Van Maanen, "The Asshole," 324.

53 這種凝聚力的出現，部分是因為一方面，警察的工作是有風險的，得直接與民眾對峙，而另一方面，則是因為他們的行為受到嚴格又毫不留情的公共檢視。這種凝聚文化的出現，是因為警察在兩方面都感受到威脅和被誤解，因此產生了明顯的團體內／外區隔。舉例請見London Policing Ethics Panel, "Ethical Challenges of Policing London," (2014)。

54 關於多元問責制的優勢，請見Philp, "Delimiting Democratic Accountability," 44. 當一種問責制取得主導地位時，會產生問題，相關論述請見Barbara S. Romzek and Melvin J. Dubnick, "Accountability in the Public Sector: Lessons from the Challenger Tragedy," *Public Administration Review* 47, no. 3 (1987)。

55 Amitai Etzioni, "Is Transparency the Best Disinfectant?," *Journal of Political Philosophy* 18, no. 4 (2010): 1.

56 Dworkin, "The Original Position," 513.

57 此處值得留意的是，康德所提出公開性的測試，不僅能夠評估是否可在不自我矛盾的情況下，公開揭示我們行為的理據，也限縮了我們能夠運用的理據：這些理據必須為準則（maxims），也就是適用範圍大於手上個案的行為原則，且背後必須有法令支撐。見Immanuel Kant, “Perpetual Peace: A Philosophical Sketch,” in *Kant: Political Writings*, ed. H. S. Reiss (New York: Cambridge University Press, 1991)。

58 Charles E. Lindblom, “The Science of ‘Muddling Through,’ ” *Public Administration Review* 19, no. 2 (1959).

第五章　不可能的情況

1 William Johnson, “Confessions of a ‘Bad’ Teacher,” *The New York Times*, March 3, 2012.

2 見Taryn Lindhorst and Julianna D. Padgett, “Disjunctures for Women and Frontline Workers: Implementation of the Family Violence Option,” S*ocial Service Review* 79, no. 3 (2005): 408。

3 關於如何因應社會福利改革對第一線公務員的影響，詳情請見Watkins-Hayes, *The New Welfare Bureaucrats*。

4 Lindhorst and Padgett, “Disjunctures for Women and Frontline Workers: Implementation of the Family Violence Option.”

5 Ibid., 423.

6 Ibid., 422.

7 Randal C. Archibold, “Arizona Enacts Stringent Law on Immigration,” *The New York Times*, April 23, 2010.

8 Peter Slevin, “Arizona Law on Immigration Puts Police in Tight Spot,” *The Washington Post*, April 30, 2010.

9 Daniel B. Wood, “Arizona Immigration Law Puts Police in ‘Impossible Situation,’” *The Christian Science Monitor*, April 26, 2010.

10 Ibid.

11 Jonathan Lear, *Radical Hope: Ethics in the Face of Cultural Devastation* (Cambridge, MA: Harvard University Press, 2006), 1–10.

12 Ibid., 6.

13 不同阻礙之間的差異會影響職責分配，見David Estlund, “Human Nature and the Limits (If Any) of Political Philosophy,” *Philosophy & Public Affairs* 39, no. 3 (2011). 14 要特別留意在新的指示，並未讓公務員完全無法採取先前能執行的行動，意即公務員先前能夠做到的，在新的指示下，並不是完全不可能達成。舉例來說，任何對教師職責的要求都無法避免教師不時延伸課綱，超過標準化測驗的評估範疇；個案承辦人員有權決定特定個案是否適用FVO；同理，警察確實具備足夠的裁量權，能夠在特定情境下，不去執行「出示你的文件」條文。這些行動可能難以執行或是不適合執行，會導致公務員在「績效數字」上落後其他同僚，且使其無法達成新的工作要求。當然，公務員或許偶爾會採取這些手段，但如果一再執行，就可能會讓他們的工作岌岌可危。若要以公務員採取的行動來定義「不可能的情況」，不可能的情況並不是來自於全然不可能做到的情境，而是因為行動的模式和頻率改變所造成——有些行動變得愈來愈難以執行，而有些行動則必須更常採用。

15 見Morgen, "The Agency of Welfare Workers," 755。

16 範例請見David Luban, *Lawyers and Justice: An Ethical Study* (Princeton, NJ: Princeton University Press, 1988); Applbaum, *Ethics for Adversaries*。

17 見Fritz Wilhelm Scharpf, *Governing in Europe: Effective and Democratic?* (Oxford: Oxford University Press, 1999); Rosanvallon, *Democratic Legitimacy*, 17–59; Heath, "A General Framework for the Ethics of Public Administration"。

18 當我在第一章敘述了組織行為的經典「理性」模式，而當公務機關背離這種模式時，角色衝突就會發生。在這個經典模式下，由於公務員同時受科層原則和統一指揮原則影響，而排除了角色衝突發生的可能。前者指涉「明確、由上至下的單一權威方向」，後者則指涉公務員所採取的任何行動都得「從單單一位的上級主管」獲得指示，且僅受該上級主管問責。這兩個原則同時運作時，個體無需處理相互衝突的期望，也不會受到不同的權威來源拉扯。然而，一旦我們捨棄這種經典模式，轉而採取更明確的公務機關形象，我們就必須接受（如同我在第四章所述），每位在職公務員得時常面對不同的權威來源，且得對許多不同相關人士負責，進而產生角色衝突。見John R. Rizzo, Robert J. House, and Sidney I. Lirtzman, "Role Conflict and Ambiguity in Complex Organizations," *Administrative Science Quarterly* 15, no. 2 (1970): 150–151; and Mary Van Sell, Arthur P. Brief, and Randall S. Schuler, "Role Conflict and Role Ambiguity: Integration of the Literature and Directions for Future Research," *Human Relations* 34, no. 1 (1981)。

19 Van Sell, Brief, and Schuler, "Role Conflict and Role Ambiguity," 66.

20「生活世界」的概念最初是由胡塞爾（Husserl）提出，而後受到眾多思想家推崇（下至哈伯瑪斯），意指人類生活和體驗的世界，其中包含一套常見意義和歸納分類系統，影響人類對世界及自我的認知。

21 關於上級主管如何透過提供賦予下屬頭銜的機會，來進一步管控公務員，見Michel Anteby, *Moral Gray Zones: Side Productions, Identity, and Regulation in an Aeronautic Plant* (Princeton, NJ: Princeton University Press, 2008)。

22 這個觀點是由安·斯威德勒（Ann Swidler）提出，將文化視為「工具箱」，意即道德主體可以運用文化來說明其「行動策略」。詳情見Ann Swidler, "Culture in Action: Symbols and Strategies," *American Sociological Review* 51, no. 2 (1986)。斯威德勒這份研究具有重大意義，針對特定文化觀點提出批評，該觀點認為文化是藉由塑造道德主體的價值觀，來影響道德主體的行動。斯威德勒指出實際情況應該是相反的：「行動並不是由一個人的價值觀而定。反之，行動和價值觀之所以存在，是為了善用文化能力。」（ibid., 275）。史蒂芬・威西（Stephen Vaisey）於其近期研究指出，文化社會學家似乎過度依循斯威德勒的觀點，而我們須記，文化不只能解釋道德主體的行為，也會影響其行動。見Stephen Vaisey, "Motivation and Justification: A Dual Process Model of Culture in Action," *American Journal of Sociology* 114, no. 6 (2009)。

23 這些道德主體概念相對狹隘，認為道德個體有謀略、懂算計且具有自我利益導向，或是自動將道德主體的自我和所處環境一致化。波彤斯基和帖弗諾批評的目標，分別是米歇爾・夸齊耶所提出「有策略的行動者」，以及皮耶・布赫迪厄（Pierre Bourdieu）提出的慣習（habitus）概念。見Luc Boltanski and Laurent Thévenot, *De la Justification: Les Economies de la Grandeur* (Paris: Gallimard,1991); Luc Boltanski, "Sociologie Critique et Sociologie de la Critique," *Politix* 3, no. 10–11 (1990)。有關他們批評的目標，可見Michel Crozier and Erhard Friedberg, *Actors and Systems: The Politics of Collective Action* (Chicago: University of Chicago Press, 1980); Pierre Bourdieu, *Outline of a Theory of practice* (Cambridge: Cambridge University Press, 1977)。

24 這類問題是亞瑟・艾普邦姆（Arthur Applbaum）研究的核心。艾普邦姆雖然認同角色的道德重要性，但也指出「制度與其創造的角色無法形成道德許可，允許道德主體進行原本在道德上被禁止的行為」，見Applbaum, *Ethics for Adversaries*, 3。

25 F. H. Bradley, "My Station and Its Duties," in *Ethical Studies* (Oxford: Clarendon Press, 1927).

26 舉例請見Watkins-Hayes, T*he New Welfare Bureaucrats*; Piore, "Beyond Markets"。

27 見Joseph Raz, *The Morality of Freedom* (Oxford: Oxford University Press, 1986), 321–366; Martha Nussbaum, "The Costs of Tragedy: Some Moral Limits of Cost–Benefit Analysis," *The Journal of Legal Studies* 29 no. S2 (2000): 1010; Bernard Williams, "Liberalism and Loss," in *The Legacy of Isaiah Berlin*, ed. Mark Lila, Ronald Dworkin, and Robert Silvers (New York: New York Review of Books, 2001)。

28 Williams, "Liberalism and Loss," 95; Raz, *The Morality of Freedom*, 344.

29 這類困境與「麻煩」問題（dirty hands）有些相似，但並不相同。在經典的情境中，「麻煩」問題之所以會出現，是因為道德主體必須採取錯誤的行動，以防止更糟的結果。也就是說，道德主體將錯誤的行動作為一種手段，來防止上述更糟的結果發生。我在此所論述的示例，道德主體被迫在兩個錯誤的行動之間選擇，避免道德主體採取其中另一個行動。

而錯誤的行動其實是過程中衍生而出的結果，又或說是決策的「雙重效果」（double effect）。關於「麻煩」問題，見Walzer, "Political Action: The Problem of Dirty Hands"; Bernard Williams, "Conflicts of Value," in *Moral Luck: Philosophical Papers*, 1973–1980 (Cambridge: Cambridge University Press, 1981), 74。

30 見"Politics and Moral Character," 65; 也可參見Walzer, "Political Action"。

31 Nussbaum, "The Costs of Tragedy," 1007.

32 Ibid.

33 Georg Wilhelm Friedrich Hegel, *Hegel on Tragedy* (New York: Harper & Row, 1975), 1–96.

34 Nussbaum, "The Costs of Tragedy," 1012.

35 Hegel, *Hegel on Tragedy*, 73。黑格爾的觀點來自於安妮・保盧奇和亨利・保盧奇（Anne and Henry Paolucci），安妮和亨利是黑格爾悲劇理論一書的編輯，見該書導論xxvi。

36 Ibid., 69–71.

37 此概念是傅柯道德論的核心，認為道德主體扮演特定角色時，不僅得遵循一套外部規範，同時也會改變一個人的自我認同以及其與自我的關係。見傅柯《性史：第二卷，快感的使用》（時報出版，2024）（*The History of Sexuality, Vol. 2: The Use of Pleasure*, London: Penguin, 1990）一書序言。李爾也自齊克果的研究中汲取了相似的主觀性（subjectivity）概念，見Lear, Radical Hope, 43。

38 Van Maanen and Schein, "Toward a Theory of Organizational Socialization." 在《情緒管理的探索》（*The Managed Heart*）一書中，社會學家亞莉・霍希爾德（Arlie Hochschild）指出，公司（尤其是私部門）要的不僅僅是員工的時間，而是試圖利用、控制員工的情緒和感受，並從中獲利，而在公部門也是如此。

39 見Michael O. Hardimon, "Role Obligations," *The Journal of Philosophy* 91, no. 7 (1994)。

40 見Gideon Kunda, *Engineering Culture: Control and Commitment in a High-Tech Corporation* (Philadelphia: Temple University Press, 1992); Edgar H. Schein, *Organizational Culture and Leadership*, 4th ed. (San Francisco: Jossey-Bass,2010)。

41 Gregory Bateson, "Toward a Theory of Schizophrenia," in *Steps to an Ecology of Mind* (San Francisco: Chandler Publishing Co., 1972).

42 該理論在許多層面受到批評，尤其是將孩子思絕失調症的發病原因歸咎於其母親。

43 Sandra Lee Bartky, "On Psychological Oppression," in *Femininity and*

Domination: Studies in the Phenomenology of Oppression (New York: Routledge, 1990).

44 Ibid., 30.

45 Ibid., 31.

46 見ibid., 30。

47 Stuart Albert and David A. Whetten, "Organizational Identity," in *Research in Organizational Behavior*, vol.7, ed. Larry L. Cummings and Barry M. Straux (Greenwich, CT: JAI Press, 1985).

48 見Piore, "Beyond Markets," 9–10。

49 這在公部門特別常見。公務員經常是受公共服務精神所驅使，才會選擇進入公部門工作，而這種精神也持續作為他們工作的動力。見James L. Perry, Annie Hondeghem, and Lois Recascino Wise, "Revisiting the Motivational Bases of Public Service: Twenty Years of Research and an Agenda for the Future," *Public Administration Review* 70, no. 5 (2010)。

50 見阿爾伯特・赫緒曼《叛離、抗議與忠誠》（商周，2023）（*Exit, Voice, and Loyalty: Responses to Decline in Firms, Organizations, and States,* Cambridge, MA: Harvard University Press, 1970）。

51 見Meira Levinson, "Moral Injury and the Ethics of Educational Injustice," *Harvard Educational Review* 85, no. 2 (2015): 217–218。

52 Ibid., 219; Thompson, Political Ethics and Public Office, 52.

53 見Frances J. Milliken, Elizabeth W. Morrison, and Patricia F. Hewlin, "An Exploratory Study of Employee Silence: Issues That Employees Don't Communicate Upward and Why," *Journal of Management Studies* 40, no. 6 (2003)。

54 除了貪污檢舉研究以外，也可以參照私部門的作法。豐田汽車經常被用來當作例子：生產線工人只要發現品質出了他們沒辦法解決的問題，就有權可以拉動「安燈線」（andon cord）來停止整條生產線的作業。對於公司而言，這樣的決策（賦予員工權力）背後隱含極高的成本。工人和主管之間得要有很穩固的關係契約，才得以確保工人會妥善使用安燈線，也就是說，第一線工人必須先做出適當的判斷，並確保自己不會因為該判斷而受罰，才能決定是否拉動安燈線。關於豐田生產系統（Toyota Production System），見Taiichi Ohno, *Toyota production System: Beyond Large-Scale Production* (Cambridge, MA: Productivity Press, 1988); Jeffrey K. Liker, *The Toyota Way: 14 Management Principles from the World's Greatest Manufacturer* (New York: McGraw-Hill,2004)。關於將安燈線的使用作為關係契約的示例，見Robert Gibbons and Rebecca Henderson, "What Do Mangers Do? Exploring Persistent Performance Differences among seemingly Similar

Enterprises" (Havard Business School Working Paper, 2012), 29–31。

55 職業倦怠是社會服務的一大問題，例如社會工作（Lloyd et al.）、教育（Chang）、警政（Kop et al.）。而職業倦怠之所以在公部門特別顯著，是因為理想與資源長期處於不平衡的狀態（見Mor Barak等學者的研究）。可依序見Lloyd, King, and Chenoweth, "Social Work, Stress and Burnout"; Chang, "An Appraisal Perspective of Teacher Burnout"; Nicolien Kop, Martin Euwema, and Wilmar Schaufeli, "Burnout, Job Stress and Violent Behavior among Dutch Police Officers," *Work & Stress: An International Journal of Work, Health & Organisations* 13, no. 4 (1999); MorBarak, Nissly, and Levin, "Antecedents to Retention and Turnover among Child Welfare, Social Work, and Other Human Service Employees"。

56 關於最近一次的公部門改革浪潮如何影響第一線公共服務，相關論述可見：Soss, Fording, and Schram, *Disciplining the Poor*; Brodkin and Marston, *Work and the Welfare State*。

結論

1 關於現代國家的不近人情（impersonality），請參考Harvey C. Mansfield Jr., "On the Impersonality of the Modern State: A Comment on Machiavelli's Use of Stato," *The American Political Science Review* 77, no. 4 (1983); Quentin Skinner, "The State," in *Political Innovation and Conceptual Change*, ed. Terence Ball, James Farr, and Russell L. Hanson (Cambridge: Cambridge University Press, 1989)。

2 關於公務體系裡「詮釋勞動」（interpretive labor）的批評——意即民眾想像自己是公務員，從自己這個角度去看公務體系。見Graeber, "Dead Zones of the Imagination." 葛列柏（Graeber）認為詮釋勞動基本上是單向的，即弱勢的一方嘗試從強勢方的角度來看待雙方關係，而不是由強勢方站在弱勢方的角度思考。

3 這可追溯至盧梭在《懺悔錄》中提到的著書計畫，但他從未完成該書。這本未完成的書欲探究的是，我們能如何透過安排環境來「讓心智處於最有益於德性的狀態」。盧梭對此計畫的說法是：「多數人往往終其一生都無法活得像自己，似乎都被變成跟自己很不一樣。但我寫這本書不是要去驗證這人盡皆知的事實，而是我有個更獨創且更重要的目標：那就是探尋導致這種轉變的因素，排除掉那些會因我們而改變的因素，藉此展示我們會如何控制這些因素，進而成為更好的人，更認同自己的模樣

「我在自己的內心尋找造成不同狀態的原因，我發現這些因素與我們對外在事物的印象有很大的關聯。我們感官和器官所經歷各種持續且細微的改變，無形間影響了我們的思想、感受乃至於行為。我蒐集許多明顯的例證，足茲證明這個想法無誤。在我看來，這種以生理為基礎的改變，

似乎能為我們提供一個外在的共同規範，會根據環境變化，讓心智處於最有益於德性的狀態……氣溫、季節、聲音、顏色、天色明暗、元素、食物、噪音、安靜、動作、回應都影響著我們的生理，進而影響我們的靈魂。這些因素讓我們有無數且幾近絕對的機會，能夠控制從一開始就主導著我們的那些感受，就等於主導自己……這本書目前沒什麼進度，但我已經決定標題為《敏銳的道德感或智者的唯物論》（*La Morale Sensitive ou le Matérialisme du Sage*）。」。見盧梭《懺悔錄》（五南，2018）（*Confessions*, trans. J. M. Cohen, Harmondsworth, UK: Penguin, 1953），380–381。

麥可・羅森（Michael Rosen）指出，盧梭論述的有趣之處在於，他「不尋求透過反思來增加自我裁量能力」，反而是嘗試「透過讓自我與環境達到平衡，發展出一種『理性』（此處他指的是自我行動、感受和做出正確判斷的能力）』。」請見Michael Rosen, *On Voluntary Servitude: False Consciousness and the Theory of Ideology* (Cambridge, MA: Harvard University Press, 1996)。

4 書中「制度化實踐智慧」（institutionalized phronesis）援引自Carl K. Y. Shaw, "Hegel's Theory of Modern Bureaucracy," *The American Political Science Review* 86, no. 2 (1992)。

5 詹姆斯・斯科特《國家的視角：改善人類處境的計畫為何失敗》（麥田，2023）（*Seeing Like a State: How Certain Schemes to Improve the Human Condition Have Failed*, New Haven, CT: Yale University Press, 1998）。

6 主張詮釋方法是政策研究的核心，且公共政策的內容不能與之分離的概念，請見Dvora Yanow, *Conducting Interpretive Policy Analysis* (Thousand Oaks, CA: Sage Publications, 2000)。

7 見Evelyn Z. Brodkin, "Work and the Welfare State," in *Work and the Welfare State: Street-Level Organizations and Workfare Politics*, ed. Evelyn Z. Brodkin and Gregory Marston (Washington, DC: Georgetown University Press, 2013); Dubois, "Towards a Critical Policy Ethnography"。

8 以下論述來自Evelyn Z. Brodkin and Flemming Larsen, "Governance and Welfare State Politics: What Could the US and Denmark Possibly Have in Common?," paper presented at the International Conference on Public Policy, Milan, 2015。

9 約翰・斯圖爾特・彌爾《論自由》（五南，2019）（*On Liberty*, New Haven, CT: Yale University Press, 2003），121–138。關於此理論進一步的解釋，見Elizabeth S. Anderson, "John Stuart Mill and Experiments in Living," *Ethics* 102, no. 1 (1991)。

10 雖然我能理解基本收入運動的概念，但我對上述這兩點主張有所保留。我特別擔憂的是，其所描述的第一線公務體系裁量權，既不夠詳盡也過於負面。儘管有時限縮基層行政裁量權可能是更好的作法，但裁量權的存在有其正當理由（請見第一章），能促使公務員積極應對民眾的情況，有益於促成民眾的利益。再者，我對簡化受助資格，乃至於完全取消資格標準，就能消除或轉移裁量權的想法也抱有疑慮。

11 書中「民族誌的感知」（ethnographic sensibility）一詞援引自 Ellen Pader, "Seeing with an Ethnographic Sensibility," in *Interpretation and Method*, ed. Dvora Yanow and Peregrine Schwartz-Shea (Armonk, NY: M. E. Sharpe, 2006)。

12 見Richard Fenno, "Observation, Context and Sequence in the Study of Politics," *American Political Science Review* 80, no. 1 (1986): 4; Clifford Geertz, "Thick Description: Toward an Interpretive Theory of Culture," in *The Interpretation of Cultures* (New York: Basic Books, 1973), 9。

13 舉例請見Clarissa Rile Hayward, *Defacing Power* (Cambridge: Cambridge University Press, 2000); Mark Bevir and R. A. W. Rhodes, *Interpreting British Governance* (London: Routledge, 2003); Cressida J. Heyes, "Foucault Goes to Weight-Watchers (Redux)," in *Self-Transformations: Foucault, Ethics, and Normalized Bodies* (New York: Oxford University Press, 2007)。

14 見George E. Marcus and Michael M. J. Fischer, *Anthropology as Cultural Critique: An Experimental Moment in the Human Sciences* (Princeton, NJ: Princeton University Press, 1986)。

15 這類研究不多，例如可見Jane Mansbridge, *Beyond Adversary Democracy* (Chicago: University of Chicago Press, 1983); Meira Levinson, *No Citizen Left Behind* (Cambridge, MA: Harvard University Press, 2012); Jennifer C. Rubenstein, *Between Samaritans and States: The Political Ethics of Humanitarian INGOs* (Oxford: Oxford University Press, 2015)。另一方面，近年來人類學界對倫理與道德問題的探討大幅增加，請見Michael Lambek, ed., *Ordinary Ethics: Anthropology, Language, and Action* (New York: Fordham University Press,2010); Didier Fassin, ed., *A Companion to Moral Anthropology* (Oxford: Wiley Blackwell, 2012); James Laidlaw, *The Subject of Virtue: An Anthropology of Ethics and Freedom* (New York: Cambridge University Press, 2014)。

16 此分類法及以下討論取自我與麗莎・荷澤格（Lisa Herzog）合著的文章，請見 Lisa Herzog and Bernardo Zacka, "Fieldwork in Political Theory: Five Arguments for an Ethnographic Sensibility," *British Journal of Political Science*（譯注：此論文於2019年發表，本書成書於2017年，故作者原註明尚未發表，但繁中譯本出版時屬於已發表）。

參考文獻

Albert, Stuart, and David A. Whetten. "Organizational Identity." In *Research in Organizational Behavior,* edited by Larry L. Cummings and Barry M. Staw vol. 7, 263–295. Greenwich, CT: JAI Press, 1985.

Alexander, Cedric. "Police Psychological Burnout and Trauma." In *Police Trauma: Psychological Aftermath of Civilian Combat,* edited by John M. Violanti and Douglas Paton, 54–64. Springfield, IL: Charles C Thomas, 1999.

Allen, Jonathan. "The Place of Negative Morality in Political Theory." *Political Theory* 29, no. 3 (2001): 337–363.

Anderson, Elizabeth. *The Imperative of Integration.* Princeton, NJ: Princeton University Press, 2010.

———."John Stuart Mill and Experiments in Living." *Ethics* 102, no. 1 (1991): 4–26.

———."What Is the Point of Equality?" *Ethics* 109, no. 2 (1999): 287–337.

Anteby, Michel. *Moral Gray Zones: Side Productions, Identity, and Regulation in an Aeronautic Plant.* Princeton, NJ: Princeton University Press, 2008.

Applbaum, Arthur. *Ethics for Adversaries.* Princeton, NJ: Princeton University Press, 1999.

Aranson, Peter H., Ernest Gellhorn, and Glen O. Robinson. "A Theory of Legislative Delegation." *Cornell Law Review* 68, no. 1 (1982–1983): 1–67.

Archibold, Randal C. "Arizona Enacts Stringent Law on Immigration." *The New York Times,* April 23, 2010.

Arendt, Hannah. *Eichmann in Jerusalem: A Report on the Banality of Evil.* New York: Penguin Books, 2006.

———."Some Questions of Moral Philosophy." In *Responsibility and Judgment,* edited by Jerome Kohn, 49–146. New York: Schocken Books, 2003.

Argyris, Chris. *Personality and Organization: The Conflict between System and the Individual.* New York: Harper & Row, 1957.

Aristotle. "Nicomachean Ethics." In *Introduction to Aristotle,* edited by Richard McKeon. New York: Random House, 1947.

Aronson, Elliot. "The Theory of Cognitive Dissonance: A Current Perspective." In *Advances in Experimental Social Psychology,* edited by Leonard Berkowitz, 1–34. New York: Academic Press, 1969.

Asch, Solomon E. "Effects of Group Pressure upon the Modification and Distortion of Judgments." In *Organizational Influence Processes,* edited by Lyman W. Porter, Harold L. Angle, and Robert W. Allen. London: M. E. Sharpe, 2003.

Auyero, Javier. *Patients of the State: The Politics of Waiting in Argentina.* Durham, NC: Duke University Press, 2012.

Baer, Ruth A. "Self-Focused Attention and Mechanisms of Change in Mindfulness-Based Treatment." *Cognitive Behaviour Therapy* 38, no. sup1 (2009): 15–20.

Bandura, Albert. "Moral Disengagement in the Perpetration of Inhumanities." *Personality and Social Psychology Review* 3, no. 3 (1999): 193–209.

Barnard, Chester. *The Functions of the Executive.* Cambridge, MA: Harvard University Press, 1938.

Bartky, Sandra Lee. "On Psychological Oppression." In *Femininity and Domination: Studies in the Phenomenology of Oppression,* 22–32. New York: Routledge, 1990.

Bartlett, Lora. "Expanding Teacher Work Roles: A Resource for Retention or a Recipe for Overwork?" *Journal of Education Policy* 19, no. 5 (2004): 565–582.

Bateson, Gregory. "Toward a Theory of Schizophrenia." In *Steps to an Ecology of Mind.* San Francisco: Chandler Publishing Co., 1972.

Batson, C. Daniel, David A. Lishner, Amy Carpenter, Luis Dulin, Sanna Harjusola-Webb, E. L. Stocks, Shawna Gale, Omar Hassan, and Brenda Sampat. "'…As You Would Have Them Do unto You': Does Imagining Yourself in the Other's Place Stimulate Moral Action?" *Personality and Social Psychology Bulletin* 29, no. 9 (2003): 1190–1201.

Bauman, Zygmunt. *Modernity and the Holocaust.* Ithaca, NY: Cornell University Press, 1989.

Baumeister, Roy F., and John Tierney. *Willpower: Rediscovering the Greatest Human Strength.* New York: Penguin Press, 2011.

Bazerman, Max H., and Ann E. Tenbrunsel. *Blind Spots: Why We Fail to Do What's Right and What to Do about It.* Princeton, NJ: Princeton University Press, 2011.

Bendor, Jonathan. "Formal Models of Bureaucracy." *British Journal of Political Science* 18, no. 3 (1988): 353–395.

Bendor, Jonathan, and Adam Meirowitz. "Spatial Models of Delegation." *American Political Science Review* 98, no. 2 (2004): 293–310.

Bevir, Mark, and R. A. W. Rhodes. *Interpreting British Governance.* London: Routledge, 2003.

Bix, Brian. *Jurisprudence: Theory and Context.* 5th ed. London: Sweet & Maxwell, 2009.

Blau, Peter M. *Bureaucracy in Modern Society.* New York: Random House, 1956.

Blau, Peter M., and Marshall W. Meyer. *Bureaucracy in Modern Society.* 3rd ed. New York: Random House, 1987.

Blum, Lawrence. "Community and Virtue." In *How Should One Live? Essays on the Virtues,* edited by Roger Crisp, 231–254. Oxford: Oxford University Press, 1998.

———."Moral Perception and Particularity." *Ethics* 101, no. 4 (1991): 701–725.

Boltanski, Luc. "Sociologie Critique et Sociologie de la Critique." *Politix* 3, no. 10–11 (1990): 124–134.

Boltanski, Luc, and Laurent Thévenot. *De la Justification: Les Economies de la Grandeur.* Paris: Gallimard, 1991.

Bourdieu, Pierre. *La Misère du Monde.* Paris: Seuil, 1993.

———.*Outline of a Theory of Practice.* Cambridge: Cambridge University Press, 1977.

Bovens, Mark. "Two Concepts of Accountability: Accountability as a Virtue and as a Mechanism." *West European Politics* 33, no. 5 (2010): 946–967.

Bovens, Mark, and Stavros Zouridis. "From Street-Level to System-Level Bureaucracies: How Information and Communication Technology Is Transforming Administrative Discretion and Constitutional Control." *Public Administration Review* 62, no. 2 (2002).

Bradley, F. H. "My Station and Its Duties." In *Ethical Studies,* 145–193. Oxford: Clarendon Press, 1927.

Brehm, John, and Scott Gates. *Working, Shirking, and Sabotage: Bureaucratic Response to a Democratic Public.* Ann Arbor: University of Michigan Press, 1997.

Brodkin, Evelyn Z. "Inside the Welfare Contract: Discretion and Accountability in State Welfare Administration." *Social Service Review* 71, no. 1 (1997): 1–33.

———."Investigating Policy's Practical Meaning: Street-Level Research on Welfare Policy." Center for Poverty Research Working Paper Series, Northwestern University, 2000. http://www.ipr.northwestern.edu/jcpr/workingpapers/wpfiles/brodkin3.PDF.

———."Reflections on Street-Level Bureaucracy: Past, Present, and Future." *Public Administration Review* 72, no. 6 (2012): 940–949.

———."Work and the Welfare State." In *Work and the Welfare State: Street-Level Organizations and Workfare Politics,* edited by Evelyn Z. Brodkin and Gregory Marston, 3–16. Washington, DC: Georgetown University Press, 2013.

Brodkin, Evelyn Z., and Flemming Larsen. "Governance and Welfare State Politics: What Could the US and Denmark Possibly Have in Common?" Paper presented at the International Conference on Public Policy, Milan, 2015.

Brodkin, Evelyn Z., and Gregory Marston, eds. *Work and the Welfare State: Street-*

Level Organizations and Workfare Politics. Washington, DC: Georgetown University Press, 2013.

Browning, Christopher R. *Ordinary Men: Reserve Police Battalion 101 and the Final Solution in Poland.* New York: Harper Perennial, 1998.

Buchanan, James M., and Gordon Tullock. *The Calculus of Consent: Logical Foundations of Constitutional Democracy.* Ann Arbor: University of Michigan Press, 1965.

Buffat, Aurélien. "Street-Level Bureaucracy and E-Government." *Public Management Review* 17, no. 1 (2015): 149–161.

Campbell, Andrea. *Trapped in America's Safety Net: One Family's Struggle.* Chicago: University of Chicago Press, 2014.

Carens, Joseph H. *The Ethics of Immigration.* Oxford: Oxford University Press, 2013. Carpenter, Daniel P. *The Forging of Bureaucratic Autonomy: Reputations, Networks, and Policy Innovation in Executive Agencies, 1862–1928.* Princeton, NJ: Princeton University Press, 2001.

Caton, Steven C., and Bernardo Zacka. "Abu Ghraib, the Security Apparatus, and the Performativity of Power." *American Ethnologist* 37, no. 2 (2010): 203–211.

Chadwick, Andrew, and Christopher May. "Interaction between States and Citizens in the Age of the Internet: 'E-Government' in the United States, Britain, and the European Union." *Governance* 16, no. 2 (2003): 271–300.

Chang, Mei-Lin. "An Appraisal Perspective of Teacher Burnout: Examining the Emotional Work of Teachers." *Educational Psychology Review* 21, no. 3 (2009): 193–218.

Cherniss, Joshua, and Henry Hardy. "Isaiah Berlin." In *The Stanford Encyclopedia of Philosophy,* Winter 2016 ed., edited by Edward N. Zalta. https://plato.stanford.edu/archives/win2016/entries/berlin/.

Cigler, Beverly A., and Heidi L. Neiswender. "'Bureaucracy' in the Introductory American Government Textbook." *Public Administration Review* 51, no. 5 (1991): 442–450.

"Compliance Manual." Edited by the U.S. Equal Employment Opportunity Commission, Section 902: Definition of the term "disability," 1995.

Condon, Paul, Gaëlle Desbordes, Willa B. Miller, and David DeSteno. "Meditation Increases Compassionate Responses to Suffering." *Psychological Science* 24, no. 10 (2013): 2125–2127.

Considine, Mark, Jenny M. Lewis, Siobhan O'Sullivan, and Els Sol, eds. *Getting Welfare to Work: Street-Level Governance in Australia, the UK, and the Netherlands.* Oxford: Oxford University Press, 2015.

Cooper, Joel. *Cognitive Dissonance: Fifty Years of a Classic Theory.* Thousand Oaks, CA: Sage Publications, 2007.

Crozier, Michel. *Le Phénomène Bureaucratique.* Paris: Seuil, 1963.

Crozier, Michel, and Erhard Friedberg. *Actors and Systems: The Politics of Collective Action.* Chicago: University of Chicago Press, 1980.

Damasio, Antonio R. *Descartes' Error: Emotion, Reason, and the Human Brain.* New York: G. P. Putnam, 1994.

Davis, Kenneth Culp. *Discretionary Justice: A Preliminary Inquiry.* Urbana: University of Illinois Press, 1971.

Denhardt, Janet Vinzant, and Lane Crothers. *Street-Level Leadership: Discretion and Legitimacy in Front-Line Public Service.* Washington, DC: Georgetown University Press, 1998.

Dias, Janice Johnson, and Steven Maynard-Moody. "For-Profit Welfare: Contracts, Conflicts, and the Performance Paradox." *Journal of Public Administration Research and Theory* 17, no. 2 (2007): 189–211.

Dorf, Michael C., and Charles F. Sabel. "A Constitution of Democratic Experimentalism." *Columbia Law Review* 98, no. 2 (1998): 267–473.

Doris, John M., and Stephen P. Stich. "As a Matter of Fact: Empirical Perspectices on Ethics." In *The Oxford Handbook of Contemporary Philosophy,* edited by Frank Jackson and Michael Smith, 114–152. New York: Oxford University Press, 2005.

Douglas, Mary. *How Institutions Think.* Syracuse, NY: Syracuse University Press, 1986.

Downs, Anthony. *Inside Bureaucracy.* Boston: Little, Brown, 1967.

Du Gay, Paul. *In Praise of Bureaucracy: Weber, Organization and Ethics.* London: Sage Publications, 2000.

Dubois, Vincent. *The Bureaucrat and the Poor: Encounters in French Welfare Offices,* translated by Jean-Yves Bart. Burlington, VT: Ashgate, 2010.

———.*La Vie au Guichet: Relation Administrative et Traitement de la Misère.* Paris: Economica, 1999.

———."Towards a Critical Policy Ethnography: Lessons from Fieldwork on Welfare Control in France." *Critical Policy Studies* 3, no. 2 (2009): 221–239.

Dworkin, Ronald. "Law as Interpretation." *Critical Inquiry* 9, no. 1 (1982): 179–200.

———.*Law's Empire.* Cambridge, MA: Harvard University Press, 1986.

———."The Original Position." *University of Chicago Law Review* 40, no. 3 (1973): 500–533.

———.*Taking Rights Seriously.* Cambridge, MA: Harvard University Press, 1978.

Edmonds, David. *Would You Kill the Fat Man? The Trolley Problem and What Your Answer Tells Us about Right and Wrong.* Princeton, NJ: Princeton University Press, 2014.

Eisenstein, Sergei. *Risunki = Drawings.* Moscow: Iskusstvo, 1961.

Elster, Jon. *Sour Grapes: Studies in the Subversion of Rationality.* Cambridge: Cambridge University Press, 1983.

———.*Ulysses and the Sirens: Studies in Rationality and Irrationality.* Cambridge: Cambridge University Press, 1979.

Epp, Charles R., Steven Maynard-Moody, and Donald P. Haider-Markel. *Pulled Over: How Police Stops Define Race and Citizenship.* Chicago: University of Chicago Press, 2014.

Epstein, David, and Sharyn O'Halloran. *Delegating Powers: A Transaction Cost Politics Approach to Policy Making under Separate Powers.* Cambridge: Cambridge University Press, 1999.

Epstein, Ronald M. "Mindful Practice." *The Journal of the American Medical Association* 282, no. 9 (1999): 833–839.

Eskridge, William N., and John A. Ferejohn. *A Republic of Statutes: The New American Constitution.* New Haven, CT: Yale University Press, 2010.

Estlund, David. "Human Nature and the Limits (If Any) of Political Philosophy." *Philosophy & Public Affairs* 39, no. 3 (2011): 207–237.

Etzioni, Amitai. "Is Transparency the Best Disinfectant?" *Journal of Political Philosophy* 18, no. 4 (2010): 389–404.

Fassin, Didier, ed. *At the Heart of the State: The Moral World of Institutions.* London: Pluto Press, 2015.

———.ed. *A Companion to Moral Anthropology.* Oxford: Wiley Blackwell, 2012.

———.*La Force de l'Ordre: Une Anthropologie de la Police des Quartiers.* Paris: Seuil, 2011.

Fenno, Richard. "Observation, Context and Sequence in the Study of Politics." *American Political Science Review* 80, no. 1 (1986): 3–15.

Festinger, Leon. *A Theory of Cognitive Dissonance.* Evanston, IL: Row, Peterson, 1957.

Figley, Charles R. "Compassion Fatigue as Secondary Traumatic Stress Disorder: An Overview." In *Compassion Fatigue,* edited by Charles R. Figley, 1–20. New York: Routledge, 1995.

Finer, Herman. "Administrative Responsibility in Democratic Government." *Public Administration Review* 1, no. 4 (1941): 335–350.

Fiorina, Morris P. *Congress: Keystone of the Washington Establishment.* New Haven, CT: Yale University Press, 1977.

Fish, Stanley. *Is There a Text in This Class? The Authority of Interpretive Communities.* Cambridge, MA: Harvard University Press, 1980.

———."Working on the Chain Gang: Interpretation in the Law and in Literary Criticism." *Critical Inquiry* 9, no. 1 (1982): 201–216.

Foucault, Michel. *The Hermeneutics of the Subject: Lectures at the Collège de France, 1981–82.* Edited by Francois Ewald and Alessandro Fontana. New York: Palgrave Macmillan, 2005.

———.*The History of Sexuality, Vol. 2: The Use of Pleasure.* Translated by Robert Hurley. London: Penguin, 1990.

———.*L'Herméneutique du Sujet: Cours au Collège de France (1981–1982).* Edited by Frédéric Gros. Paris: Gallimard, 2001.

———.*Security, Territory, Population: Lectures at the Collège de France, 1977–78.* Translated by Graham Burchell. New York: Palgrave Macmillan, 2007.

———.*Technologies of the Self: A Seminar with Michel Foucault.* Amherst: University of Massachusetts Press, 1988.

Frankel, Mark S. "Professional Codes: Why, How, and with What Impact?" *Journal of Business Ethics* 8, no. 2/3 (1989): 109–115.

Frankfurt, Harry G. "Freedom of the Will and the Concept of a Person." *The Journal of Philosophy* 68, no. 1 (1971): 5–20.

Frazer, Michael L. *The Enlightenment of Sympathy: Justice and the Moral Sentiments in the Eighteenth Century and Today.* Oxford: Oxford University Press, 2010.

Fried, Charles. "Rights and Health Care: Beyond Equity and Efficiency." *The New England Journal of Medicine* 293, no. 5 (1975): 241–245.

Friedman, Lawrence Meir. *The Legal System: A Social Science Perspective.* New York: Russell Sage Foundation, 1975.

Friedrich, Carl. "Public Policy and the Nature of Administrative Responsibility." In *Public Policy,* edited by C. J. Friedrich and E. S. Mason, 3–24. Cambridge, MA: Harvard University Press, 1940.

Fyall, Rachel. "Nonprofits as Advocates and Providers: A Conceptual Framework." *Policy Studies Journal* (2016).

Gable, Shelly L., and Jonathan Haidt. "What (and Why) Is Positive Psychology?" *Review of General Psychology* 9, no. 2 (2005): 103–110.

Gailmard, Sean, and John W. Patty. "Formal Models of Bureaucracy." *Annual Review of Political Science* 15 (2012): 353–377.

———.*Learning While Governing: Expertise and Accountability in the Executive Branch.* Chicago: University of Chicago Press, 2013.

Galston, William. "Realism in Political Theory." *European Journal of Political Theory* 9, no. 4 (2010): 385–411. Geertz, Clifford. "Thick Description: Toward an Interpretive Theory of Culture." In *The Interpretation of Cultures,* 3–30. New York: Basic Books, 1973.

Gershon, Robyn R. M., Briana Barocas, Allison N. Canton, Li Xianbin, and David Vlahov. "Mental, Physical, and Behavioral Outcomes Associated with Perceived

Work Stress in Police Officers." *Criminal Justice and Behavior* 36, no. 3 (2009): 275–289.

Geuss, Raymond. *Philosophy and Real Politics.* Princeton, NJ: Princeton University Press, 2008.

Gibbons, Robert, and Rebecca Henderson. "What Do Mangers Do? Exploring Persistent Performance Differences among Seemingly Similar Enterprises." Havard Business School Working Paper, 2012.

Gino, Francesca, and Sreedhari D. Desai. "Memory Lane and Morality: How Childhood Memories Promote Prosocial Behavior." *Journal of Personality and Social Psychology* 102, no. 4 (2012): 743–758.

Glover, Jonathan. *Humanity: A Moral History of the Twentieth Century.* New Haven, CT: Yale University Press, 2000.

Goffman, Erving. *The Presentation of Self in Everyday Life.* Garden City, NY: Doubleday, 1959.

Goodin, Robert E. *Innovating Democracy.* Oxford: Oxford University Press, 2008.

———."Institutions and Their Design." In *The Theory of Institutional Design,* edited by Robert E. Goodin, 1–53. Cambridge: Cambridge University Press, 1996.

———.*Reasons for Welfare: The Political Theory of the Welfare State.* Princeton, NJ: Princeton University Press, 1988.

———.*Utilitarianism as a Public Philosophy.* Cambridge: Cambridge University Press, 1995.

Goodnow, Frank J. *Politics and Administration.* New York: Macmillan, 1900.

Goodsell, Charles T. *The Case for Bureaucracy: A Public Administration Polemic.* 4th ed. Washington, DC: CQ Press, 2004.

Graeber, David. "Dead Zones of the Imagination: On Violence, Bureaucracy, and Interpretive Labor." *HAU: Journal of Ethnographic Theory* 2, no. 2 (2012): 105–128.

Grant, Adam, and Jane Dutton. "Beneficiary or Benefactor: Are People More Prosocial When They Reflect on Receiving or Giving?" *Psychological Science* 23, no. 9 (2012): 1033–1039.

Gregory, Robert. "Accountability in Modern Government." In *The Handbook of Public Administration,* edited by B. Guy Peters and Jon Pierre. London: Sage Publications, 2003.

Gutmann, Amy, and Dennis F. Thompson. *Democracy and Disagreement.* Cambridge, MA: Harvard University Press, 1996.

Guy, Mary E., Meredith A. Newman, and Sharon H. Mastracci. *Emotional Labor: Putting the Service in Public Service.* Armonk, NY: M. E. Sharpe, 2008.

Hadot, Pierre. *Exercices Spirituels et Philosophie Antique.* Paris: Etudes

Augustiniennes, 1981.
———.*La Philosophie Comme Manière de Vivre.* Edited by Jeannie Carlier and Arnold Ira Davidson. Paris: Albin Michel, 2001.
———.*Qu'est-Ce Que la Philosophie Antique?* Paris: Gallimard, 1995.
Haidt, Jonathan. "The Emotional Dog and Its Rational Tail: A Social Intuitionist Approach to Moral Judgment." *Psychological Review* 108, no. 4 (2001): 814–834.
Handler, Joel F. *Protecting the Social Service Client: Legal and Structural Controls on Official Discretion.* New York: Academic Press, 1979.
Haney, Lynne. "Homeboys, Babies, Men in Suits: The State and the Reproduction of Male Dominance." *American Sociological Review* 61, no. 5 (1996): 759–778.
Hardimon, Michael O. "Role Obligations." *The Journal of Philosophy* 91, no. 7 (1994): 333–363.
Harman, Gilbert. "Moral Philosophy Meets Social Psychology: Virtue Ethics and the Fundamental Attribution Error." *Proceedings of the Aristotelian Society* 99 (1999): 315–331.
Hart, H. L. A. *The Concept of Law.* 2nd ed. Oxford: Oxford University Press, 1994.
Hasenfeld, Yeheskel. "People Processing Organizations: An Exchange Approach." *American Sociological Review* 37, no. 3 (1972): 256–263.
Hasenfeld, Yeheskel, Jane A. Rafferty, and Mayer N. Zald. "The Welfare State, Citizenship, and Bureaucratic Encounters." *Annual Review of Sociology* 13 (1987): 387–415.
Hayek, Friedrich A. von. *The Constitution of Liberty.* Chicago: University of Chicago Press, 1960.
Hayward, Clarissa Rile. *De-facing Power.* Cambridge: Cambridge University Press, 2000.
Heath, Joseph. "A General Framework for the Ethics of Public Administration." Unpublished manuscript (2014).
Heclo, Hugh. "Issue Networks and the Executive Establishment." In *The New American Political System,* edited by Anthony King, 87–124. Washington, DC: American Enterprise Institute, 1978.
Hegel, Georg Wilhelm Friedrich. *Hegel on Tragedy.* New York: Harper & Row, 1975.
Herzfeld, Michael. *The Social Production of Indifference: Exploring the Symbolic Roots of Western Bureaucracy.* Chicago: University of Chicago Press, 1992.
Herzog, Lisa, and Bernardo Zacka. "Fieldwork in Political Theory: Five Arguments for an Ethnographic Sensibility." *British Journal of Political Science* (Forthcoming).
Heyes, Cressida J. "Foucault Goes to Weight-Watchers (Redux)." Chapter 3 in *Self-*

Transformations: Foucault, Ethics, and Normalized Bodies, 64–88. New York: Oxford University Press, 2007.

Hilberg, Raul. *The Destruction of the European Jews.* Chicago: Quadrangle Books, 1961.

Hinton, Timothy. "Must Egalitarians Choose between Fairness and Respect?" *Philosophy & Public Affairs* 30, no. 1 (2001): 72–87.

Hirschman, Albert O. *Exit, Voice, and Loyalty: Responses to Decline in Firms, Organizations, and States.* Cambridge, MA: Harvard University Press, 1970.

Hochschild, Arlie Russell. *The Managed Heart: Commercialization of Human Feeling.* Berkeley: University of California Press, 1983.

Hofstadter, Douglas R. "Analogy as the Core of Cognition." Stanford Presidential Lectures in Humanities and Arts, Palo Alto, CA, 2006. https://prelectur.stanford.edu/lecturers/hofstadter/analogy.html,accessed March 15, 2017.

———.*Fluid Concepts & Creative Analogies: Computer Models of the Fundamental Mechanisms of Thought.* New York: Basic Books, 1995.

Huber, John D., and Charles R. Shipan. *Deliberate Discretion? The Institutional Foundations of Bureaucratic Autonomy.* New York: Cambridge University Press, 2002.

Hughes, Everett C. "Mistakes at Work." *The Canadian Journal of Economics and Political Science* 17, no. 3 (1951): 320–327.

Hull, Matthew S. *Government of Paper: The Materiality of Bureaucracy in Urban Pakistan* Berkeley: University of California Press, 2012.

Hummel, Ralph P. *The Bureaucratic Experience: A Critique of Life in the Modern Organization.* 4th ed. New York: St. Martin's Press, 1994.

Hupe, Peter, and Michael Hill. "Street-Level Bureaucracy and Public Accountability." *Public Administration* 85, no. 2 (2007): 279–299.

Hupe, Peter, Michael Hill, and Aurélien Buffat, eds. *Understanding Street-Level Bureaucracy.* Bristol: Policy Press, 2016.

Irving, Julie Anne, Patricia L. Dobkin, and Jeeseon Park. "Cultivating Mindfulness in Health Care Professionals: A Review of Empirical Studies of Mindfulness-Based Stress Reduction (MBSR)." *Complementary Therapies in Clinical Practice* 15, no. 2 (2009): 61–66.

Jackall, Robert. *Moral Mazes: The World of Corporate Managers.* New York: Oxford University Press, 1989.

Janis, Irving L. *Groupthink: Psychological Studies of Policy Decisions and Fiascoes.* 2nd ed. Boston: Houghton Mifflin, 1982.

Jensen, Michael C., and William H. Meckling. "Theory of the Firm: Managerial Behavior, Agency Costs and Ownership Structure." *Journal of Financial*

Economics 3, no. 4 (1976): 305–360.

Johnson, William. "Confessions of a 'Bad' Teacher." *The New York Times,* March 3, 2012.

Johnston, Jocelyn M., and Barbara S. Romzek. "The Promises, Performance, and Pitfalls of Government Contracting." In *The Oxford Handbook of American Bureaucracy,* edited by Robert F. Durant, 396–420. Oxford: Oxford University Press, 2010.

Jonsen, Albert R., and Stephen E. Toulmin. *The Abuse of Casuistry.* Berkeley: University of California Press, 1988.

Kafka, Ben. *The Demon of Writing: Powers and Failures of Paperwork.* New York: Zone Books, 2012.

Kalberg, Stephen. "Max Weber's Types of Rationality." *American Journal of Sociology* 85, no. 5 (1980): 1145–1179.

Kamtekar, Rachana. "Situationism and Virtue Ethics on the Content of Our Character." *Ethics* 114, no. 3 (2004): 458–491.

Kant, Immanuel. "Perpetual Peace: A Philosophical Sketch." In *Kant: Political Writings,* edited by H. S. Reiss. New York: Cambridge University Press, 1991.

Kanter, Rosabeth Moss. *Men and Women of the Corporation.* New York: Basic Books, 1977.

Kanter, Rosabeth Moss, and Barry Stein, eds. *Life in Organizations: Workplaces as People Experience Them.* New York: Basic Books, 1979.

Kantorowicz, Ernst H. *The King's Two Bodies: A Study in Mediaeval Political Theology.* Princeton, NJ: Princeton University Press, 1997.

Kaufman, Herbert. *The Forest Ranger: A Study in Administrative Behavior.* Baltimore: Resources for the Future, 1960.

Keiser, Lael R., Vicky M. Wilkins, Kenneth J. Meier, and Catherine A. Holland. "Lipstick and Logarithms: Gender, Institutional Context, and Representative Bureaucracy." *American Political Science Review* 96, no. 3 (2002): 553–564.

Kelling, George L., and James Q. Wilson. "Broken Windows: The Police and Neighborhood Safety." *The Atlantic Monthly,* March 1982.

Kelman, Herbert C. "Violence without Moral Restraint: Reflections on the Dehumanization of Victims and Victimizers." *Journal of Social Issues* 29, no. 4 (1973): 25–61.

Ker Muir, William. *Police: Streetcorner Politicians.* Chicago: University of Chicago Press, 1977.

Konrád, George. *The Case Worker.* Translated by Paul Aston. New York: Penguin, 1987.

Kop, Nicolien, Martin Euwema, and Wilmar Schaufeli. "Burnout, Job Stress and

Violent Behavior among Dutch Police Officers." *Work & Stress: An International Journal of Work, Health & Organisations* 13, no. 4 (1999): 326–340.

Kunda, Gideon. *Engineering Culture: Control and Commitment in a High-Tech Corporation.* Philadelphia: Temple University Press, 1992.

Kunda, Ziva. "The Case for Motivated Reasoning." *Psychological Bulletin* 108, no. 3 (1990): 480–498.

Laidlaw, James. *The Subject of Virtue: An Anthropology of Ethics and Freedom.* New York: Cambridge University Press, 2014.

Lakoff, George. *Women, Fire, and Dangerous Things: What Categories Reveal about the Mind.* Chicago: University of Chicago Press, 1987.

Lambek, Michael, ed. *Ordinary Ethics: Anthropology, Language, and Action.* New York: Fordham University Press, 2010.

Lascoumes, Pierre. "Normes Juridiques et Mise en Oeuvre des Politiques Publiques." *L'Année Sociologique* 40, no. 3 (1990): 43–71.

Latané, Bibb, and Martin J. Bourgeois. "Dynamic Social Impact and the Consolidation, Clustering, Correlation, and Continuing Diversity of Culture." In *Blackwell Handbook of Social Psychology: Group Processes,* edited by Michael A. Hogg and R. Scott Tindale, 235–258. Malden, MA: Blackwell Publishers, 2003.

Lear, Jonathan. *Radical Hope: Ethics in the Face of Cultural Devastation.* Cambridge, MA: Harvard University Press, 2006.

Lee, Sophia Z. *The Workplace Constitution from the New Deal to the New Right.* New York: Cambridge University Press, 2014.

Lerner, Jennifer S., and Philip E. Tetlock. "Accounting for the Effects of Accountability." *Psychological Bulletin* 125, no. 2 (1999): 255–275.

Lessig, Lawrence. " 'Institutional Corruption' Defined." *The Journal of Law, Medicine & Ethics* 41, no. 3 (2013): 553–555.

Levinson, Meira. "Moral Injury and the Ethics of Educational Injustice." *Harvard Educational Review* 85, no. 2 (2015): 203–228.

———.*No Citizen Left Behind.* Cambridge, MA: Harvard University Press, 2012.
Lifton, Robert Jay. *The Nazi Doctors: Medical Killing and the Psychology of Genocide.* New York: Basic Books, 1986.

Liker, Jeffrey K. *The Toyota Way: 14 Management Principles from the World's Greatest Manufacturer.* New York: McGraw-Hill, 2004.

Lindblom, Charles E. "The Science of 'Muddling Through.' " *Public Administration Review* 19, no. 2 (1959): 79–88.

Linder, Darwyn E., Joel Cooper, and Edward E. Jones. "Decision Freedom as a Determinant of the Role of Incentive Magnitude in Attitude Change." *Journal of Personality and Social Psychology* 6, no. 3 (1967): 245–254.

Lindhorst, Taryn, and Julianna D. Padgett. "Disjunctures for Women and Frontline Workers: Implementation of the Family Violence Option." *Social Service Review* 79, no. 3 (2005): 405–429.

Lipsky, Michael. *Street-Level Bureaucracy: Dilemmas of the Individual in Public Services.* 30th anniversary expanded edition. New York: Russell Sage Foundation, 2010.

Lloyd, Chris, Robert King, and Lesley Chenoweth. "Social Work, Stress and Burnout: A Review." *Journal of Mental Health* 11, no. 3 (2002): 255–265.

London Policing Ethics Panel. "Ethical Challenges of Policing London." 2014.

Lovett, Frank. *A General Theory of Domination and Justice.* New York: Oxford University Press, 2010.

Lowi, Theodore J. *The End of Liberalism: The Second Republic of the United States.* 2nd ed. New York: Norton, 1979.

Luban, David. *Lawyers and Justice: An Ethical Study.* Princeton, NJ: Princeton University Press, 1988.

———."The Publicity Principle." In *The Theory of Institutional Design,* edited by Robert E. Goodin, 154–198. Cambridge: Cambridge University Press, 1996.

Machiavelli, Niccolo. *Discourses on Livy.* Translated by Harvey C. Mansfield and Nathan Tarcov. Chicago: University of Chicago Press, 1995.

———.*The Prince.* Translated by Harvey C. Mansfield. Chicago: University of Chicago Press, 1998.

MacIntyre, Alasdair. *After Virtue.* 2nd ed. Notre Dame, IN: University of Notre Dame Press, 1984.

Mansbridge, Jane. *Beyond Adversary Democracy.* Chicago: University of Chicago Press, 1983.

Mansfield, Harvey C., Jr. "On the Impersonality of the Modern State: A Comment on Machiavelli's Use of *Stato*." *The American Political Science Review* 77, no. 4 (1983): 849–857.

March, James G. *A Primer on Decision Making: How Decisions Happen.* New York: Free Press, 1994.

March, James G., and Johan P. Olsen. "The Logic of Appropriateness." In *The Oxford Handbook of Public Policy,* edited by Michael Moran, Martin Rein, and Robert E. Goodin, 689–708. Oxford: Oxford University Press, 2006.

Marcus, George E., and Michael M. J. Fischer. *Anthropology as Cultural Critique: An Experimental Moment in the Human Sciences.* Princeton, NJ: Princeton University Press, 1986.

Mashaw, Jerry L. *Bureaucratic Justice: Managing Social Security Disability Claims.* New Haven, CT: Yale University Press, 1983.

———.*Creating the Administrative Constitution: The Lost One Hundred Years of American Administrative Law.* New Haven, CT: Yale University Press, 2012.

Mathieu, Françoise. *The Compassion Fatigue Workbook.* New York: Routledge, 2011.

Maynard-Moody, Steven, and Michael Musheno. *Cops, Teachers, Counselors: Stories from the Front Lines of Public Service.* Ann Arbor: University of Michigan Press, 2003.

Maynard-Moody, Steven, and Shannon Portillo. "Street-Level Bureaucracy Theory." In *The Oxford Handbook of American Bureaucracy,* edited by Robert F. Durant. Oxford: Oxford University Press, 2010.

Mayo, Elton. *The Human Problems of an Industrial Civilization.* New York: Macmillan, 1933.

McCubbins, Mathew D., Roger G. Noll, and Barry R. Weingast. "Administrative Procedures as Instruments of Political Control." *Journal of Law, Economics, and Organization* 3, no. 2 (1987): 243–277.

McCubbins, Mathew D., and Thomas Schwartz. "Congressional Oversight Overlooked: Police Patrols versus Fire Alarms." *American Journal of Political Science* 28, no. 1 (1984): 165–179.

McDowell, John. "Virtue and Reason." *The Monist* 62, no. 3 (1979): 331–350. Meier, Kenneth J., and Laurence J. O'Toole. *Bureaucracy in a Democratic State: A Governance Perspective.* Baltimore: Johns Hopkins University Press, 2006.

Meier, Kenneth J., Robert D. Wrinkle, and J. L. Polinard. "Representative Bureaucracy and Distributional Equity: Addressing the Hard Question." *The Journal of Politics* 61, no. 4 (1999): 1025–1039.

Mendelberg, Tali. "The Deliberative Citizen: Theory and Evidence." In *Political Decision Making, Deliberation and Participation: Research in Micropolitics,* vol. 6, edited by Michael X. Dellini Carpini, Leonie Huddy, and Robert Y. Shapiro, 151–193. Greenwich, CT: JAI Press, 2002.

Merritt, Maria. "Virtue Ethics and Situationist Personality Psychology." *Ethical Theory and Moral Practice* 3, no. 4 (2000): 365–383.

Merton, Robert K. "Bureaucratic Structure and Personality." *Social Forces* 18, no. 4 (1940): 560–568.

Messick, David M., and Max H. Bazerman. "Ethical Leadership and the Psychology of Decision Making." *Sloan Management Review* 37, no. 2 (1996): 9–22.

Mettler, Suzanne, and Joe Soss. "The Consequences of Public Policy for Democratic Citizenship: Bridging Policy Studies and Mass Politics." *Perspectives on Politics* 2, no. 1 (2004): 55–73.

Metzger, Gillian E. "Administrative Constitutionalism." *Texas Law Review* 91 (2013): 1897.

Meyer, John W., and Brian Rowan. "Institutionalized Organizations: Formal Structure as Myth and Ceremony." *The American Journal of Sociology* 83, no. 2 (1977): 340–363.

Michels, Robert. *Political Parties: A Sociological Study of the Oligarchical Tendencies of Modern Democracy.* Glencoe, IL: Free Press, 1949.

Milgram, Stanley. *Obedience to Authority: An Experimental View.* New York: Harper Perennial, 2004.

Mill, John Stuart. *On Liberty.* New Haven, CT: Yale University Press, 2003.

Milliken, Frances J., Elizabeth W. Morrison, and Patricia F. Hewlin. "An Exploratory Study of Employee Silence: Issues That Employees Don't Communicate Upward and Why." *Journal of Management Studies* 40, no. 6 (2003): 1453–1476.

Mills, C. Wright. *The Power Elite.* New York: Oxford University Press, 1956.

Mintzberg, Henry, and Alexandra McHugh. "Strategy Formation in an Adhocracy." *Administrative Science Quarterly* 30, no. 2 (1985): 160–197.

Moe, Terry M. "Delegation, Control, and the Study of Public Bureaucracy." *The Forum* 10, no. 2 (2012).

———."The New Economics of Organization." *American Journal of Political Science* 28, no. 4 (1984): 739–777.

Moller, Marie Ostergaard, and Deborah Stone. "Disciplining Disability under Danish Active Labour Market Policy." *Social Policy & Administration* 47, no. 5 (2013): 586–604.

Monin, Benoit, and Alexander H. Jordan. "The Dynamic Moral Self: A Social Psychological Perspective." In *Moral Self, Identity and Character: Explorations in Moral Psychology,* edited by Darcia Narvaez and Daniel K. Lapsley. Cambridge: Cambridge University Press, 2009.

Mor Barak, Michal E., Jan A. Nissly, and Amy Levin. "Antecedents to Retention and Turnover among Child Welfare, Social Work, and Other Human Service Employees: What Can We Learn from Past Research? A Review and Metanalysis." *Social Service Review* 75, no. 4 (2001): 625–661.

Morgen, Sandra. "The Agency of Welfare Workers: Negotiating Devolution, Privatization, and the Meaning of Self-Sufficiency." *American Anthropologist* 103, no. 3 (2001): 747–761.

Moscovici, Serge. *Social Influence and Social Change.* New York: Academic Press, 1976.

———."Toward a Theory of Conversion Behavior." *Advances in Experimental Social Psychology* 13 (1980): 209–239.

Moscovici, Serge, and Marisa Zavalloni. "The Group as a Polarizer of Attitudes." *Journal of Personality and Social Psychology* 12, no. 2 (1969): 125–135.

Müller, Ingo. *Hitler's Justice: The Courts of the Third Reich.* Cambridge, MA: Harvard University Press, 1991.

Na'aman, Oded. "The Checkpoint: Terror, Power, and Cruelty." *Boston Review* 37, no. 4 (2012): 38–45.

Nickerson, Raymond S. "Confirmation Bias: A Ubiquitous Phenomenon in Many Guises." *Review of General Psychology* 2, no. 2 (1998): 175–220.

Niskanen, William A. *Bureaucracy and Representative Government.* Chicago: Aldine, Atherton, 1971.

Nussbaum, Martha. "The Costs of Tragedy: Some Moral Limits of Cost–Benefit Analysis." *The Journal of Legal Studies* 29, no. S2 (2000): 1005–1036.

———."The Discernment of Perception: An Aristotelian Conception of Private and Public Rationality." In *Love's Knowledge: Essays on Philosophy and Literature,* 54–105. New York: Oxford University Press, 1990.

Nussbaum, Martha C. "Virtue Ethics: A Misleading Category?" *The Journal of Ethics* 3, no. 3 (1999): 163–201.

Oberfield, Zachary W. *Becoming Bureaucrats: Socialization at the Front Lines of Government Service.* Philadelphia: University of Pennsylvania Press, 2014.

Ohno, Taiichi. *Toyota Production System: Beyond Large-Scale Production.* Cambridge, MA: Productivity Press, 1988.

Ouchi, William G. "Markets, Bureaucracies, and Clans." *Administrative Science Quarterly* 25, no. 1 (1980): 129–141.

———.*Theory Z: How American Business Can Meet the Japanese Challenge.* Reading, MA: Addison-Wesley, 1981.

Pader, Ellen. "Seeing with an Ethnographic Sensibility." In *Interpretation and Method,* edited by Dvora Yanow and Peregrine Schwartz-Shea, 161–175. Armonk, NY: M. E. Sharpe, 2006.

Pascal, Blaise. *The Provincial Letters.* Harmondsworth, UK: Penguin, 1967.

Patty, John W., and Elizabeth Maggie Penn. *Social Choice and Legitimacy: The Possibilities of Impossibility.* New York: Cambridge University Press, 2014.

Pennebaker, James W. "Writing about Emotional Experiences as a Therapeutic Process." *Psychological Science* 8, no. 3 (1997): 162–166.

Perry, James L., Annie Hondeghem, and Lois Recascino Wise. "Revisiting the Motivational Bases of Public Service: Twenty Years of Research and an Agenda for the Future." *Public Administration Review* 70, no. 5 (2010): 681–690.

Pettit, Philip. *Republicanism: A Theory of Freedom and Government.* Oxford: Oxford University Press, 1997.

Philp, Mark. "Delimiting Democratic Accountability." *Political Studies* 57, no. 1 (2009): 28–53.

Piore, Michael J. "Beyond Markets: Sociology, Street-Level Bureaucracy, and the Management of the Public Sector." *Regulation & Governance* 5, no. 1 (2011): 145–164.

Piore, Michael J., and Andrew Schrank. "Toward Managed Flexibility: The Revival of Labour Inspection in the Latin World." *International Labour Review* 147, no. 1–23 (2008).

Piven, Frances Fox, and Richard A. Cloward. *Regulating the Poor: The Functions of Public Welfare.* New York: Pantheon Books, 1971.

Polanyi, Michael. *Personal Knowledge: Towards a Post-Critical Philosophy.* London: Routledge, 1958.

Posner, Richard A. *How Judges Think.* Cambridge, MA: Harvard University Press, 2008.

Pressman, Jeffrey L., and Aaron Wildavsky. *Implementation: How Great Expectations in Washington Are Dashed in Oakland.* 2nd ed. Berkeley: University of California Press, 1979.

Prottas, Jeffrey. *People Processing: The Street-Level Bureaucrat in Public Service Bureaucracies.* Lexington, MA: Lexington Books, 1979.

———."The Power of the Street-Level Bureaucrat in Public Service Agencies." *Urban Affairs Quarterly* 13, no. 3 (1978): 285–312.

Raventós, Daniel. *Basic Income: The Material Conditions of Freedom.* London: Pluto Press, 2007.

Raz, Joseph. "Legal Principles and the Limits of Law." *The Yale Law Journal* 81, no. 5 (1972): 823–854.

———.*The Morality of Freedom.* Oxford: Oxford University Press, 1986.

———."Reasons for Action, Decisions and Norms." *Mind* 84, no. 336 (1975): 481–499.

Rhodes, R. A. W. "The New Governance: Governing without Government." *Political Studies* 44, no. 4 (1996): 652–667.

Rizzo, John R., Robert J. House, and Sidney I. Lirtzman. "Role Conflict and Ambiguity in Complex Organizations." *Administrative Science Quarterly* 15, no. 2 (1970): 150–163.

Roethlisberger, Fritz, and William Dickson. *Management and the Worker: An Account of a Research Program Conducted by the Western Electric Company, Hawthorne Works, Chicago.* Cambridge, MA: Harvard University Press, 1939.

Rohr, John A. *To Run a Constitution: The Legitimacy of the Administrative State.* Lawrence: University Press of Kansas, 1986.

Romzek, Barbara S., and Melvin J. Dubnick. "Accountability in the Public Sector: Lessons from the Challenger Tragedy." *Public Administration Review* 47, no. 3

(1987): 227–238.

Rosanvallon, Pierre. *Democratic Legitimacy: Impartiality, Reflexivity, Proximity.* Translated by Arthur Goldhammer. Princeton, NJ: Princeton University Press, 2011.

Rosen, Michael. *On Voluntary Servitude: False Consciousness and the Theory of Ideology.* Cambridge, MA: Harvard University Press, 1996.

Rosenthal, Patrice, and Riccardo Peccei. "The Social Construction of Clients by Service Agents in Reformed Welfare Administration." *Human Relations* 59, no. 12 (2006): 1633–1658.

Ross, Lee, and Richard E. Nisbett. *The Person and the Situation: Perspectives of Social Psychology.* New York: McGraw-Hill, 1991.

Rothstein, Bo. "Creating Political Legitimacy: Electoral Democracy versus Quality of Government." *American Behavioral Scientist* 53, no. 3 (2009): 311–330.

———.*The Quality of Government: Corruption, Social Trust, and Inequality in International Perspective.* Chicago: University of Chicago Press, 2011.

Rothstein, Bo, and Jan Teorell. "What Is Quality of Government? A Theory of Impartial Government Institutions." *Governance* 21, no. 2 (2008): 165–190.

Rousseau, Jean-Jacques. *Confessions.* Translated by J. M. Cohen. Harmondsworth, UK: Penguin, 1953.

Rubenstein, Jennifer C. *Between Samaritans and States: The Political Ethics of Humanitarian INGOs.* Oxford: Oxford University Press, 2015.

Rugge, Fabio. "Administrative Traditions in Western Europe." In *The Handbook of Public Administration,* edited by B. Guy Peters and Jon Pierre, 113–127. London: Sage Publications, 2003.

Runciman, David. "What Is Realistic Political Philosophy?" *Metaphilosophy* 43, no. 1–2 (2012): 58–70.

Sabel, Charles. "Rethinking the Street-Level Bureaucrat: Tacit and Deliberate Ways Organizations Can Learn." In *Economy in Society: Essays in Honor of Michael J. Piore,* edited by Paul Osterman, 113–142. Cambridge, MA: MIT Press, 2013.

Sabl, Andrew. *Ruling Passions: Political Offices and Democratic Ethics.* Princeton, NJ: Princeton University Press, 2002.

———."When Bad Things Happen from Good People (and Vice-Versa): Hume's Political Ethics of Revolution." *Polity* 35, no. 1 (2002): 73–92.

Salamon, Lester M. *Partners in Public Service: Government–Nonprofit Relations in the Modern Welfare State.* Baltimore, MD: Johns Hopkins University Press, 1995.

Scharpf, Fritz Wilhelm. *Governing in Europe: Effective and Democratic?* Oxford: Oxford University Press, 1999.

Schaufeli, Wilmar B., Michael P. Leiter, and Christina Maslach. "Burnout: 35 Years of Research and Practice." *Career Development International* 14, no. 3 (2009): 204–220.

Scheffler, Samuel. "What Is Egalitarianism?" *Philosophy & Public Affairs* 31, no. 1 (2003): 5–39.

Schein, Edgar H. *Organizational Culture and Leadership.* 4th ed. San Francisco: Jossey-Bass, 2010.

Schulz-Hardt, Stefan, Dieter Frey, Carsten Lüthgens, and Serge Moscovici. "Biased Information Search in Group Decision Making." *Journal of Personality and Social Psychology* 78, no. 4 (2000): 655–669.

Scott, James C. *Seeing Like a State: How Certain Schemes to Improve the Human Condition Have Failed.* New Haven, CT: Yale University Press, 1998.

———.*Two Cheers for Anarchism: Six Easy Pieces on Autonomy, Dignity, and Meaningful Work and Play.* Princeton, NJ: Princeton University Press, 2012.

Scott, W. Richard. *Organizations: Rational, Natural, and Open Systems.* 5th ed. Upper Saddle River, NJ: Prentice Hall, 2003.

Selden, Sally Coleman. *The Promise of Representative Bureaucracy: Diversity and Responsiveness in a Government Agency.* Armonk, NY: M. E. Sharpe, 1997.

Seligman, Martin E. P., and Mihaly Csikszentmihalyi. "Positive Psychology: An Introduction." *American Psychologist* 55, no. 1 (2000): 5–14.

Selznick, Philip. *TVA and the Grass Roots: A Study in the Sociology of Formal Organization.* Berkeley: University of California Press, 1949.

Sen, Amartya. *The Idea of Justice.* Cambridge, MA: Harvard University Press, 2009.

Shapiro, Scott J. "The 'Hart-Dworkin' Debate: A Short Guide for the Perplexed." In *Ronald Dworkin,* edited by Arthur Ripstein, 22–55. Cambridge: Cambridge University Press, 2007.

Sharma, Aradhana, and Akhil Gupta. "Introduction: Rethinking Theories of the State in an Age of Globalization." In *The Anthropology of the State: A Reader,* edited by Aradhana Sharma and Akhil Gupta, 1–42. Oxford: Blackwell, 2006.

Shaw, Carl K. Y. "Hegel's Theory of Modern Bureaucracy." *The American Political Science Review* 86, no. 2 (1992): 381–389.

Shepsle, Kenneth A. "The Strategy of Ambiguity: Uncertainty and Electoral Competition." *The American Political Science Review* 66, no. 2 (1972): 555–568.

Sherman, David K., and Geoffrey L. Cohen. "The Psychology of Self-Defense: Self-Affirmation Theory." In *Advances in Experimental Social Psychology,* Vol. 38, edited by Mark Zanna, 183–242. San Diego, CA: Academic Press, 2006.

Silbey, Susan, Ruthanne Huising, and Salo Vinocur Coslovsky. "The 'Sociological Citizen': Relational Interdependence in Law and Organizations." *L'Année Sociologique* 59, no. 1 (2009): 201–229.

Silver, Lauren J. "Spaces of Encounter: Public Bureaucracy and the Making of Client Identities." *Ethos* 38, no. 3 (2010): 275–296.

Simon, Herbert. *Administrative Behavior.* 3rd ed. New York: Free Press, 1976.

Skinner, Quentin. "The State." In *Political Innovation and Conceptual Change,* edited by Terence Ball, James Farr, and Russell L. Hanson, 90–131. Cambridge: Cambridge University Press, 1989.

Skovholt, Thomas M., and Michelle Trotter-Mathison. *The Resilient Practitioner: Burnout Prevention and Self-Care Strategies for Counselors, Therapists, Teachers, and Health Professionals.* New York: Routledge, 2010.

Sleat, Matt. "Realism, Liberalism and Non-Ideal Theory or, Are There Two Ways to Do Realistic Political Theory?" *Political Studies* 64, no. 1 (2016): 27–41.

Slevin, Peter. "Arizona Law on Immigration Puts Police in Tight Spot." *The Washington Post,* April 30, 2010.

Smith, Steven Rathgeb, and Michael Lipsky. *Nonprofits for Hire: The Welfare State in the Age of Contracting.* Cambridge, MA: Harvard University Press, 1993.

Soss, Joe, Richard C. Fording, and Sanford Schram. *Disciplining the Poor: Neoliberal Paternalism and the Persistent Power of Race.* Chicago: University of Chicago Press, 2011.

Spire, Alexis. *Accueillir ou Reconduire: Enquête sur les Guichets de l'Immigration.* Paris: Raisons d'Agir, 2008.

Stasser, Garold, and William Titus. "Pooling of Unshared Information in Group Decision Making: Biased Information Sampling During Discussion." *Journal of Personality and Social Psychology* 48, no. 6 (1985): 1467–1478.

Steele, Claude. "The Psychology of Self-Affirmation: Sustaining the Integrity of the Self." In *Advances in Experimental Social Psychology,* edited by Leonard Berkowitz, 261–302. San Diego, CA: Academic Press, 1988.

Steele, Claude M., and Thomas J. Liu. "Dissonance Processes as Self-Affirmation." *Journal of Personality and Social Psychology* 45, no. 1 (1983): 5–19.

Stivers, Camilla. "The Listening Bureaucrat: Responsiveness in Public Administration." *Public Administration Review* 54, no. 4 (1994): 364–369.

Stocker, Michael. "How Emotions Reveal Value and Help Cure the Schizophrenia of Modern Ethical Theory." In *How Should One Live? Essays on the Virtues,* edited by Roger Crisp, 231–254. Oxford: Oxford University Press, 1998.

Sunshine, Jason, and Tom R. Tyler. "The Role of Procedural Justice and Legitimacy in Shaping Public Support for Policing." *Law & Society Review* 37, no. 3 (2003): 513–548.

Sunstein, Cass R. *Legal Reasoning and Political Conflict.* New York: Oxford University Press, 1996.

Swidler, Ann. "Culture in Action: Symbols and Strategies." *American Sociological Review* 51, no. 2 (1986): 273–286.

Szaniszlo, Marie. "Mass. Pike Toll Collector Reflects on His Last Shift." *Boston Herald,* October 30, 2016.

Taylor, Charles. "To Follow a Rule." In *Bourdieu: Critical Perspectives,* edited by Craig Calhoun, Edward LiPuma, and Moishe Postone, 45–60. Cambridge, UK: Polity Press, 1993.

Tenbrunsel, Ann E., and Kristin Smith-Crowe. "Ethical Decision Making: Where We've Been and Where We're Going." *The Academy of Management Annals* 2, no. 1 (2008).

Tetlock, Philip E. "Accountability and the Perseverance of First Impressions." *Social Psychology Quarterly* 46, no. 4 (1983): 285–292.

Thomas, John Clayton, and Gregory Streib. "The New Face of Government: Citizen-Initiated Contacts in the Era of E-Government." *Journal of Public Administration Research and Theory* 13, no. 1 (2003): 83–102.

Thompson, Dennis F. *Ethics in Congress: From Individual to Institutional Corruption.* Washington, DC: Brookings Institutions, 1995.

———."Moral Responsibility of Public Officials: The Problem of Many Hands." *The American Political Science Review* 74, no. 4 (1980): 905–916.

———.*Political Ethics and Public Office.* Cambridge, MA: Harvard University Press, 1987.

———.*Restoring Responsibility: Ethics in Government, Business, and Healthcare.* Cambridge: Cambridge University Press, 2005.

Thomson, Judith Jarvis. "The Trolley Problem." *The Yale Law Journal* 94, no. 6 (1985): 1395–1415.

Tyler, Tom R. "Enhancing Police Legitimacy." *The Annals of the American Academy of Political and Social Science* 593, no. 1 (2004): 84–99.

———.*Why People Obey the Law.* Princeton, NJ: Princeton University Press, 2006.

Vaisey, Stephen. "Motivation and Justification: A Dual Process Model of Culture in Action." *American Journal of Sociology* 114, no. 6 (2009): 1675–1715.

Van Maanen, John. "The Asshole." In *Policing: A View from the Street,* edited by Peter K. Manning and John Van Maanen, 307–328. New York: Random House, 1978.

Van Maanen, John, and Edgar H. Schein. "Toward a Theory of Organizational Socialization." In *Research in Organizational Behavior,* vol. 1, edited by Barry M. Staw and Larry L. Cummings, 209–264. Greenwich, CT: JAI Press, 1979.

Van Sell, Mary, Arthur P. Brief, and Randall S. Schuler. "Role Conflict and Role Ambiguity: Integration of the Literature and Directions for Future Research."

Human Relations 34, no. 1 (1981): 43–71.
Vermeule, Adrian. *Mechanisms of Democracy: Institutional Design Writ Small.* New York: Oxford University Press, 2007.
Von Mises, Ludwig. *Bureaucracy.* New Haven, CT: Yale University Press, 1944.
Wacquant, Loic. *Punishing the Poor: The Neoliberal Government of Social Insecurity.* Durham, NC: Duke University Press, 2009.
Walker, Samuel, and Charles M. Katz. *The Police in America.* 4th ed. New York: McGraw-Hill, 2002.
Wallace, David Foster. *The Pale King.* New York: Little, Brown, 2011.
Walzer, Michael. "Political Action: The Problem of Dirty Hands." *Philosophy & Public Affairs* 2, no. 2 (1973): 160–180.
———.*Spheres of Justice: A Defense of Pluralism and Equality.* New York: Basic Books, 1983.
Wamsley, Gary L., Robert Bacher, Charles T. Goodsell, Philip Kronenberg, John Rohr, Camilla Stivers, Orion White, and James Wolf, eds. *Refounding Public Administration.* Newbury Park, CA: Sage Publications, 1990.
Watkins-Hayes, Celeste. *The New Welfare Bureaucrats: Entanglements of Race, Class, and Policy Reform.* Chicago: University of Chicago Press, 2009.
Weber, Max. "Bureaucracy." In *From Max Weber: Essays in Sociology,* edited by Hans Heinrich Gerth and C. Wright Mills, 196–244. New York: Oxford University Press, 1979.
———."Politics as Vocation." In *From Max Weber: Essays in Sociology,* edited by Hans Heinrich Gerth and C. Wright Mills, 77–128. New York: Oxford University Press, 1979.
Weick, Karl E. *Sensemaking in Organizations.* Thousand Oaks, CA: Sage Publications, 1995.
———.*The Social Psychology of Organizing.* Reading, MA: Addison-Wesley, 1969.
Weil, Eric. *Philosophie Politique.* Paris: Vrin, 1956.
West, Darrell M. "E-Government and the Transformation of Service Delivery and Citizen Attitudes." *Public Administration Review* 64, no. 1 (2004): 15–27.
Whyte, William. *The Organization Man.* New York: Simon & Schuster, 1956.
Williams, Bernard. "Conflicts of Value." In *Moral Luck: Philosophical Papers, 1973–1980,* 71–82. Cambridge: Cambridge University Press, 1981.
———.*Ethics and the Limits of Philosophy.* Cambridge, MA: Harvard University Press, 1985.
———."Liberalism and Loss." In *The Legacy of Isaiah Berlin,* edited by Mark Lila, Ronald Dworkin, and Robert Silvers, 91–104. New York: New York Review of Books, 2001.

———. "Politics and Moral Character." In *Public and Private Morality,* edited by Stuart Hampshire, 55–73. Cambridge: Cambridge University Press, 1978.

Williamson, Oliver E. "The Economics of Organization: The Transaction Cost Approach." *American Journal of Sociology* 87, no. 3 (1981): 548–577.

Wilson, James Q. "The Bureaucracy Problem." *The Public Interest,* no. 6 (1967): 3–9.

———. *Bureaucracy: What Government Agencies Do and Why They Do It.* New York: Basic Books, 1989.

———. *Varieties of Police Behavior: The Management of Law and Order in Eight Communities.* Cambridge, MA: Harvard University Press, 1968.

Wilson, Woodrow. "The Study of Administration." *Political Science Quarterly* 2, no. 2 (1887): 197–222.

Wittgenstein, Ludwig. *Philosophical Investigations.* Translated by G. E. M. Anscombe. 3rd ed. Oxford: Blackwell, 2001.

Wolf, Susan. "Moral Psychology and the Unity of the Virtues." *Ratio,* no. 20 (2007): 145–167.

Wolff, Jonathan. "Fairness, Respect, and the Egalitarian Ethos." *Philosophy & Public Affairs* 27, no. 2 (1998): 97–122.

Wolin, Richard. "The Banality of Evil: The Demise of a Legend." *Jewish Review of Books,* Fall 2014.

Womack, James P., Daniel T. Jones, and Daniel Roos. *The Machine That Changed the World.* New York: Free Press, 1990.

Wood, Daniel B. "Arizona Immigration Law Puts Police in 'Impossible Situation.'" *The Christian Science Monitor,* April 26, 2010.

Yanow, Dvora. *Conducting Interpretive Policy Analysis.* Thousand Oaks, CA: Sage Publications, 2000.

Zacka, Bernardo. "Adhocracy, Security and Responsibility: Revisiting Abu Ghraib a Decade Later." *Contemporary Political Theory* 15, no. 1 (2016): 38–57.

———. "The Two Bodies of the Bureaucrat." *Public Administration Review* 72, no. 2 (2012): 302–305.

Zimbardo, Philip. *The Lucifer Effect: Understanding How Good People Turn Evil.* New York: Random House, 2007.